Studies On Credit Capital

信用资本问题研究

王一兵 著

中国金融出版社

责任编辑：彭元勋
责任校对：李俊英
责任印制：张　莉

图书在版编目（CIP）数据

信用资本问题研究（Xinyong Ziben Wenti Yanjiu）/王一兵著．—北京：中国金融出版社，2008.7
ISBN 978-7-5049-4582-2

Ⅰ．信…　Ⅱ．王…　Ⅲ．信用制度—研究　Ⅳ．F830.5

中国版本图书馆CIP数据核字（2007）第196366号

出版
发行　中国金融出版社

社址　北京市广安门外小红庙南里3号
市场开发部　（010）63272190，66070804（传真）
网上书店　http://www.chinafph.com
　　　　　（010）63286832，63365686（传真）
读者服务部　（010）66070833，（010）82672183
邮编　100055
经销　新华书店
印刷　北京松源印刷有限公司
尺寸　165毫米×239毫米
印张　13.75
字数　205千
版次　2008年7月第1版
印次　2008年7月第1次印刷
印数　1—3000
定价　35.00元
ISBN 978-7-5049-4582-2/F.4142

序

现代市场经济是信用经济。社会信用体系是维系现代市场经济正常运转的重要制度安排。在党中央、国务院高度重视和统一部署下，我国社会信用体系建设从20世纪90年代起步，最近几年的步子明显加快，成效也开始显现。

近年来，湖南省认真贯彻落实中央指示，加快了社会信用体系建设，取得了丰硕的成果，在全国引起了较大的反响，成为国家各金融机构看好湖南的品牌之一。

社会信用体系建设的生动实践催生了与之相关的理论研究。大批专家、学者和实务工作者积极投身于社会信用体系理论研究探索之中，取得了比较丰富的研究成果。一兵同志的《信用资本问题研究》就是这样一本专著。

当前，国内外对信用的研究成果丰富，但研究对象主要集中在信用载体和信用制度上，对信用的另一构成要素——信用主体即信用的资本化问题的研究非常缺乏。作者针对这一现实，在本书中对现实经济交易活动中“人”的可信度问题作了比较深入的分析，认为社会信用体系建设的重点是挖掘、培育、评估和利用好经济主体本身所蕴涵的经济价值即“信用资本”。作者深入分析了信用资本的理论基础、形成机理、历史表现、价值评估和现实作用，构成了一个比较完整的理论分析框架。

本书的新意在于：第一，运用马克思主义经济学对信用资本进行了新的阐述。作者以特定经济关系尤其是信用关系中的人为出发点，运用马克思主义经济学理论阐述了人的信用关系对人的经济价值的影响，指出信用资本是人与人之间以信任为基础的社会经济关系，是以对物的信任为基础形成的对人的信任，是对人的信任和对物的信任的辩证统一。第二，对不同经济发展阶段“人”的信任问题作了新的概括。作者从体现人的本质的社会关系主要是经济关系出发，指出反映信用主体经济价值的信用资本经历了小农经济条件下的“信人即信物”、原来市场经济条件下的“信物重于信人”和现代市场经济即信用经济条件下的“信人重于信物”三个发展阶段，在不同发展阶段信用资本都具有相应的表现形式。第三，对社会信用体系有效运行的经济效应提出了新的看法。作者认为信用资本作为社会信用体系有效运行的结果，会对货币资本、实物资本产生明显的影响。经济社会发展不仅依赖于货币等信用工具，依赖于货币资本等实物资本，更会越来越依赖于人的信用资本，经济交易将会逐渐突破“人——货币（物）——人”的交易格局，而“（拥有信用资本）人——（拥有信用资本）人”的交易方式会更加普遍。第四，对信用管理制度的历史作用作出了新的解释。作者从其他研究者关注不多的信用主体出发，将历史与现实结合起来，将抽象的理论与具体经济环境中的“人”结合起来，考察了美国信用资本发展的长期实践及历史作用，从实证角度论证了信用资本对我国经济社会发展的推动作用。

这本书能具有新的研究视角和结论，与作者本人的学习、工作实践是分不开的。作者求知欲强，热爱学习，边工作边坚持自学和研究。作者长期在湖南省人民银行系统工作，对信用缺失问题有切身感受，从理论角度深入思考治理之道，在一些问题上有独到的看法。湖南省社会信用体系建设工程启动后，作者作为领导小组成员和办公室主任，直接参与了具体组织和推动，在实践和理论方面都进行了积极探索，取得了一定成效。走上湖南省农村信用联社主任这一新的领导岗位后，在繁忙的工作之余，作者能够充分利用农村信用社这一平台，积极推动农村征信体系建设，并继续思考研究相关理论问题。

可以这样说，这本书是从信用资本角度研究社会信用体系问题的第一本专著，饱含了作者的辛勤劳动，凝结了作者的研究成果，体现了作者勤奋好学、学以致用的良好作风。

作为一本以全新概念和视角展开分析研究的专著，本书肯定还存在某些不足之处，我们不应该求全责备。希望作者发挥在本书中表现出的创新意识，进一步展开更深入地探索。

是为序。

徐宪平

2007 年 7 月于湖南长沙

（注：序作者徐宪平系中共湖南省委常委、湖南省人民政府副省长）

目　录

摘 要

从国内外对信用的研究现状看，尽管取得了许多研究成果，但研究对象主要集中在信用载体和信用制度上，而对信用的另一构成要素——信用主体的研究非常缺乏。从信用主体的角度看，对信用的研究就是从经济学视角研究信用的资本化问题，也就是信用资本问题。

本书以信用的主体即经济关系中的市场主体为研究对象，在分析信用主体与信用载体、信用制度的关系的基础上，分别运用马克思主义经济学和西方经济学理论分析了信用的本质内涵，尤其是运用马克思主义关于人的本质及其发展形态理论，深入分析了人的本质与经济关系之间的联系，指出信用的本质是对人（包括自然人和法人，下同）的一种信任，是人与人之间以信任为基础的社会经济关系。信用资本是突破对物的信任即对信用载体、信用工具的信任而形成的直接对人的信任，是对人的信任和对物的信任的辩证统一。随着经济信用化程度的提高，这种对人的信任会逐渐转变成一种值得重视的经济资源，并最终形成市场主体所拥有的信用资本。货币资本重在反映经济运行的结果，体现的是对物的重视，而信用资本重在反映经济活动的过程，体现的是对人的重视。只有重视对人的信任，并将对人的信任和对物的信任有机结合，经济社会才会持续、健康发展，货币资本等实物资本才具有“活”的价值。经济信用化程度越高，对人的信任就越受重视，信用资本的理论价值和现实作用就会日益突出。这种由对人的信任而形成的信用资本体现出了巨大的经济价值，日益成为广泛渗透经济社会、深刻影响市场主体行为、促进经济社会协调健康发展的一种重要力量。本书还深入分析了信用资本的形成机理，指出信用资本形成发展必须以信用信息资源的市场化为现实基础，以信用信息产品和商业化服务为价值载体，以社会信用体系等规范人的信用行为的信用法律制度和机制体系为制度前提，以市场主体的信用资本为人格化表现。

以理论分析为基础，本书从历史的角度考察了 160 多年来美国信用资本发展的历史实践，分析了影响美国信用资本发展的政府因素、市场因素和企业因素等各种影响因素及其相互作用，指出了美国信用资本在不同的发展阶段对美国经济社会发展所表现出来的积极作用；证明信用资本作为一种推动经济社会发展的重要力量，既是宏观的又是微观的，既是抽象的又是具体的，既是有形的又是无形的。本书又从信用资本的作用主要集中在对企业经营收益尤其是超额收益的影响出发，构建了能有效反映信用资本对企业收益影响程度的指标体系，建立了对企业信用资本进行计量分析的数学模型，并从两个方面展开了实证分析：一方面，选取我国专用机械设备制造行业中的一家公司为实证分析对象，以该行业平均水平为参考指标，具体分析了该公司的信用资本相对水平、收益及其来源，并将分析方法推广到所有专业设备制造业，通过实证分析对前面的理论分析进行了有效检验；另一方面，考虑到人民银行推行的农户小额信用贷款在农村信用社已有几年的实践经验，可以较好地体现农户的信用对其可贷款额度的影响，本书还选择了一家县级农村信用联社作为实证分析对象，分析了其信用资本构成及其影响。最后，本书结合我国社会主义市场经济建设的实践要求，探讨了信用资本在促进我国经济社会发展中的重要地位、作用和意义，提出了促进我国信用资本发展的政策建议。

Abstract

Although many research productions have been recognized in the current research on credit, the research objects mainly focus on credit carrier and credit system. Few research put an eye on the main body of credit. From the aspect of main body, the research on credit is credit capitalization, i. e. the issue of credit capital.

This thesis chooses the main body, the enterprises and individuals in the economic relations, as the primary research objects. On the basis of analyzing the relations of the main body, credit carrier and credit system, using Marxism Economics and Western Economics, this thesis analyzes the essential meaning, especially deeply analyzes the relations between the human essence and the economic connection using the theories of the essence of human and its developing conformation. Then the thesis points out that the essence of credit is a kind of trust and the relation of society and economy is based on the trust between people. Credit capital is a direct trust on human, breaking through the trust on the credit carrier and credit system. It is a unification of the trust on human and objects. The currency capital mainly reflects the result of the economy operation, embodying the recognition of contents. Yet the credit capital is mainly reflecting the process of economy running, embodying the recognition of human. The practical capital such as the currency capital will have significant value only if combined with the trust on human and contents. When the economy evolves into credit economy, the credit capital from the trust of human reflects tremendous economic value, and thus become increasingly important force for the healthful development of economy and society.

Then the thesis analyzes the shaping mechanism of credit capital, and points out that the development of credit capital must take the marketing of credit information resources as the realistic foundation, take the credit information products and business service as the value system, take the credit law system as the system safeguard, take the credit capital of the main body of the market as the impersonate representation. Reviewing the development of American's credit capital from the point of 160 years history, the thesis analyzes the factors such as government factors, market factors and enterprise which influence the development of American's credit capital. It also points out the positive functions of American's credit capital posed on the development of economy and society in different seedtimes. The purpose is to prove that as an important force for developing the economy and society, the credit capital is macroscopical as well as microcosmic, nonfigurative as well as idiographic, tangible as well as unbodied, historical as well as realistic. By construction of mathematic model for researching credit capital and confirming the computing standard of the indexes, the thesis takes one heavy industry company as research object, take industrial average as reference. It analyzes the quantity of credit capital and excess income aquired by the management, and discusses the recourses of credit capital, summarizes the significant function of credit capital. In the end, combining the practical requirement of our nation's socialism market economic development, the thesis discusses the important status and meaning in the development of society, and puts forward the policy suggestions for developing our nation's credit capital.

第1章　绪论

1.1　问题的提出

国内外研究信用问题的著作和阐述不可胜数，并取得了极为丰富的研究成果和巨大的实践价值。但把信用作为“资本”，即作为能够带来价值增值的价值，能够与货币资本、物质资本、人力资本同等重要的资源，则是近些年来的事情。

1.1.1　国内对信用资本的初步研究

“信用资本”这个概念首先是国内提出来的，而且还是最近几年才提出来[1~25]。在当前可以检索的各种研究资料和书刊上，包括从Internet上去搜寻，很难找到“credit capital”这个词。以“信用资本”为关键词检索“全国优秀博硕士论文数据库”、“中文核心期刊数据库”，未检索到题名中包含“信用资本”的学术文章，只有极少数文章涉及了信用资本，并且其含义与下面介绍的基本相同；而从维普中文期刊网上检索，以“信用资本”为关键词的文章总共只有11篇，其中题名中包含“信用资本”的文章为5篇。肖国金和孙智英首先使用了“信用资本”这个概念。肖国金认为，信誉是信用资本的实质，信用资本是信誉的货币表现；信用融资额度是信用资本的尺度，信用资本是信用融资额度的基础；信用资本与物质资本、人力资本三者有机结合，能产生高效、良性的社会生产力[1]。孙智英认为，“当信用成为一种影响经济效率的要素时，这种要素的投入对个人、社会能带来利益收效，从而具有了资本的性质。信用作为资本主要体现在信用的累积构成了信誉，而商家的信誉则构成了其商誉、品牌等可以转让的产权”[2]。他将信用资本与商誉视为同一概念，认为信用资本在一定程度上具有产权意义，并体现在购买力上。梁宏峰认为，上海开展的企业和个人联合征信活动，在一定程度上激活了企业和个人的信用资本[3]。李新庚认为，信用资本是市场经济中能够带来经济效益的一种社会资本[4]，“其含义主要是指信用能够通过不断积累而构成一个市场主体的信誉、商誉、品牌等经济要素，成为一种重要的无形资产”①。李新庚还初步分析了信用资本的成本与收益，认为信用资本的投资需要付出信用成本的同时，还能产生积极的经济收益。史琴等认为，信用是市场经济不可或缺的一部分，它能够转化为信用信息，产生信用资本[5]。

在2005年4月举行的“全国信用体系建设经验交流研讨会”上，韩永康提到了“信用资本”的概念[6]。国家发展和改革委员会宏观经济研究院陈东琪教授认为，信用是一种新型的、可以带来剩余价值的价值[7]。他认为，以英国为代表的欧洲市场经济、以美国为代表的美洲市场经济都走过了从物质资本到人力资本、货币资本再到信用资本的变化历史，以中国为代表的亚洲经济同样要走这样的历史道路。

在2005年8月举行的“中部崛起金融论坛”上，有学者提出，信用体系的建设，可以从根本上改变人们的传统思维方式，重塑“诚实守信”的社会氛围，引导社会主体自觉接受市场经济的审视和洗礼，积极主动迎合市场规则，积累信用资本，参与市场运作，形成新的生产力和竞争力，逐步培养地区发展的内源力[8~9]。

国内学者在评介国外学者研究成果的基础上，围绕与信用资本密切相关的信任问题展开了比较深入的研究。晏艳阳从经济学层面分析了信任与道德、信用与征信的关系，认为四者之间存在相辅相成、共同促进、相互影响的作用与反作用关系：道德规范是形成全社会共同遵守的价值观的基础，信用是维系社会经济正常运行的纽带，信任是决定一个国家经济增长和社会进步的主要社会资本，而征信是对受信人信用状况及可信任程度的一个全面了解和高度概括，据此建立的奖惩机制是形成良好社会信用状态的坚实基础；健全的征信评信机构可以有效挖掘信用信息资源的经济价值，并通过商业化、市场化的方式为社会创造财富[10]。叶初升指出，现代经济学在信任问题的研究上正努力将信任作为一种内生化的社会资本，将信任（人际网络）视为与价格（市场）和权威（国家）一起共同构成现代经济有效运转不可

① 李新庚．信用论纲［M］．北京：中国方正出版社，2004：175.

或缺的三大机制之一；如何解决微观层次和宏观层次上的信任度量问题是解决信任真正内生化的关键[11]。彭泗清总结了国内学者从组织行为学、心理学、社会学和社会心理学等角度对我国人际关系中信任问题开展的研究，认为对我国社会信任问题的研究探讨应采用本土研究取向，要在中国特定的“历史、社会、文化”框架下开展研究[12]。吴海兵等对我国乡村信用中的特殊信任问题进行了分析，分析了特殊信任的形成机制和演进路径[13]。王曙光、宋言东、项保华、李丽、徐淑芳等分别分析了我国经济社会运行关系中信任形成的制度基础、伦理基础、运行机制、影响因素、拓展趋势，以及信任与市场经济、社会资本、人际关系等的关系[14~19]。鲁耀斌等对电子商务信任问题进行了综合评价，分析了网上信任的基本概念、模型、影响因素，认为我国网上信任问题的研究重点应集中到网上信任的国内影响因素分析、如何保持消费者信任及建立声誉（反馈）系统等方面[20~23]。徐瑞娥认为，作为社会资本核心构成的信任对经济绩效有着显著的影响，能够促进经济增长和提高企业等组织的生产效率[24]。张维迎等对中国省际间信任水平的分析表明，信任与企业规模、企业规模的分布、企业的效率、FDI流向等因素有重要联系，因此，信任对于中国各省经济发展的不平衡具有重要影响[25]。

综观国内学者对“信用资本”所进行的研究，他们从不同角度、不同程度地涉及了信用资本，并探讨了信用资本在经济社会发展中的积极作用。但这些研究有一个共同的特点，这就是都没有明确界定“信用资本”这个概念，可以说国内对信用资本的研究才刚刚起步。

1.1.2 国外学者对信用资本的相关或相近的研究

《实用英汉金融分类词典》① 列出了“credit capital”条目，并将其直译为“信用资本”，这表明“信用资本”作为一个习语已出现在西方经济社会生活中。但从理论研究及其实践运用看，国外尤其是西方发达国家几乎没有使用信用资本这个概念。西方国家的专家或学者主要是从信任、信用、信用制度方面开展了与信用资本相关或相近的研究。对信任问题的研究，直到20世纪70年代后期随着制度经济学、产权经济学和博弈论的产生和发展，

① 杨柳．实用英汉金融分类词典［M］．长沙：湖南人民出版社，1996：111.

一些经济学家才在其文献中再次提到信任问题。从现有的文献来看，最初针对信任问题进行研究的有 Kreps 等、Zuker，他们的工作为信任理论的形成奠定了理论基础[26~57]。

1. 将信任视为社会资本的核心要素。Putnam 首次把诚信定义为社会资本的组成部分，并揭示了信用是社会资本的构成形式[26]。社会资本指的是社会组织的特征，例如诚信、准则和网络，它们通过促进协调行动来提高社会效率，而信任是社会资本的重要来源。燕继荣总结了布迪厄、詹姆斯·科尔曼、罗伯特·D. 普特南、亚历山大德罗·波茨等学者对信任和社会资本的关系的认识[27]。社会资本是一个社会或群体所具有的现实或潜在的资源集合体，它主要由确定社会或群体成员身份的关系网络所构成，它体现为个人关系、成员身份、社会网络和信任关系四大要素，信任关系是其核心要素或基础要素，可以带来价值增值，属于无形资产[28]。福山将信任几乎等同于社会资本，认为社会资本是从社会或社区中流行的信任中产生的能力，一个国家的福利以及它参与竞争的能力取决于普遍的文化特性，即社会本身的信任程度[29]。约瑟夫·斯蒂格利茨（J. E. Stiglitz）等世界著名经济学家在《发展经济学前沿：未来展望》中指出，以信任为主要内容的社会资本是继物质资本、人力资本之后发展经济学研究的新方向[30]。

2. 信任的形成、运行和作用。国外很多学者围绕信任、信誉的市场价值展开对信用的研究，他们的研究成果对于我们正确认识和理解信用资本提供了深刻的启示。

在信任的内容上，西方学者根据信任的来源、依据及效果等对信任进行了多种分类。Zuker 根据关于个体之间的信息和有关规则、制度将信任分为基于个人的信任（interpersonal trust）和基于制度的信任（institution based trust）[31]；Sako 根据契约、合同、对方要求或预期完成某一任务的能力和共同的信仰、友谊、情感将信任分为契约型信任（contractual trust）、能力型信任（competence trust）和善意型信任（goodwill trust）[32]；Lewicki 和 Bunker 根据成本—收益比较、交易双方共同的思维方式和共同的价值观将信任分为计算型信任（calculus-based trust）、了解型信任（knowledge-based trust）和认同型信任（identification trust）[33]；Mcallister 根据对他人的充分了解、掌握值得依赖的证据和人们之间的感情将信任分为认知型信任（cognition-based trust）和情感型信任（affection-based trust）；Nooteboom 根据伦理、道德、友谊、情感和自利将信任分为非自利型信任（non-self-interest trust）和动机型信任（intentional trust）[34]。

在信任的产生方面，一些学者认为解决“囚徒困境”问题的需要催生了信任，其方法主要有重复交易（repeated interactions）、“团体”组织形式（community）、签订合同（explicit contract）和改变参与者的偏好四类。Kreps（1982）等通过引入不完全信息，对无名氏定理加以完善，建立了KMRW声誉重复交易模型，从而使信任博弈走出了囚徒困境[35]。Martyn研究了英国、荷兰两国的土豆生产者与经营者协会的异同及其发挥作用的机理，指出企业协会这种团队合作形式是建立信誉的一个重要手段[36]。Harvey S. Jame通过建立模型证明：签订一个明确的、具有约束力的、由第三方保证实施的合同，迫使参与者选择“信任与合作”的战略组合，可以促进信任产生[37]。Kandel等在个人效用函数中引入外生变量道德规范和内生变量道德水平，获得了减少欺诈行为和增加诚信的效果，从而解释了信任的成因[38]。

在信任的形成上，西方学者们从三个不同的思维视角来界定信任或把握信任的实质。第一种视角是从心理学范式出发，将信任理解为个体在特定的社会环境中产生的心理反应或形成的心理特质，理解为由情境刺激决定的个体心理和行为。第二种视角是从社会学范式出发，将信任理解为社会制度（法律和法规等）和文化规范（道德和习俗等）的产物，理解为与社会结构和文化规范紧密相关的社会现象。第三种视角着眼于主体与客体的关系本身，把信任理解为一种社会关系或社会关系的一个重要维度，理解为在社会互动过程中的一种人际态度，人作为个体总是处于一定的社会关系之中，与他人进行着各种各样的社会互动[11]。

在信任的发展问题上，Lewicki将其分为人际间的信任和非人际间的信任两大阶段。人际间信任的发展会依次经过权衡信任（calculus-based trust）、信息信任（information-based trust）和转移信任（transference-based trust）三个阶段。以权衡信任和信息信任为基础，信任发展到更高的层次——转移信任，即你对某人信任成为第三人对某人信任的依据，从而促进了非人际间的信任的发展[39]。Lucy将信任的发展分为对陌生人的信任和对制度的信任两个阶段。制度信任是范围更广、层次更高的信任，对于经济的正常运作发挥着至关重要的作用[40]。

信任对经济发展的促进作用包括微观和宏观两个方面。在微观方面，

Lik Mui[41]、Paul Resnick、Petteri Nurmi[42]等认为，网络交易中的信誉系统可以很好地检验商家的信誉对其经济行为的影响，众多的网上交易评价汇总形成了对商家市场的基本评价，正面评价越高给商家带来的经济价值越大，而负面评价越多对商家的利益损害越大，从而构成对商家的激励约束机制，驱使商家避害趋利。在此。商家的信用行为自然构成其商誉的核心内容，决定其收益大小，信用也就具有了资本的意义，成为决定商家收益大小的经济要素。Gerardo A. Guerra 认为，身份、隐私、安全等信用信息在信息经济中具有经济价值，它们是市场主体（为行文方便，本书将企业、个人和其他经济组织统称为市场主体，如无必要将不再说明）在经济交易中积累形成的，既需要征信机构耗费投资成本，又能给征信机构带来经济收益，还影响到相关市场主体进行经济交易的成本收益函数，因而具有资本的价值[44]。在宏观方面，对信任的研究集中在信任与经济增长的关系上。Knack 和 Keefer 指出信用或信任作为一种生产要素对国民经济增长的促进作用非常明显。他们分析 29 个国家 1981 ~ 1999 年期间人们之间的信任程度对经济增长的影响，通过对有关变量作了多方面的计量回归分析和控制解释变量的不同组合来检验和比较各种回归分析的结果，得出了信任与经济增长具有较强相关性的结论；并提出了“信任指数”，认为人际关系信任程度每上升 10 个点，会拉动 GDP 上升 0. 8 个点左右。在这些市场经济国家，信任和民间合作与经济绩效有很强的联系，正式制度能较好地保护产权和合同的国家，以及种族差异较小的国家，往往具有较高的社会信任和合作水平[45]。莱塞尔、鲁索和史提夫斯（M. Raiser，A. Rousso and F. Steves）依据 26 个转型国家的调查数据，通过计量回归的方法来分析转型国家信任水平的决定因素[46]。他们认为，当企业对第三方通过法律体系执行合同的能力具有较高自信的时候，公司之间的信任程度也较高；对于公司之间的信任，法院的公正性和诚实性比法院有效执行的能力更加重要；基于个人联系和商业协会而形成的网络推动了信任的发展，而基于企业内部人和政府代理人的网络，却并不能推动信任的发展；对于公司之间的信任而言，国家层次的影响比公司之间的影响更加重要。卡彭特、丹尼瑞和高桥（J. Carpenter，A. Daniere and L. Takahashi）对东南亚城市贫民区的调查显示，就个体而言，信任与合作会随着性别、教育、年龄、家庭规模、居住年限、心理因素等的不同而变化，同时个人的行为还与其所居住社区的各种因素有关，如社区的同质性

(community homogeneity)、邻里关系等[47~57]。福山在其引起广泛关注的著作《信任：社会美德与创造经济繁荣》中，用大量的篇幅分析论述了信任对经济发展的重要性，认为社会成员之间的信任是文化对经济的影响途径和表现形式，它直接会影响甚至决定经济效率[29]。莱克和基弗从实证的角度考察了信任等社会资本的衡量指标对经济绩效的影响，他们研究发现，信任和民间合作与经济绩效具有正相关关系，在那些拥有正式的制度能有效保护产权和契约权利的国家，信任与民间合作的准则更强。社会阶层或种族之间两极分化的程度越低，人们之间越易于相互信任和加强合作。扎克和莱克建立了异质群体交易面临的道德风险问题的一般均衡模型，认为信任是经济发展的先决条件，低信任的环境降低投资率和经济增长，高信任的环境能增强投资者的信心，刺激投资的增加，对经济增长具有显著的促进作用。在那些种族、人际交往、经济上更为同质的社会，信任程度更高。在具有良好的法律和社会机制以限制机会主义行为的国家或地区，较高的信任水平推动了投资率和经济增长率的提高。他们通过跨国实证分析支持了该模型的结论[24]。

3. 关于信任资本的研究。少数学者开展了关于“Trust Capital”即“信任资本”的研究。这一类研究与“信用资本”相关程度很高。芬兰经济学家 Harisalo Risto 在“Trust Capital：the third force of entrepreneurship”一书论述了什么是信任资本，怎样获得信任资本并用以解决实际问题，并强调，信任资本是市场经济成功和繁荣的前提，企业家必须学会积累和扩展信任资本。ChangingMinds. org 网站对 Trust 作了投入—产出分析，指出信任作为一

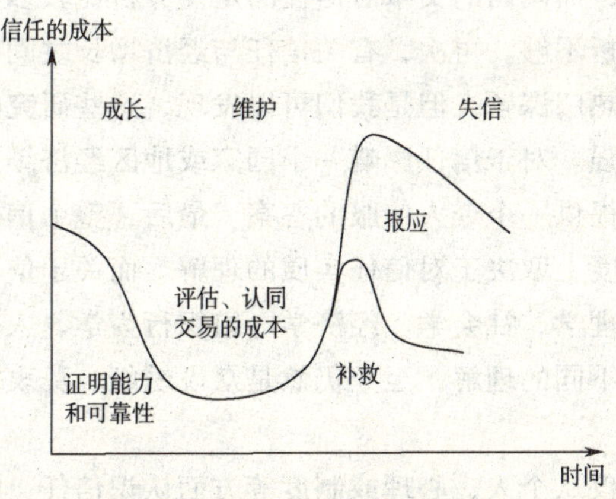

图 1.1 信用的成本—收益关系图

种生产要素需要投入成长成本、维持成本和失信成本，作为“Trust Capital”即信任资本，无论是企业还是个人，都会从中获得相应的收益，反之则会失去相应的机会。信任的成本—收益关系如图 1.1 所示。

1.2 提出信用资本的主要理由

以国内外有关信任理论研究为基础，吸收国内近年来对“信用资本”的认识，结合我国经济社会发展对理论创新的需要，本书明确提出“信用资本”这个独立、全新的概念，既有较高的理论价值，又有极强的现实意义。

1.2.1 深化信任问题研究需要构建新的理论基础

综观上述二十多年来国内外学者对信任的作用分析，研究重点集中在信任是社会资本的核心要素、对经济增长具有明显的推动作用和形成个人的“信任资本”等方面。对这些问题的研究尽管已取得了比较突出的成绩，但存在不足也比较明显。首先，未能准确界定与信任相关概念的准确含义。在对信任问题的研究中，经常涉及“诚信”、“信誉”和“信用”三个名词，但在中外相关文献中，要么是将四个名词不加区分，作为同义词使用，要么是没有明确地阐述四者之间的相互关系。然而要建立起相应的理论体系，就必须要明确界定四者的含义及四者的相互关系。其次，国外的文献一般注重基础理论的研究，而国内的文章对信任的定性分析比较多，但都对信任理论的定量、实证分析不够。再次，有关信任与经济增长之间相互关系的研究尽管是信任研究的热门课题，但是我们可以发现，这些研究的方法仍然过于简单，结论过于牵强。对于信任影响一个国家或地区经济绩效的机制这一核心问题，仍然没有提供一个令人信服的答案。最后，整个信任理论的基础及其解释力在很大程度上取决于对信任实质的理解。而关于信任的实质，在西方社会科学界，心理学、社会学、经济学、组织行为学、人类文化学等不同学科的研究者有着不同的理解，至今仍然是众说纷纭、莫衷一是，未能形成一个统一的看法。

笔者认为，仅从个人、心理或制度等方面认识信任，既不能很好地认识信任的实质，又难以对信任的经济作用作出令人信服的解释，进而影响到信任理论对经济社会实践的指导作用。而将西方经济学和马克思主义经济学结合起来，从“信用资本”角度理解信任问题，可以进一步深化对信任问题的认识，更好地解释信任对经济增长的推动作用。第一，信用资本可以更好地解释信任的经济作用。既然信任对经济增长的推动作用已得到广泛认可，那么信任就类似于一种生产要素，具有资本的特性。可以这样理解，现代市场经济条件下，信用作为资本形式的存在，是同物质资本、人力资本和货币资本同等重要的能使价值增值的资源，并且是这些有形资本发挥作用的重要前提。第二，信用资本可以更好地解决微观层次和宏观层次上的信任度量问题。对信任的度量问题是信任理论研究中的一大难题，至今仍没有得到很好的解决。一市场主体之所以对另一市场主体进行授信，是因为该市场主体值得信任，在这里，该市场主体拥有的信任取得了信用的形式。但要衡量这种值得信任的程度，并在不同市场主体之间进行比较，则必须借助于统一的尺度。信用资本可以承担这种职能，它通过涵盖不同市场主体的征信评信机制，征集他们的经济交易信息，评价其可信任程度，并以统一的、标准的价值规模反馈到市场，从而为市场主体之间的授信受信行为提供参考标准。这样，借助信用资本信任的度量问题得到了解决。信用资本作为一种尺度，一方面为不同市场主体的信任度量问题提供了统一标准，另一方面又为市场主体提供了授信依据，使信任更好地向信用形式转变。第三，信用资本可以更好地解释信任的实质。与西方学者使用得更多的“信任资本”概念相比较，信用资本更好地体现了市场主体的经济本质。人是处于一定社会关系中的人，信任的实质反映了人与人之间的社会关系，尤其反映了人与人之间的经济关系，在信用经济关系条件下，这种关系则体现为信用关系。“信任资本”的说法侧重强调信任的生产要素功能，但离开了一定的经济关系，信任的要素功能作用则无从谈起，因为它“剥离”了形成这种要素功能的特定经济环境，更忽略了信任背后人与人之间的信用关系，而信用资本强调信任蕴涵在特定的经济关系之中，信任的度量只能通过充分体现特定经济关系的信用资本来衡量，信任的信用形式只能在一定的经济关系中取得，信任的生产要素功能必须在特定的经济关系中体现。

1.2.2 社会信用体系建设需要参考新的理论视角

信用资本问题通俗地说，包含两个方面的意思，一是“你的信用值多少钱”，二是“你的信用可以为你挣多少钱”，在这里，“信用”是指市场主体的诚信守信状况的经济价值。前一个问题是“信用”作为经济资源的货币化问题，后一个问题是货币化的“信用”在市场经济条件下能给你带来多少收益或降低多少成本的问题。围绕这一类“信用”，国内外学者开展了比较深入的理论研究，得出了很多研究成果，也取得了比较突出的应用价值。但通观相关学者对信用管理制度和征信行为的理论解释，发现他们都是从信用载体、信用制度或抽象的“人”的角度出发来研究的，并没有针对现实意义上的“人”来研究信用问题。从“物”、制度的角度或者从高度抽象的个人角度来分析“人”的信用问题，“人”在这里只具有“物”的意义，而没有“人”的概念，在理论上只回答了“信用值多少钱”的问题，而没有真正回答“人的信用值多少钱”和这种“信用”可以带来多少收益的问题。究其原因，主要是这类研究是从西方经济学范式出发，以新古典经济学的“经济人”假设为基础，其研究具有典型的“见物不见人”特征。因此，在“人的信用”问题研究上只注意到信用的物化问题，而难以研究信用的人格化问题，即对人的信任问题如何辩证发展问题。即使从人的角度出发，也只是把他视为孤立的个体的信任问题，只是看到“信任资本”问题，而忽视了隐藏在这种信任中的社会经济关系问题；即使指出了市场主体的信誉可以带来收益，也难以说明这种收益的真正来源。

与此相反，马克思主义经济学将信用的本质视为人与人之间的一种信任关系，决定人的本质的最重要的社会关系是经济关系，尤其表现为信用关系，而人是处于一定社会经济关系中的具体的人。因此，从马克思主义经济学角度看，信用问题本质上讲是人的信用问题，“人的信用值多少钱”的问题实际上是信用资本问题，是人的信用在市场经济条件下可以虚拟化为资本并形成价值增值的问题。在决定信用的三大要素中，信用载体和信用制度都是为信用主体服务的，对信用载体即各类信用工具的研究以及对信用管理制度的研究，最终都要以对信用主体的研究为归宿。而对信用主体的研究就是信用资本问题研究。所以，从研究社会信用体系的理论基础看，以西方经济学为视角，提出的是信用制度问题和信用对物的依赖问题，社会经济关系依赖于货币等信用工具、依赖于货币资本等实物资本，依赖于“人——货币（物）——人”这种交易格局；而以马克思主义经济学为视角，提出的是人的信用资本化问题，社会经济关系会越来越依赖人的信用资本，经济交易更多的会在“（拥有信用资本的）人——（拥有信用资本的）人”之间进行，而不完全依赖于“人——货币（物）——人”这种交易格局。（近年来在比较严重的信用缺失问题时，国内提出并开始关注“信用资本”问题，这与我国经济理论学者和实务工作者所特有的马克思主义经济学思维背景不无关系。）

社会信用体系建设的主要目的是解决对“人”的信任问题，即征信、评信问题，使“人”的可信度在现代市场经济条件下能够被准确、科学、全面地计量，从而使信用经济持续、健康运行。以马克思主义经济学为视角，以人的信用本质为切入点提出信用资本问题的研究，从更深层次上对“人”的信任问题进行分析研究，既是对社会信用体系研究中西方经济学范式的一种突破，又为建设中国特色的社会信用体系提供一个新的理论视角，还为解决现实生活中的信用缺失问题提供新的政策参考。

1.2.3 经济发展需要进行理论创新

一般来说，“为什么对你授信”、“凭什么获得授信”这类问题的答案总是“你值得信任”或“你拥有良好的信用记录”。你拥有的信任与授信画上等号或信用记录与授信额度画上等号表明：企业或个人本身拥有的诚信程度能够转化为现实的货币资本或实物资本。这种转化背后的理论依据值得深思，需要我们作出新的理论解释。良好的信用记录体现了较高的可信度，使对企业或个人的信任具备了资源化价值，并有效地向资本转化。信用记录体现的是企业或个人拥有的信用资本，与授信额度相匹配的实质上是信用资本，信用记录只是信用资本的一种表现形式。随着经济信用化程度的日益提高，不仅强调对“物”——各种信用工具——的信任，更加重视对人的信任，而对人的信任凸显了人本身的信任所蕴涵的经济价值。因此，对信任经济价值的形成、发展的理论解释，完全可以用信用资本这个新的概念来概括。信用资本这个概念突出体现了对企业或个人本身的信任在市场经济条件下所蕴涵的经济价值。可以说，信用资本与物质资本、人力资本、货币资本的有机结合，能产生高效、良性的社会生产力。可以这样理解，如果说物质资本、人力资本、货币资本是衡量一个国家和企业的“硬实力”的话，信用资本则是能给一个国家和企业带来长期回报的“软实力”。

现代市场经济是信用经济，信用已成为市场经济的基石。西方发达国家在向征信国家转变的过程中，规范市场主体信用行为的社会信用体系在其中发挥了不可替代的作用，并已成为现代市场经济顺畅运行的重要支撑。对市场主体信用行为的市场化、商业化计量已显著改变了市场主体的成本收益函数，成为其拥有的一种生产要素。尽管国外在理论和实践上未提出和使用信用资本这个概念，但信用的资本化作用已经比较清晰地体现出来。我国经济发展正在向信用经济方向迈进，社会各界正在稳步推进社会信用体系建设，信用的资本化作用已开始出现，并体现得更充分、更有效。相应地，用信用资本这个全新概念来概括信用的资本化过程及其效果，能够更清晰地反映我国社会信用体系对企业、个人、其他经济组织、社会组织的影响作用，更准确地评价、计量其成本收益，更有效地调节其市场经济交易行为。因此，尽管国外没有提出并使用信用资本这个概念，但考虑到我国社会信用体系建设的具体实践与西方国家信用体系建设既有共性，又有明显不同的个性，我们完全可以根据我国经济社会发展的需要有所创新，提出并深入研究分析信用资本，拿出有价值的理论成果，为我国建设社会信用体系、加快向信用经济转变作出积极贡献。

1.2.4 提高经济运行效率需要借助新的行为规范

理论和实践证明，信用能使社会经济个体的价值增值，这种增值来源于市场主体本身，并以商誉、信誉等形式体现出来。而信用资本是信誉的实质，信誉是信用资本的外部表现；信用融资额度和信用使资产增值额度是信用资本的尺度，而信用资本是信用融资额度和资产增值的基础。当信用资本积累到一定程度，市场主体之间不用立即付款、不用抵押或担保，即可获得对方的原材料、产品和服务，便利地进行直接融资。显然，信用资本是一个长期积累的过程，企业的商誉、个人的信誉、一个国家或地区的信用等级，都是经济、文化等因素长期作用的必然结果。货币资本、物质资本等体现的是市场主体甚至一个国家或地区的有形财富的积累，而信用资本体现的是无形财富的积累。当这种无形财富被人们所重视，并在经济运行过程中产生重大的积极作用的时候，信用资本的计量、培养和扩展就会成为一种必然。对信用资本的计量实际上是对市场主体的连续、长期的经济交易行为的评价、分析和衡量。这种计量反映了市场主体经济行为，尤其是信用交易行为的长期后果，并对微观的信用交易行为和宏观的社会信用水平产生积极影响，从而对经济运行效率产生实际性影响。重视无形财富，必然会重视信用资本，而对信用资本的重视直接导致对信用交易行为的重视，导致对自身经济活动可持续发展的重视，从而促使市场主体在行为规范上既重视有形财富又重视无形财富，既重视短期行为又关注长期行为，将过去、现在和将来紧密串在一起。因此，重视信用资本，深入研究信用资本的度量及其应用，可以降低社会经济个体的筹资成本和交易成本，拓宽融资渠道，加快资本周转速度，从而增加社会资本的积聚，提高资源配置效率。

1.2.5　市场主体的竞争优势成长需要新的支撑力量

诚信是个人必须遵守的行为准则，诚必守信，信则自成。作为信用资本核心内容之一的市场信誉对市场主体生存、成长、壮大的影响日益凸显，已构成市场主体竞争优势的重要内容。获取竞争优势必须拥有足够的信用资本。信用资本能使物质资本、人力资本等有形资本更好地融合在一起，创造出更多的经济价值，促进市场主体形成并巩固自身的竞争优势。对于市场主体来说，在物质资本、货币资本等相对不足的情况下，只要拥有必要的信用资本，就完全可以凭此获得别人的授信，或以更低的成本获得所需的各种资源。相反，如果市场信誉较差，失信行为明显，不仅不能获得别人的授信，甚至连正常的经济交易行为都难以维持下去，特别是在信用交易方式占主要地位的市场经济条件下，缺乏信用资本的市场主体难以持续发展下去。因此，要获得竞争优势，使自己在市场竞争中立于不败之地，在充分考虑其他因素的同时，还必须积极培育自己的信用资本，为竞争优势提供新的支撑。信用资本的形成更注重长期积累，重视信用资本，可以使人们对竞争优势的关注从短期扩展到长期，从有形领域扩展到无形领域，从现在延伸到过去和将来。

1.2.6　加强信用风险防范需要新的制度措施

一方面，没有信用就没有秩序，市场经济就不能健康发展。目前，某些市场主体的信用缺失和沦丧已到了触目惊心的地步。而在信用体系比较健全的国家，作为市场主体的企业和个人可以没有钱、没有地位、没有住房，甚至可以没有一切，但唯独不能没有信用资本。因此，促使信用资本向市场主体的经济资源转化，可以防范信用交易带来的风险，有利于维护市场经济的平稳和社会的稳定。另一方面，由于受长期以来的传统思想观念和计划经济运行模式影响，我国社会各界对社会信用体系建设的理解，比较多地侧重于道德层面，而对市场经济运行需要的交易契约规则重视不够，导致对社会交易违约的预防、制止和惩罚不力，一定程度上造成了社会经济秩序不佳、资金和商业交易往来梗阻。重视信用资本问题，充分挖掘出信用资本所蕴涵的经济价值和社会价值，可以使市场主体更加注重积累自身的信用财富和参与社会信用建设，从而提高整个社会的信用度，促进信用经济发展。

1.3 研究方法及思路

本书以马克思辩证唯物主义和历史唯物主义的观点和方法为指导思想，力求运用马克思的信用理论作为最基本的理论支点，同时广泛借鉴博弈论和信息经济学、新制度经济学等有关理论和分析工具，对信用资本的形成、发展、特征、表现、作用进行了分析和探讨。所采用的研究方法包括：

1. 综合运用历史分析和逻辑分析的方法。现实是由历史发展而来的现实，绝不能割断历史来研究现实。为系统研究信用资本与市场经济发展的内在联系，本书考察了美国信用资本形成和演进的历史原因，并结合人的经济本质分析和经济社会不同的发展阶段，对信用资本的本质、形成及表现形式进行了符合逻辑的分析，对其发展趋向进行了初步探讨。

2. 规范分析与实证分析相结合的方法。一种理论无论正确与否，规范分析与实证分析必不可少。其中，实证分析主要是案例分析和计量检验。所谓规范分析，是分析事物应该怎样、不应该怎样，带有主观的价值判断的分析方法。所谓实证分析是对事物进行严谨的、客观的描述，说明事物是什么，不是什么，不带有主观的价值判断的分析方法。在本书理论部分，以规范分析与逻辑证明为主，通过对相关理论与现实的研究思考，提出自己对信用资本主要观点和看法；在实证部分，通过构建信用资本计量模型对 ZLZK 公司的信用资本相对水平的计量分析，指出了信用资本的货币化表现及增值来源。

3. 国际比较与国内比较相结合的方法。本书采用比较研究的方法，以国内外个案为单位，对国外和国内个别地区信用资本进行了深入分析和研究。对不同经济发展背景、不同政策背景下的信用资本形成与发展进行了全面、客观的分析和评价。

1.4　研究内容

本书通过理论分析和实证研究，深入探讨了信用资本的内涵，理清了信用资本的构成要素、运行机理、成长环境，并构建数学模型对其进行了实证分析，在此基础上提出了加快我国信用资本发展的政策建议。论证的基本结构如图1.2所示。

本书共10章，各章节内容安排为：

第1章为绪论。本章提出信用资本问题，阐述开展信用资本研究的主要理由和采取的研究方法和思路，指出本研究的主要创新。

第2章为信用与信用制度。分析信用资本必须首先辨析信用这个内涵丰富、使用广泛的概念，并明确本书中资本的含义。本章分析了信用的内涵，以我国改革开放后信用的变化状况为例，介绍了与信用资本产生密切相关的信用制度的基本演进。

第3章和第4章对信用资本进行理论分析。分析信用资本是信用的资本化表现。第3章从马克思主义经济学角度对信用资本进行了比较深入的理论分析。信用资本问题研究要以马克思主义为指导思想，要用辩证唯物主义和历史唯物主义的观点来分析研究信用资本问题。本章从马克思关于人的本质及其发展形态角度切入，深入分析了人的本质与信用资本之间的相互关系，指出人的本质的表现形式不断突破对物的依赖和不断降低对信用工具的依赖程度，在信用经济阶段就会表现为信用资本的形成发展，表现为对人的信任和对物的信任的辩证统一，并决定了信用资本的发展变迁，从而夯实信用资本研究的理论基础，为后文研究的展开提供有力的理论支撑。第4章从西方经济学角度探讨了信用资本的理论基础。主要从交易费用理论、制度变迁理论和信息经济学等不同角度，对信用资本形成的制度基础、信息条件和市场机制进行了比较深入的分析，对信用资本的形成作出了理论分析。最后，结合运用西方经济学和马克思主义经济学对信用资本所作的理论分析，提出了信用资本概念，分析其内涵、外延及其特点，指出了信用资本与商誉、虚拟资本的区别与联系，概括了信用资本的演变形式，着重探讨了信用资本与货币资本的内在联系及发展趋势。

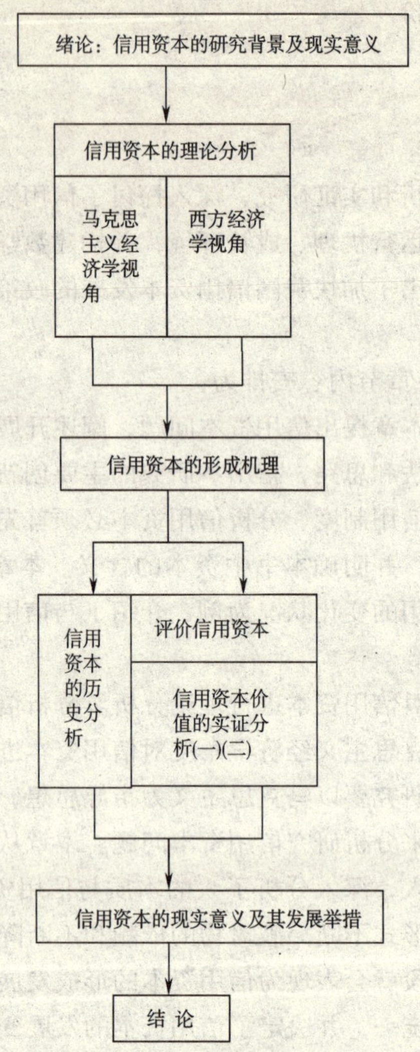

图 1.2 信用资本研究的逻辑结构图

第 5 章为信用资本的形成机理。本章主要介绍形成信用资本的四大基础性条件，即信用信息资源的市场化为其提供现实基础，社会信用体系的建立健全为其提供制度前提；信用信息产品和商业化服务为其提供价值载体，市场主体信用的资本化为其提供人格化表现。这些条件相互作用、相互促进，推动信用资本发展变化，并最终形成信用资本的基本运行机制。

第 6 章从信用资本发展的历史视角考察研究信用资本。本章以信用经济发展最发达的美国为例，从历史角度认真分析了信用资本发展的主要阶段及其在各个阶段的主要表现形式、运行方式；深入探讨了影响信用资本发展变化的相关制度环境、制度结构和运行机制。尝试把信用资本的形成发展历史地、辩证地、自然地展现出来。

第7章、第8章和第9章介绍信用资本的计量及其效益评价。第7章介绍信用资本的成本—收益分析和效益评价的基本原理和评价方法，构建了评估信用资本的数学模型。第8章选择市场化程度相对较高条件下的代表性企业，如ZLZK公司等，运用前面介绍的方法对其成本收益和效益作出实证分析。第9章选择市场化程度尚不发达情况下的农村地区的农村信用社为例，对信用资本及其作用进行了分析。

第10章为推动我国信用资本发展的政策建议。从宏观和微观角度分析了信用资本的重要地位、意义和作用。从宏观角度看，尽管信用资本在各个历史阶段表现得不那么明显，但只要将经济社会发展与具体的人、经济组织联系起来，就能清晰地发现信用资本的突出作用，经济社会发展变化在某种程度上就是信用资本的发展变化。从微观角度看，市场主体的融资能力、发展潜力事实上是其信用资本的具体反映。这一点在社会信用体系相对健全、征信评信、授信受信制度比较完善的国家体现得更为突出。同时，根据我国经济社会发展的基本趋势、主要目标和现实条件，提出了加快我国信用资本发展的配套措施、政策建议。

最后为结论，归纳了本书关于信用资本研究的创造性成果和新的见解和观点，对其应用前景和社会、经济价值等作出了预测和评价，并提出了今后的努力方向。

1.5　主要创新

无论是国内还是国外，无论是理论研究还是实证分析，对信用资本的研究和关注都不是很多，也没有形成什么标志性成果。本书属于基础性理论研究，运用信用资本这个核心概念对当前的经济现象或经济金融社会行为作出新的理论总结、解释和运用。

1. 从新的角度阐述了信用资本这个概念，探讨了信用资本的构成要素和运营机理。尽管信用资本一词还没有像现金、银行存款一样成为人们所熟知的资产名词，在财务报表上也没有它的一席之地，但它的的确确存在于社会生活中，并且历史久远。本书将这个蕴涵已久的概念挖掘出来，明确界定它的内涵和意义，并分别不同主体理清它的构成要素和运营机制。

2. 分析信用资本的收支要素并设计收益函数。人们引入商誉的概念已久，但碍于无法明确区分商誉的配比支出而无法准确计量，导致对商誉尤其是自创商誉的计量问题分歧很大。为避免类似问题的发生，本书深入细致地分析了信用资本的收支要素，并在此基础上设计了信用资本的收益函数，构建了信用资本的计量模型，无疑是对社会无形增值资本计量的一种改进。

3. 设计信用资本效益评价指标。信用资本的效益评价有助于肯定信用资本存在的价值，一定程度地体现信用资本与其他资产的对应关系。本书运用前文的研究成果开展了信用资本效益评价方法和指标的设计，进一步肯定了信用资本的意义和作用。

4. 对社会信用行为作出新的理论解释。以往对信用的研究分析都是从物的角度，即从货币这一载体角度作出解释，而经济交易的主体处于从属地位，作为货币的所有者出现。与此相反，本书从经济交易的主体本身出发，直接研究分析它在市场经济中，在社会发展中的信用价值，而经济社会关系中的货币主要是作为交易主体信用价值的货币表现、市场表现，明确提出了信用是人的本质表现，对人的信任在现代市场经济条件下构成市场主体的信用资本；货币是处于从属地位，人是处于主动地位，是一种“以人为本”的研究方法。

5. 选取典型样本进行实证研究。一方面验证本研究结果的现实意义，另一方面起到引导实践的作用，为激发市场主体信用意识、促进形成信用资本贡献一点力量。

6. 采用历史分析和逻辑分析相结合的方法。将历史与现实、抽象的理论与具体的市场主体结合起来，对我国信用资本的发展作出了前瞻性分析，为当前正在推进的社会信用体系建设赋予新的内涵，为我国社会信用体系建设提供新的理论依据。

第 2 章　信用与信用制度

信用是信用资本研究的逻辑起点，信用制度是信用资本形成的重要前提。信用资本构成的基本要素与信用和信用制度密切相关。因此，在研究分析信用资本以前，必须首先分析信用和信用制度。

2.1　信用概念的内涵

信用是信用资本研究的逻辑起点，在进行信用资本理论分析之前，有必要对信用这一概念进行简单分析。

2.1.1　信用的基本含义

信用，是源于商品交换和资金融通等市场交易行为的专用名词。经过历史演变，在不同时期、从不同角度解释，有不同的词义。现在的理论界认为信用可以从两个方面，即狭义信用和广义信用进行理解：一种是狭义信用，就是作纯交易（包括融资交易）意义解释，指一种建立在对授信人在特定期限内交易承诺（包括付款、还款承诺）基础上的能力。黄达把信用定义为以偿还为条件所形成的货币（或商品）借贷关系或债务关系[58]。在商品货币关系基础上产生的信用不是一般的借贷，而是货币或商品有条件偿付和付息的让渡这种价值运动的特殊形式。另一种是广义信用，涵盖交易主体的直接交易关系和交易行为，从经济社会生活的各个方面去全面阐释信用的含义。

近年来，有学者对信用含义赋予新的解释。江春从新制度金融学的角度重新界定了信用的含义，信用的实质是财产借贷或财产跨时交易活动即财产权利借贷[59]。李纪建则指出，信用是基于交易理性体现契约精神的一种关于各种财产跨期交易活动的制度规则[60]。喻敬明等则认为：信用（credit）是二元主体或多元主体之间，以某种经济生活需要为目的，建立在诚实守信基础上的心理承诺与约期实践相结合的意志和能力，它形成于古代而广泛流行于近代商务和金融领域之中，是从属于商品和货币关系的产物，从而构成现代文明的社会不可缺少的经济范畴和社会生活现象[61]。简单地说，它是建立在信任（trust）基础上的能力，不用立即付款，就可获得资金、物质和服务的能力。上述关于信用内涵的界定，在揭示信用所包含的产权交易特征上是富有创建的，但忽视了信用在市场交易中所显示的隐契约特征。信用隐契约特征表现在它是维护交易双方利益的，但是并没有出现在交易双方的正式契约中，而是作为一种双方心照不宣的认同。对双方有约束力的制度规则是隐含在正式契约中的。

综合上述分析，可以这样定义信用，即建立在信任基础上的基于各种财产的当期或跨期交易并维护交易双方利益的制度规则。这种制度规则包括正式的、以书面契约形式表示出来的明确性交易规则，也包含隐藏在书面契约关系背后的、由整个市场体制约定俗成的隐性契约规则，如对法律制度共同遵守的合法经营规则、平等竞争原则，以及不得损害市场其他当事人受契约保护的合法利益的原则。

2.1.2 信用与诚信、信任、信誉、资信

在当前经济社会生活中，信任、信誉、诚信、资信和信用等词经常出现，有时还交替使用。准确理解这些词语的经济含义，有助于我们正确理解信用的基本含义，尤其是帮助我们正确认识信用资本的真实含义[62,10]。

1. 信用与诚信。诚信即诚实守信，是一切信用形式的共同基础。一方面，商业信用、消费信用和银行信用等典型的信用形式都是诚信原则在经济交易中的具体运用和表现形式。没有诚信，就不可能有信用交易。另一方面，信用的发展可以促进社会诚信水平的提高。无论个人还是企业，守信就会赢得良好的发展机会，失信就会失掉商机，受到惩罚。双赢来自信用，诚必守信，信而自诚，诚则自成。诚信是信用的基础和外部环境，信用则是诚信的表现。信用资本是诚信的道德自律与信用的契约及法规他律的交互影响、辩证发展的必然产物。

2. 信用与信任。信任是一种以诚实信用为基础的社会关系，而信用则是建立在授信人对受信人偿付承诺信任的基础上的一种能力。信用与信任如影随形，一个人如果有信用则更容易取得别人的信任。信任能导致合作和信

用的产生，信任度下降则使人们之间的合作更为困难，从而影响信用交易的效率和安全，使社会交往的成本增加，从而使社会信用状况恶化。信用和信任之间的区别也非常明显：信任是一种心理状态，而信用则是一种活动或能力；信任意味着承担经济交易的对方当事人兑现承诺的风险，而信用则力图通过协议、契约等方式化解或减少交易风险。

3. 信用与信誉。信誉指的是经济交易的当事人给予对方兑现所承诺义务的隐含保证。信誉与信用均具有商业价值。在市场经济中，信誉是无形资产，信用是一种交换手段。信誉和信用的确立大都需要通过媒介体。比如通过信用评估机构、征信机构确立信誉，通过金融机构建立信用关系。信用和信誉的区别在于：信誉是外生的，取决于社会的评价，而信用是互生的，既有授信方，又有受信方；信誉不会形成链条，也不应当形成链条，不存在某一个人信誉高，与他相关联的另一个人也就信誉高；信用关系能形成链条，相互传递，如“三角债”。

4. 信用与资信。资信是在信用基础上发展起来的新概念，是能否自主如期履约的能力。资信是对信用风险的事先判断，资信等级是对未来如期履约能力强或弱的预期，是把信用风险从事后确定前移到事前预期，并以事后的状况来检验。资信等级反映的是自主偿还能力的强弱，信用等级反映的是偿还债务的程度。对资信和信用的概念加以必要的区分，对于我们认识信用资本具有重要的实践意义。

可以将信用与诚信、信任、信誉和资信的基本关系表述如下：诚信＋资信＝信用。并可转化为：品德＋能力＝守信或信誉，即具有诚实守信的道德观（偿债意愿）和如期履约的经济能力，实践承诺才有可靠保障；品德＋守信＝资信，即具有诚实守信的道德观加上实践承诺的记录，才能证明具有如期履约的能力（这也正是资信评级的基本评级原理）；资信＋信用＝诚信、信誉，即具有如期履约的能力和实践承诺的记录，才能证明和树立守信的口碑；信任＝信誉＋资信，即信誉和资信是信任的外部表现。市场主体所得到的信任取决于它的市场信誉和履约的意愿和能力。根据上述基本关系，可以认为信用、信任、资信、诚信、信誉有各自具体的意义，但信用对信任、资信、诚信、信誉来说，具有普遍的意义；信任、资信、诚信是因，是信用的物质和精神保障；信用、信誉是果，是物质和精神的基本反映和落脚点。

上述对信用的内涵和基本要素分析表明，信任是信用的本质，信用是契约的基础，而履约是现代市场经济的核心。具体表现为无欺、守诺、践约，即在市场交易中，社会各交易成员言论与其所反映的对象一致；意愿表示、语言承诺与其实际行动一致；言行前后一致。本书着重讨论的是“市场主体的信用”问题，在较广泛的意义上运用信用概念，并不局限于商业信用、银行信用、个人信用等与信用工具相关的信用概念。

抽象的信用与具体的人即市场主体本身密切相关，或者说信用是市场主体本身所拥有的一笔财富。这种财富的形成与信用制度密切相关。只有具备健全、有效的信用制度规则，信用才能成为市场主体的无形资产，成为可为其带来收益的信用资本。可以说，信用制度既是信用资本产生的前提，又是信用资本的重要构成因素之一。经济交易中的诚信原则在经济发展的任何阶段都是必须坚持和强调的，它既可以道德伦理的观念形式，又可以习俗、惯例等非成文的制度的方式，还可以契约法律法规等成文方式来约束市场主体的交易行为，并为其提供合适的信用交易载体即信用交易工具。并且，随着市场经济交易的规模、范围、半径、层次、对象、内容的日益扩大，信用制度不仅强调对经济交易行为的约束和规范，而且加强了对经济交易主体本身的约束、规范，既强调同一时点下对不同市场主体交易行为诚信原则，更进一步加强了对同一主体在不同时点和不同环境下市场交易行为的跟踪、统计、分析、评价和监督，强调经济交易的累积性效应。因此，本书在具体分析信用资本之前，先以我国改革开放后的信用发展为例，对我国信用制度建设情况作一个基本评价。

2.2 我国经济转型后的信用发展状况

我国与市场经济发展相适应的信用及其相关制度是从20世纪70年代末改革开放后逐渐发展、建立起来的。随着经济体制的转换，社会的产权结构日趋多元化，市场交易逐渐成为资源配置的主要方式，由原有的制度体系所规范和整合的社会信用制度也随之逐渐解体，建立在新体制和法律规范基础上的社会信用制度逐渐形成。这一过程在某种程度上也表现为信用制度的扭曲和信用缺失现象非常明显[63]。

2.2.1 社会信用制度的扭曲现象非常严重

我国新旧经济体制转换过程中出现了多重规则，从而在市场交易中，导致多重秩序和制度冲突，如旧制度因素的延续和新制度规范并存，导致了社会信用制度的严重扭曲和交易行为的不规范[64]。这主要表现在：

第一，体制转轨中产权主体多元化，导致产权主体由政府代表的国有产权的单一主体，演变为国有产权和私有产权并存的格局。在产权制度改革中以政府为代表的国有产权主体缺位，导致国有产权在市场交易中受到私有产权损害时得不到有效的保护，交易损害方从中得到了利益，其损害行为在现有信用制度下不仅没有得到有效的约束，反而受到了激励。

第二，转轨中的社会信用主体也由国家信用独大演变为国家信用、企业信用和个人信用三者并进的格局。在市场交易中，国有产权得不到有效保护使得国家信用弱化，这样，社会信用作为隐契约的一系列规则和制度，就不会作为可置信威胁对市场主体行为形成有效约束，企业信用和个人信用自然也就随之弱化。交易中的这一现象不断蔓延导致社会信用制度的制度层次，即规则和制度成为一种不可置信的威胁从而失去其约束力，进而，基于这些规则和制度之上的信用的技术层次，即各种社会信用工具也就难以被接受。最后，这一状况的不断加剧必然会反映在社会信用的价值心理层次，即缺乏契约精神，信用观念淡漠。这反过来也导致市场交易中的社会信用制度扭曲及社会信用秩序混乱。

社会信用制度扭曲会造成交易双方的沟通障碍，增加谈判成本、搜寻费用以及说服成本。制度的摩擦会造成额外的交易成本的支付。交易成本的剧增成为每个交易者必须支付的代价，过高的交易成本必然导致交易行为的减少或中止，同时，制度扭曲所造成的漏洞也给机会主义者以可乘之机，不规范的交易行为就会出现，当个别的机会主义行为演化为集体行动时，整个信用秩序也会遭到破坏。

2.2.2 社会经济生活中信用缺失现象严重

改革开放以来，随着计划经济体制向市场经济体制转变，经济交易的信用化程度逐渐提高，各类市场主体自身的信用状况成为市场交易活动的重要影响之一。但由于信用管理制度不健全、信用管理体系发育程度低下等多种原因，使得信用缺失问题日趋严重，失信行为已经影响到市场主体的活动频率、交往深度、投资数额和社会消费，从而影响市场经济正常运行。据张彦宁统计，我国每年因为失信造成的经济损失达5 855亿元。世界贸易组织总干事穆尔曾经尖锐地指出：“中国加入世贸组织后，从长远看，最缺乏的不是资金、技术和人才，而是信用，以及建立和完善信用体系的机制。”[50]由此可见，信用不仅关系到我国社会主义市场经济能否健康发展，而且与广大人民群众的生活息息相关，它是我们中华民族综合素质的体现，关系到整个国家的经济利益。

目前，我国的信用缺失现象主要表现在六个方面：

1. 商业信用缺失。商业信用是一种既利于销货方扩大销售规模，又利于缓解购货方资金不足矛盾的企业间直接信用方式，但目前商业信用关系堪忧。企业间债权债务关系错综复杂，债权债务总额超常增长。据有关资料显示，企业逾期应收账款占贸易额的比重在完善的市场经济国家仅为0.25%～0.5%①；而我国目前超过5%，其水平是发达市场经济国家的10倍到20倍！1989年底全国企业间“三角债”约为1 240亿元，1991年底为2 000亿元，1994年底上升到7 000亿元。据估计，这个数字目前已逾万亿元。企业间的相互拖欠严重影响了企业生产经营的正常运转，干扰了市场经济的正常秩序。除了恶意欠债有日益蔓延之势以外，恶意逃债的现象也日渐严重。

2. 银行信用缺失。我国国有商业银行不良资产（按四级分类的呆账、呆滞、逾期贷款或按五级分类的次级、可疑和损失贷款）居世界前列已是不争的事实，经过这几年的改革，虽有所好转，但情况仍非常严重。很多企业在向银行借款时就没有考虑怎样还贷，有的甚至就根本没有打算归还，使银行信贷资产的流动性、盈利性、安全性受到严重威胁，造成了很大的信贷风险。

3. 制假售假十分严重。我国经济生活中最为严重的信用缺失现象就是防不胜防的制假售假。制假售假的规模之大，影响面之广，危害之深，已经达到了无法容忍的地步。据《中国工商报》报道，2004年仅工商行政管理系统就查处制售假冒伪劣案件23.05万起，比上年增长36.86%；查获各类假冒伪劣商品总值38.81亿元，比上年增长95.61%；全国共捣毁窝点5.16

① 徐宪平．社会信用体系建设知识读本［M］．长沙：湖南人民出版社，2006：23.

万个，是2000年的4倍多。而且，全国制假售假的实际情况要比已经查处的严重得多。如同民谣所言："除了飞机大炮，什么都敢假冒。"就连医院治病的药品，救人性命的血浆，都有人敢造假。至于食品、烟酒、保健品、美容化妆品，其假冒伪劣更是数不胜数。假酒致残致死者已被媒体多次报道。至于美容、化妆品伤人事件已不计其数。此外像假种子、假化肥、假农药坑害农民，基本上年年都有，各地都有。

4. 消费信用缺失。消费信用是提供给消费者个人供其购买高档耐用消费品的信用形式，包括由银行提供给个人的消费贷款和由企业提供给个人的分期付款。然而，这种在20世纪70年代已流行于西方的既有利于厂商促销又能缓解消费者资金不足矛盾的信用形式，直到今天还不能在中国广泛推广，以致出现一方是大量住房待售，而另一方却因资金有限无房可住的怪现象。如果消费者确有信用，那么，不管是由银行贷款还是由厂商实行分期付款销售，都将大大推进我国住宅、小汽车等高档耐用消费品的产销。同样，信用卡作为一种新兴的消费信用工具，既为其持有者带来极大方便，同时也带来令人头疼的恶意透支、诈骗等犯罪现象。

5. 证券投资信用缺失。上市公司制造虚假利润，骗取上市资格，串通庄家做市，这已经是众所周知的"秘密"。更有甚者，一些上市公司的大股东利用手中的权力与法制的漏洞，疯狂占有上市公司的资金、货物，最后导致上市公司亏损，甚至濒临摘牌。

6. 政府信用缺失。据新华社2004年8月26日报道，全国已竣工工程拖欠工程款1 755.88亿元，其中政府拖欠642.80亿元，占36.61%。越是经济欠发达的地区，政府工程拖欠比例越高，西部地区12省市政府拖欠占西部地区拖欠总额的近49%。在政府投资工程拖欠的工程款中，市政工程、教育工程、交通工程拖欠尤为突出，其中市政工程拖欠265.55亿元，占政府拖欠的41.31%；教育工程拖欠155.90亿元，占政府拖欠的24.25%；交通工程拖欠122.22亿元，占政府拖欠的19.01%。政府拖欠所带来的后果，可以说"有百害而无一利"。因为它失去的是政府信誉、民心威望和法律尊严，而得到的那些所谓经济发展，终究将是易碎的泡沫。政府拖欠将大大削弱政府公信力；政府拖欠工程款也给各种"猫腻"带来了可乘之机，由此带来的工程建设领域的黑幕也一直为外界所指责。

2.2.3 我国信用制度重构问题的提出

我国信用缺失问题第一次提出是在20世纪90年代的初期[66]。当时，国务院下发了《关于在全国范围内开展清理“三角债”工作的通知》，在中国第一次以国务院文件方式提出了社会信用问题。1991年原国务院生产办就在国务院领导同志的直接领导下，组织进行了清理企业“三角债”和“质量、品种、效益年活动”，其目的就是力图解决制约企业发展的经营行为和经济秩序问题（实质就是社会信用问题）。当时，各级政府按照国务院的统一部署采取了一系列措施解决国有企业拖欠债务、产品质量低下等问题。可以说当时的工作是轰轰烈烈，不仅在一定程度上缓解了债务链对国有企业资金短缺的困扰，也触动了计划经济体制向市场经济体制转轨中的一些敏感问题。

但是，由于当时经济体制改革特别是法制建设尚未到位，不仅企业缺乏财务会计制度，市场主体没有明确的法律地位，市场规则也缺乏法律规范，导致清理“三角债”工作没有能够从根本上触动信用观念、信用制度和信用体系[52]。然而，上述工作的逐步深入却充分暴露了企业制度和经济体制存在的深层次问题。随后，工作重点转移到经济法制的健全和完善方面，为此，1993年出台了《企业财务通则》和《企业会计准则》、1994年实施了《中华人民共和国公司法》，1995年施行了《中华人民共和国商业银行法》、《中华人民共和国担保法》和《中华人民共和国仲裁法》，1999年出台了《中华人民共和国合同法》，2006年通过了《中华人民共和国企业破产法》，我国社会主义市场经济体制的法律体系初步形成，使市场经济由无序竞争走向有序竞争有了可能，为信用行为的记录和失信行为的惩戒提供了一个基本的法律规范。2007年3月16日第十届全国人民代表大会第五次会议通过了《中华人民共和国物权法》，进一步完善了社会主义市场经济法律体系。

2.3 国家高度重视信用体系建设

中共十六大报告明确提出：“整顿和规范市场经济秩序，健全现代市场经济的社会信用体系。”中共十六届三中全会通过的《关于完善社会主义市场经济体制若干问题的决定》进一步提出：“建立健全社会信用体系。形成以道德为支撑、产权为基础、法律为保障的社会信用制度……增强全社会的信用意识，政府、企事业单位和个人都要把诚实守信作为基本行为准则。按照完善法规、特许经营、商业运作、专业服务的方向，加快建设企业和个人信用服务体系。建立信用监督和失信惩戒制度。逐步开放信用服务市场。”之后，中央领导同志又在不到两年的时间内就社会信用体系问题作了12次专门的指示或批示。中共中央在如此重要的文件当中对建立健全社会信用体系进行专门论述，中央领导同志在很短的时间内就同一问题多次作出指示或批示，充分表明社会信用体系建设得到了党中央、国务院的高度重视。中共十六大以来，中共中央、国务院针对我国社会信用体系建设与发展的实际，在不同阶段都作出了非常明确的指示，提出了相应的要求。

《中共中央、国务院关于进一步加强金融监管，深化金融企业改革，促进金融业健康发展的若干意见》提出：

“市场经济是信用经济、法制经济。良好的社会信用是建立规范的社会主义市场经济秩序的保证，是有效防范金融风险的重要条件，是现代经济金融正常运行的根基。当前，企业逃废银行债务和相互拖欠严重，社会信用混乱，严重扰乱金融秩序，加大金融风险，影响了经济的正常运行。全党全社会必须从改革发展稳定的大局出发，增强信用观念，建立和维护良好的社会信用。”

“建立和维护良好的社会信用必须综合治理。一是加强经济、金融法治。健全有关信用的法律法规和规章制度。依法加大对不讲信用、破坏信用行为的惩治力度。对逃废金融企业债务的单位和个人，要依法追究其刑事责任；对包庇、纵容逃废金融企业债务的国家工作人员，应给予纪律处分并依法追究其刑事责任。增强金融诉讼案件审判的公正性，维护金融债权人的合法权益。依法规范相关行政执法部门、抵押登记和社会中介机构的职责和行为。二是加快信用制度建设。要借鉴国外经验，把建立健全社会信用制度，作为关系经济发展全局的一件大事来抓，力争尽快取得成效。企业信用和个人信用是社会信用的基础。当前，要在试点的基础上，抓紧建立全国企业和个人征信体系，使具有良好信誉的企业和个人充分享有守信的益处和便利，使有不良记录的企业和个人付出代价、声誉扫地。三是加强宣传教育和舆论监督。广泛深入地开展关于信用的宣传教育，增强全社会的信用观念，树立诚信守约的道德规范。各级领导干部要旗帜鲜明地与逃废金融企业债务等违法行为作斗争。重视发挥社会舆论的监督作用，对逃废金融企业债务的企业和重点地区，要定期向社会公布。各级政府要高度重视社会信用制度建设，组织有关部门通力合作，营造社会信用的良好环境。”

十届全国人大二次会议通过的《政府工作报告》提出，要“加快社会信用体系建设。抓紧建立企业和个人信用信息征集体系、信用市场监督管理体系和失信惩戒制度”。

《国务院关于印发2005年工作要点的通知》要求：“深入整顿和规范市场秩序。重点抓好食品、药品市场专项整治，继续整顿和规范农资市场、建筑市场和房地产市场，深入开展保护知识产权专项行动，严厉打击非法传销、非法中介和各种商业欺诈行为，打击走私、偷逃骗税、洗钱等经济犯罪活动。加快社会信用体系建设。”

《国务院关于2005年深化经济体制改革的意见》进一步明确，要“加快推进社会信用体系建设。从构建金融信用体系入手，加快建设统一、高效、规范的企业、个人和其他组织的信用体系。加快信用体系标准化建设。出台并组织实施《社会信用体系建设总体方案》，探索建立政府监管信息共享机制。加快信用征集和信息披露立法进程，建立信用监督和失信惩戒制度”。

《中共中央关于制定国民经济和社会发展第十一个五年规划的建议》提出，要“以完善信贷、纳税、合同履约、产品质量的信用记录为重点，加快建设社会信用体系，健全失信惩戒制度”。

中共十六届六中全会通过的《中共中央关于构建社会主义和谐社会若干重大问题的决定》提出，要“加强政务诚信、商务诚信、社会诚信建设，增强全社会诚实守信意识”。

2007年1月召开的全国金融工作会议进一步提出，“全面推进社会信用体系建设，加快建立与我国经济社会发展水平相适应的社会信用体系基本框架和运行机制”。

2007年4月《国务院办公厅关于社会信用体系建设的若干意见》强调，社会信用体系建设任务艰巨，时间紧迫，要“以法制为基础，信用制度为核心，以健全信贷、纳税、合同履约、产品质量的信用记录为重点，坚持‘统筹规划、分类指导，政府推动、培育市场，完善法规、严格监管，有序开放、维护安全’的原则，建立全国范围信贷征信机构与社会征信机构并存、服务各具特色的征信机构体系，最终形成体系完整、分工明确、运行高效、监管有力的社会信用体系基本框架和运行机制”。

从中共中央、国务院近年来的指示和要求可以看出，我国社会信用体系建设即将进入全面启动阶段。可以预期，社会信用体系将作为我国社会主义市场经济体制的一项内生的制度安排，必将逐步完善，并发挥出重要作用。这也为培育我国企业或个人的信用资本提供最重要的制度前提和重要基础。

2.4　我国信用制度重建的基本进展

国务院提出清理“三角债”并首次提出社会信用问题，这是我们国家社会信用制度建设的萌芽阶段。之后，我国社会信用制度建设经历了开始、起步、推进三个发展阶段。

2.4.1　第一个阶段：始于20世纪90年代初期的开始阶段

这一阶段的主要标志就是以信用评价为代表的信用中介机构的出现和发展。20世纪90年代初期，我国成立了中国诚信、大公、远东等一批与企业发债和资本市场发展相适应的信用评估机构。从此，信用意识开始逐步被企业和投资者所接受。特别是银行为控制企业贷款风险，引入贷款证管理模式，上海等地还要求申领贷款证企业必须进行信用评级，这些措施拉动了企业信用需求。与此同期，专业担保、信用调查、讨债追债等信用中介机构也开始出现，如华夏信用管理公司、中国经济技术投资担保公司、新华信公司、华安公司等。有关政府部门也针对国家重点大型企业、中小企业等不同对象进行了企业信用和业绩评价的积极探索，商业银行也积极开展了以控制自身信贷风险为目的的贷款企业信用等级评定工作。

2.4.2　第二个阶段：始于20世纪90年代后期的起步阶段

这一阶段的主要标志就是以信用担保为代表的信用中介机构的快速发展。20世纪90年代后期，在国家经贸委、财政部和中国人民银行等部门的大力推动下，济南、镇江、铜陵、深圳、重庆、山西、河南等地成立了一大批面向中小企业服务的信用担保机构。1994年以来陆续成立的中投保、深科投等一批专业担保公司也开始为中小企业提供担保服务。民间资本也开始涉足信用担保行业，如深圳的中科智担保公司、甘肃的银泰担保公司、山西的阳泉个私担保公司等。信用担保机构的发展不仅缓解了中小企业贷款难状况，也为企业特别是中小企业信用能力的提高创造了基础。截止到 2001 年底，全国已有各类信用担保机构约 360 家，覆盖了全国近 30 个省（市、自治区）的 300 个城市，拥有的担保资金已达 100 亿元，其中 50% 为民间投资，担保公司中注册资本超过 10 亿元的全国已有 3 家。

2.4.3 第三个阶段：21 世纪初期的稳步推进阶段

这一阶段的主要标志是国家层面和地区层面积极推进社会信用体系建设。

1. 各地加快了建设步伐。从区域情况看，地方政府也高度重视信用体系建设。到 2005 年底，全国有浙江、安徽、湖北、重庆、大连等 11 个省市区（含副省级城市，下同）出台了总体规划或建设方案；全国各省市已出台 12 个政府规章、10 个政策性文件、1 个人大决定和 2 个涉信规章。浙江省企业基础信息交换与应用系统基本完成，安徽省建立了企业信用数据库，北京市数据交换中心项目的 3 库（企业库、个人库和源数据库）6 系统已基本建设完毕。与此同时，信用体系的标准化建设也正在启动。上海在 2004 年组织起草了《企业信用信息数据标准（试行）》和《个人信用信息数据标准（试行）》。截至 2006 年底，27 个省市设立了领导机构，部分省市建立了统一的信用信息共享平台，上海、江苏、浙江联手推进“信用长三角”建设。

湖南省十分重视社会信用体系建设，已取得了突破性进展。一是制定了《湖南省社会信用体系建设规划》，明确了 2005 ~ 2010 年社会信用体系建设的总体目标。经省政府批准并颁布的《规划》规定，第一步，从 2005 年起，通过三年的努力，到 2007 年初步建立信用信息采集、披露、应用系统和信用激励惩戒机制、信用宣传教育机制，以及信用法规制度体系、信用中介服务体系、信用监督管理体系，形成社会信用体系的基本框架。第二步，在实现前三年目标的基础上，从 2008 年起全面推进各个领域、各个行业的社会信用体系建设，到 2010 年基本形成配套的信用法规制度、基本形成有一定规模的信用中介服务行业、基本形成较为活跃的信用市场需求、基本形成较为完善的社会约束机制，使诚实守信逐步成为市场主流和社会规范，初步建立能基本满足市场经济要求的社会诚信体系，为打造诚信湖南、构建和谐社会奠定良好基础。二是颁布了《湖南省信用信息管理办法》，确立了信用信息征集、披露、使用、监督管理的行政规范。在广泛听取社会各界意见，并借鉴其他省市经验的基础上，起草了《湖南省信用信息管理办法》，将企业和个人信用信息的征集、披露、使用统一起来。经省政府第69次常务会议通过，省政府以第202号令发布，从2006年1月1日起施行。三是建成并开通了以“三库一网一平台”为基本框架的湖南省信用信息系统。“三库”即以信贷服务为重点的人民银行系统“企业和个人信用信息数据库”、以市场监管为重点的工商系统“企业信用信息基础数据库”、公民信息管理部门的“人口基础信息数据库”，“一网”即“湖南信用网”，“一平台”即“湖南省电子政务外网数据交换平台”。这个系统连通了国家3个部门的数据库，沟通了全国各省区市的信用信息系统，延伸到了全省各县乡基层单位，归集了最原始的信用信息数据，最大程度地实现了信用信息的资源共享。该系统于2005年12月28日正式开通并依法向社会开放。目前，湖南省电子政务外网数据交换平台共归集了21个部门掌握的200多万条信用信息，企业和个人信用信息数据库已拥有20万户企业和1 200多万条个人信用信息，企业信用信息基础数据库已拥有150万户企业和个体工商户的信用信息，人口基础信息数据库已拥有6 500万个人的基础信息。四是深入开展金融安全区创建工作，创造良好的金融运行环境。建立湖南省金融生态（金融安全区）考核评价指标体系。为不断深化金融安全区创建，切实改善区域金融生态环境，借鉴国内外金融生态评价的有关方法，结合近年来湖南省金融安全区创建工作实践，从金融生态外部环境、金融生态主体运行情况着手，经过反复讨论、修改，设计了包括10项55个指标的金融生态评价指标体系，并组织对全省14个市（州）及17个金融安全区试点县（市）进行了试评价，确定了各项指标的评分标准，增强了“金融生态评价指标体系”的可操作性和实用性。加强协调沟通，大力推动全省金融生态环境建设。修改完善《关于加快湖南省金融生态环境建设的意见》。深入开展信用县（市、区）、信用乡（镇）、村、农户和信用社区创建活动，创建了一大批信用乡（镇）、村和信用社区，银行部门兑现了实行信贷倾斜的承诺。五是开展了一系列的信用宣传和教育活动，营造了一定的舆论氛围和社会环境。省政府有关部门、部分中央驻湘单位与湖南大学联合创办了跨学科研究机构——“湖南大学信用研究中心”。进行了融资担保机构的信用评级试点，出台了支持银行卡产业发展的政策文件。

2. 国家各部委积极行动。行政执法部门行动迅速。工商、税务、海关、质检、食品药品监管局等行政执法部门，依据国家有关法律法规，制定完善部门规章和管理规定，为实施部门信用管理创造条件。如海关总署对企业设置了ABCD四个信用等级，实行动态管理，税务总局制定了《纳税信用等级评定管理试行办法》，工商总局制定了《对企业实行信用分类管理的意见》，食品药品监管局制定了《药品监督诚信管理暂行规定》，对企业采用6个等级的信用评价标准。质检总局也正在围绕内部监管需要，研究制定相应的信用等级分类管理制度。职能管理部门开始起步。财政、商务、建设、农业、旅游等管理部门，选择财会、导游、进出口企业、建筑施工单位等重点行业，制定诚信标准，建立信用档案，实施违规公示的试验。财政部发挥中国注册会计师协会的作用，制定了《注册会计师和评估师诚信发展纲要》，明确了行业信用建设的目标、制度、诚信标准和道德规范，并在吉林和上海开展了财会人员信用分级评定管理的试点；商务部对进出口企业、三资企业、对外工程承包等企业加大了建立信用档案的工作力度；建设部通过信用分类标准，对建筑施工单位的违规失信行为采取了公示警告、取消资质等措施，加大处罚力度，对规范违规企业经营行为效果明显。外汇管理系统在原有基础上加大了工作力度。金融系统在部分省市开展“创建金融安全区”活动，治理金融信用秩序，加大打击逃废债行为，对还贷守信好的企业和地区给予更多信贷资金支持和服务，产生了好的效果。中宣部、中央文明办、司法部、教育部、全国总工会提出了开展社会诚信宣传活动、结合普法工作加强诚信教育的工作意见。

按照温家宝总理指出的，“从信贷信用征信起步”，“加快全国统一的企业和个人信用信息基础数据库建设，形成覆盖全国的基础信用信息服务网络”，2006年，人民银行企业和个人征信系统建设取得重大进展。建立了集中统一的数据库和覆盖全国所有金融机构的网络，为1 116万多户企业和5.33亿自然人建立了信用档案，采集了企业和个人在商业银行等金融机构开立结算账户、贷款、担保、信用卡等信用信息。企业和个人信用信息基础数据库在全国金融机构的各级营业网点开通查询终端近18万个，各金融机构在办理企业和个人信贷业务中，均把查询企业和个人的信用记录作为贷前审批的重要条件。目前，该数据库将对企业和个人开放查询，按企业和个人要求查询其信用报告，提供其“信用证明”。目前，除实现国家质检总局组织机构代码信息的实时查询外，人民银行与公安部、劳动和社会保障部、建设部、环保总局、税务总局、海关总署和最高人民法院积极配合，共同研究信息合作事宜。相关各部门已就此项工作的意义和必要性达成一致，有的在制订具体方案，有的已进入实施阶段。

国家工商行政管理总局已建立企业信用信息数据库，到目前为止，已经录入了600多万家企业的基本信息。根据企业信用登记标准明确了市场监管中相应的激励、预警、惩戒和淘汰机制。公安部正在建设全国人口基本信息资源库、全国违法犯罪人员信息资源库等八大基础性、共享性信息资源库。国家税务总局正在全面建设“金税”三期工程，以实现对纳税人的综合管理和监控。财政部依托中国注册会计师协会，建立了注册会计师、注册资产评估师诚信档案系统。司法部正在建立律师行业信用信息系统。此外，建设部、国家质量监督检验检疫总局、国家食品药品监督管理局、国家外汇管理局等部门也对企业实施分类监管，以不同的形式推进这项工作的开展。国务院信息化工作办公室积极推进工商、国税、地税、质监等部门的企业基础信息共享，这项工作经杭州、济南等城市试点后，正在全国逐步推广。国家发展和改革委员会也在北京、天津、黑龙江、安徽、湖北五省市开展信用信息互联互通试点，积极探索信用体系建设，改善投资和信用环境。

我国信用服务行业正步入发展期，成为一个新型的服务行业。目前我国有各类信用调查机构100多家，资信评级机构近80家，信用担保机构2 000多家。中国诚信、华安、华夏、大公、远东、联合、新华信以及中国联合信用网、中国企业信用网、中国信用信息网等社会信用中介机构也积极开拓业务领域，邓白氏、惠誉、科法斯等国外信用机构也积极发展中国市场。起步于上海、北京、浙江富阳、广东汕头等地的政府部门之间信用披露系统互联互通和信息共享正在由地方试点向全国发展。

第3章　信用资本理论分析：马克思主义经济学视角

伽达默尔说过，“理论就是实践的反义词”①。任何经济行为都是一种具体的、历史的、自然的实践活动，都能找到与之对应的理论依据。信用资本作为一种经济现象，同样有相应的理论基础。并且，对于刚发轫的信用资本问题研究来说，夯实理论基础的要求更为迫切，也更重要。本书研究的理论基础必须符合以下两个条件：一是对信用资本发展起着十分重要的推动作用，二是内含了对信用资本的经济分析和研究，对推动我国信用资本发展具有较强的指导作用。直观来看，可以阐述信用资本的理论很多，但从本书研究的角度来梳理，说服力较强的现成理论依据并不多见。为此，从马克思主义经济学角度分析信用资本，运用马克思主义的理论和方法为指导思想，运用马克思的资本理论、信用理论和制度经济理论作为全书的理论支点，对信用资本作出了新的理念解释。下一章借鉴西方新古典经济学、基于信息的经济学和制度经济学等相关理论的分析方法和思路对信用资本作出分析，进一步增强信用资本理论分析的说服力。

3.1　信用资本是信用发展进一步深化的结果

信用有三个要素，即信用关系主体、信用载体、信用制度规则[63~64]。作为隐契约，信用关系的主体也就是交易活动中的交易双方。在市场交易中，转移信用的一方交易者为授信者，而接受信用转移的另一方交易者为受信方。根据信用这一隐契约，授信方取得一种权利，受信方承担相应义务。信用以及信用关系在交易中是通过信用载体反映出来的，这一载体可以是内化在交易双方行为中的价值准则，也可以是带有非正式契约性质的口头承诺

① 伽达默尔．赞美理论［M］．夏镇平，译．上海：上海三联书店，1988：46.

或者基于完备的制度规则的各种信用工具。在现代市场经济条件下，市场交易的发生和完成通过一定的契约关系得以表现，而这些契约的履行和遵守必须依靠一套完善的交易制度规则，否则双方无平等对话的基础，信用无法最终完成。所以，制度规则体系也是信用得以存在的要素。

对比信用的构成要素，可以说，现有理论研究中对信用的研究，从信用载体和信用制度的角度出发的居多，而从信用主体的角度展开的相关研究并不多见。如果从信用主体角度研究分析信用，那就是信用的资本化问题，即市场主体本身在经济交易过程中所形成并反映出来的诚实守信程度是否具有“资本”价值的问题。随着经济市场化程度的不断提高，守信的成本—收益特征日益突出，必须准确评价市场主体的诚实守信程度，并以此作为其开展市场交易行为的重要依据，形成“征信——评信——授信——受信”四个方面相互作用、相互促进的信用管理体系，从而为市场经济有序良性运行提供基础性保障。

在笔者看来，这个过程实际上就是不断开掘市场主体本身所蕴涵的信用资本的过程，也就是信用本身在信用文化、信用能力方向发展的同时，向信用资本化方向发展的结果。

信用是市场主体在经济交易和市场伦理的综合要求[65]。在经营活动过程中，信用一方面来自经济交易的要求——交易过程中的作出承诺、信守承诺、兑现承诺；另一方面又来自市场伦理的要求——经营者之间心理上的诚实守信、一诺千金、承担责任和相互信任。诚实守信、相互信任促使企业交易中信守承诺、兑现承诺；认真履行各种承诺，又会赢得社会对企业各种“价值偿付”能力的信任。两方面既相互结合，又相互促进，来自社会的信任和自身“价值偿付”能力的累积形成经营者的信用，这种信用既表现为经营者偿付债务的能力，又表现为偿付债务的实际表现。以企业为例，企业信用与企业的各种契约关系网络、组织文化、企业的产品与服务相结合，会使企业形成一种具有无形性、价值性和优质性等特征的经济资源。随着企业的信用不断积累，信用向三个方向外化发展：信用资本、信用文化、信用能力[66~68]。这种外化过程及三个维度之间的相互关系如图3.1所示。

1. 信用资本维度。企业信用资本的创造和累积过程就是信用价值链的形成过程。信用价值链的具体形成过程是：企业在市场机会面前，通过一贯的承诺、守诺、践诺、履约的信用行为取得社会的信任，这种信任的不断积

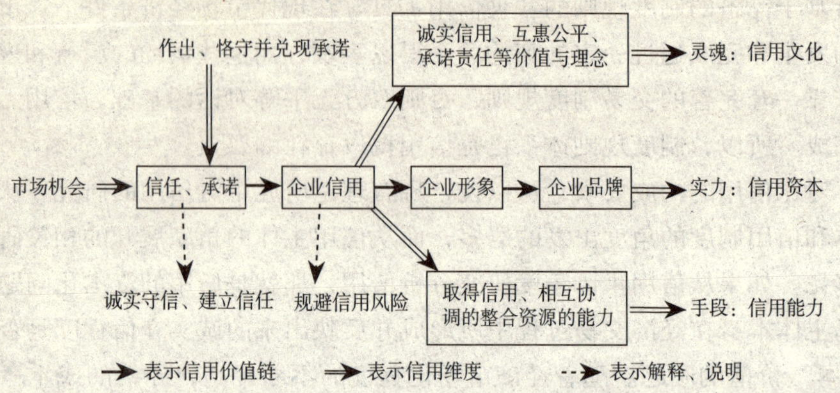

图 3.1 信用发展的三个维度

累形成企业的信用；企业信用进一步扩大和累积，又会给企业在社会上树立美好形象，这种美好的企业形象长期叠加、映射，产生企业良好的社会信誉。这种信誉长期积累，必然会在消费者心中积淀为对企业产品和服务优质的认识与认同，进而形成消费者心中的品牌。品牌一旦形成又会有很强的扩展性和独立性，也必然形成社会对企业效益好、发展潜力大的认知。这种认知的不断强化，形成企业的商誉。因而品牌和商誉可以看成企业信用的凝集，又可视为企业信用的物化。

企业信用不仅影响企业经济效益，还能给企业带来收益。在现实生活中，人们越富有，他们会越重视品牌，也越愿意为产品的品牌付钱。品牌既促进了企业产品的销售，又增加了消费者购买商品的附加价值。企业信用（品牌和商誉）体现企业一种无形的社会价值，反映企业的实力，从而具有资本的性质。事实上，企业的社会资本（商业网络、企业信用）同实物资本（厂房、设备和技术）、人力资本（智力、个性、教育和培训）对创新一样重要，物质资本、人力资本要靠信用资本来融合。物质资本与人力资本的有机结合，能产生现实的生产力。信用资本与物质资本、人力资本三者有机结合，能产生高效良性的社会生产力。

从信用载体的角度看，企业赊销、分期付款、商业票据等信用工具的发行、个人消费信用等信用工具的发展直接体现了信用资本的功用。良好的信用记录可以降低企业的生产经营成本，并为企业带来额外的收益。个人凭借良好的信誉可以获得信用贷款，甚至一些赤贫群体可以获得银行的信贷支持，例如我国近年开办的农户小额信用贷款、下岗再就业贷款、助学贷款等信贷支持项目，事实上是对个人信用资本向货币资本转化的一种形式。这直接体现了信用资本这种无形资源对货币资本等有形资源的交换、占有和运用。

2. 信用文化维度。社会发展产生了分工，分工形成的专业化生产促进了企业的发展，同时也给企业提出了更高的要求——交易（交换）和合作。一方面，交易和合作的利益驱动，促使交易双方信用标准的产生。作为信用基础的信任，是交易与合作的前提和基础。消费者与企业之间交易行为的产生，内在地要求以信任的存在为前提。这种信任前提是相信对方的物品是合意的，且能够满足自己的需要。并且随着交易的持续进行，这种信任的基础从对交易物的信任向对交易对象的信任方向发展，并更着重对交易对象的可信度分析。企业由于对利益的预期，也要求基于信任的基础上选择同其他市场主体进行合作，若企业不信任其他企业或不被其他企业信任，必然会丧失许多交易机会，也享受不到合作带来的利益。尤其在发达的市场经济中，只有广泛交易和深入合作，企业才能获利。尤其是对于欲到陌生环境中开拓市场的企业来说，首先关注的是当地的信用环境和交易对象的诚信状况，如果两者不能达到企业的预期要求，开拓新市场这种交易行为是不可能进行下去的。

另一方面，企业信用又体现出了诚实守信、信任合作、互惠公平等功利伦理的价值取向。随着经济交往的发展，交易实践的不断重复、不断深入，交易双方的这种信用要求，既会形成对企业行为约束同时又会形成对企业“德性”的提升，使企业行为的价值取向逐渐从利益价值取向向社会伦理价值取向回归。诚信经营内化为企业的诚信价值观，成为企业长久发展的关键，又会逐渐外化为企业的诚信经营文化，形成企业的信用文化。企业树立的诚信价值观，不仅是企业对外获得良好形象、赢得商誉和品牌的要求，还是企业内部理顺经营管理机制、凝聚员工队伍的必要方式。以诚信价值观为核心的企业信用文化构成了企业生存和发展的灵魂。

3. 信用能力维度。企业信用能力是在企业内、外部关系网络中，以获得利益相关者信任为核心，通过合作、协调并整合企业内、外部相关资源而形成的一种能力。企业的信用能力直接表现为企业从金融市场上取得信任获取资金的能力，企业的信用能力越大，获取的外部资金支持就越多。企业长期的信用行为累积成企业信用，企业信用又不断强化企业信用能力。除资金信用能力，企业信用能力还包括商品信用能力（具体又由产品质量信用、服务信用、广告信用等产生）、人才信用能力（指吸引人才、留住人才和利用人才等方面的能力）、技术信用能力等。

企业信用能力在整合资源方面表现非常突出：获取顾客信任，并使顾客与企业之间产生双向信任、合作、互动的能力，从而获得顾客长期信任，引导企业生产经营形成顾客价值导向；获取员工信任，并使管理者与员工之间产生双向信任、合作、互动的能力，从而获得员工忠诚，调动其积极性创造性，协调员工个人利益与企业利益，实现个人价值与企业价值的统一；获得其他企业信任，开拓企业产品市场，拓宽企业生存发展的资源空间；取得政府信任，获取政策支持和税收优惠。

企业的价值是信用资本、信用文化与信用能力三者有机结合、相互创造、相互积累的必然结果。

3.2 人的本质的三种不同形式体现了对信用发展的不同要求

信用资本问题的实质是关于人的问题，是怎样解决个人或企业等信用主体的可信程度以及这种可信度能带来多大收益的问题。马克思把信用与生产方式紧密结合在一起，从“物”的角度揭示了信用在促进生产力发展中的地位和作用。马克思展现的研究方法和结论，为我们从“人”的角度研究分析现代市场经济条件下对“人”的信任即“人”本身所拥有的信用资本提供了有益的启示，有利于我们正确理解信用资本的形成、发展和演变。从马克思的观点看，对市场主体的信任向各种信用载体发展，并形成对“物”的信任的同时，还使市场主体的可信任程度成为一种经济资源，并通过征信、评信等方式形成对“人”的信任，进而演化为市场主体所特有的信用资本。信用资本是信用主体的诚实守信状况带来的市场价值和收益能力。因此，要准确理解信用资本，必须首先分析作为信用主体的“人”——自然人和法人——的社会本质[69]。

3.2.1 人的社会属性决定人的本质

马克思主义认为，人作为社会生活的主体，是社会生产的承担者和社会产品的消费者，具有现实性、具体性和社会性。现实的人都具有两种属性，即自然属性和社会属性，决定人之为人和人的本质的是人的社会属性，即人在社会实践、生产劳动中所结成的各种社会关系，尤其是人们的经济关系。马克思指出："人们扮演的经济角色不过是经济关系的人格化，人们是作为这种关系的承担者而彼此对立着的。"①

1. 人的本质不是先天的，而是在后天的社会生活中形成的。人的本质无论善恶、无论是作为"经济人"还是"社会人"都不是先天就有的，而是在后天的生产、生活实践中逐渐产生和形成的。在资本主义社会中，到处充满以个人为单位的激烈竞争，人们只有首先成为"经济人"才能取得生存权。也就是说，只有当人成为社会实践的主体，成为社会各种关系的承担者和体现者的时候，人才具有了这样或那样的本质，才变成了社会存在物。

2. 人的本质是客观的，是客观的生产方式在人身上的反映和折射。无论任何时代、无论任何人，人们首先是生产力和生产关系的接受者，他既不能自由地选择生产力，也不能自由地选择生产关系。生产关系是人们之间的物质关系、经济关系，是决定其他人们之间社会关系最本质、最原始的关系。因此，由一切社会关系的总和，其中主要由生产关系所体现的人的本质也是客观的。

3. 人的社会关系是复杂的，因而人的本质也是复杂的、有多种层次的。马克思把人的本质规定为一切社会关系的总和，也就指明，人的本质不是由哪一种社会关系所单独决定，而是任何社会关系都会在人的本质上打下烙印、产生影响。人们的社会关系是一个异常复杂的社会系统，除了对人的本质产生决定性影响的经济关系外，还包括人的思想关系、政治关系、家庭关系等。

3.2.2　人的本质的三种发展形式

马克思提出人的本质是一切社会关系的总和的论断，揭示了人的本质与社会生产方式、与社会经济关系的内在必然联系，同时，也就肯定了人的本质变化的历史性，指明了人的本质变化的内在机制。[70]

马克思又指出，人的经济本质一经形成，不是永恒不变的，而是不断变

① 马克思．资本论：第一卷［M］．北京：人民出版社，2004：104.

化着的。在社会物质生产生活资料的生产和再生产过程中，人们一方面生产出他们自身生存和发展所必需的物质生活资料，另一方面生产出同他们的生产力相适应的生产关系。随着新的生产力的发展，人们最终必须改变同新的生产力不相适应的旧的生产关系，改变由旧的生产关系所决定的其他一切社会关系。同时，人们也改变着自己相应的本质，使自己成为具有新的本质规定的新人。马克思在《经济学手稿（1857—1858 年)》中明确指出人的本质在三种社会形式下的发展："人的依赖关系（起初完全是自然发生的），是最初的社会形式，在这种形式下，人的生产能力只是在狭小的范围内和孤立的地点上发展着。以**物的依赖性**为基础的人的独立性，是第二大形式，在这种形式下，才形成普遍的社会物质变换、全面的关系、多方面的需求以及全面的能力的体系。建立在个人全面发展和他们共同的、社会的生产能力成为从属于他们的社会财富这一基础上的自由个性，是第三个阶段。第二个阶段为第三个阶段创造条件。因此，家长制的，古代的（以及封建的）状态随着商业、奢侈、**货币**、**交换价值**的发展而没落下去，现代社会则随着这些东西同步发展起来。"①

可见，马克思主义经济学从现实的、有生命的个人出发，从人的生产实践活动，尤其是物质生产活动出发，从人们之间的经济关系出发，从现实的历史出发，对人的本质属性进行了符合历史和现实的辩证分析。信用主体是处于一定生产关系下的现实的"人"，"人"的本质及其发展直接影响和决定了"人"的信用资本的发展变化。

3.2.3 人的本质的不同形式对应经济发展的不同阶段

对人的本质规定起着决定性影响的是经济关系，而经济关系存在和发展的基础是人与人之间的信用关系。信用关系随着分工的深化和市场的扩大而产生，并在经济发展的不同阶段表现出不同的特征。人的本质的三种形式基本对应着经济发展的三个阶段，也体现了信用对人的不同要求[71~74]。

1. 采邑经济阶段表现为对人的依赖②。在原始社会末期，出现了相互交换物品的需要，交换过程表现为物——物之间的交换。由于"人的生产能

① 马克思．经济学手稿（1857—1858 年）［M］//马克思，恩格斯．马克思恩格斯全集：第三十卷．北京：人民出版社，1995：107－108.

② 采邑经济（fief economy）即以区域内自给自足为主要特征的小农经济或庄园经济。

力只是在狭小的范围内和孤立的地点上发展着”，形成区域内自给自足的小农经济或庄园经济。这一时期的信用主要建立在对人的依赖上，可以称为实物经济或采邑经济时期。在采邑经济内，微观成员比较稳定、规模相对较小，人与人之间相对熟悉，市场交易采用人格化的交易方式维持，相应地，信用的维持也采用人格化的方式维持。交易者之间逐渐建立起一个彼此心照不宣也很难化为言辞或文字的共同信息体系，并且个体的具体身份极其重要，甚至可以说，正是个体的具体身份使他获得被纳入这个信息体系的资格和能力。而由这一共同信息体系出发，采邑内逐渐形成一种共同的价值和彼此之间的信任。在这一阶段，信用关系更多地还是维系在对人的依赖上，人与人之间的交换关系直接表现为对对方产品的信任，但最终还是取决于对交易对方的信任。

2. 市场经济阶段表现为对物的依赖。在物物交换的后期，作为一般等价物的货币产生了，交换过程延长为物——货币——物，物物交换的信任被对货币的信任所取代，货币成为交换的媒介。货币的介入使交易较之物物交换容易达成。但是，一手交钱、一手交货的方式也常常带来不便。为了克服这种不便，卖主往往同意一些可信的买主在未来约定的时间再行付款，即进行赊账。这样，便出现了最早的信用关系，赊账表示授信人给予受信人的未来付款承诺以信任，意味着受信人是可信的。物流和货币流在同一时点发生的无信用中介的交易方式就被以信用为中介的交易方式所取代。后来，信用超出了商品买卖的范围，作为支付手段的货币（信用货币）本身也加入了交易的过程，出现了借贷活动。贷款意味着债权人给予债务人未来还款付息的承诺以信任。现在通行的纸币（信用货币）本身，也是在这种信用关系的基础上产生的。

工业革命之后，知识积累和分工细化加速进行，经济由采邑经济到市场经济。在市场经济条件下，经济交易范围和半径以几何级数扩大，交易方式由传统的人格化交易方式向契约化也即非人格化交易方式转变，信用的维持也从人格化方式向契约化方式转变，形成了典型的对物——货币或契约——的依赖。契约的遵守和履行成为市场经济顺利运转的重要条件，诚如韦伯所说，契约自由使西方社会得以发展出资本主义[76]。

3. 信用经济阶段表现为人的信用资本发展。随着商品交换的进一步发展，在封建社会后期产生了银票、纸币，甚至发行国家债券，标志着信用程度的提高。到了资本主义阶段，市场经济得到空前发展，商业银行、投资银行在经济生活中占有支配地位，股票、债券、期货、期权、认股权证、商业票据、信用卡等各种虚拟资本和信用工具不断出现，交换过程表现为信用——物（服务）。各种借贷活动在货币出现以后得到飞速发展，货币替代品层出不穷，社会经济发展阶段向信用经济时期转变。此时，信用超出了流通货币的范畴，信用工具不断翻新，信用方式不断创新，信用范围不断扩大，信用关系也越来越复杂，社会上逐步建立了各种配套的信用参与、中介、管理制度和法律规范，信用真正渗透到了经济生活的每个角落，深刻地影响着人的生产生活，信用作为反映人的经济社会关系的主要表现，已成为个人的“经济身份证”。在信用经济条件下，信用的维持方式从对物的依赖向对物与对人的依赖并重转变，对物的依赖体现为对“物”的信任，对人的依赖体现为对人的信任。以对物的依赖为基础，对人的依赖在新的信用经济条件下重新获得新的内容、新的方式和新的发展，信用作为人本身蕴涵的一种资源也相应得到发展，并在很大程度上促进了人的个性自由。从人的本质发展的角度看，人的信用作为一种资本形式的发展，为人的本质从第二形式向第三形式发展创造了条件。可以说，信用化程度越高，不仅要求信用工具大发展，同时还要求信用主体的信用资本也要相应发展。

3.3 信用资本是对人的信任和对物的信任的辩证统一

从马克思主义经济学的角度看，人与人之间的经济关系实质上是一种信用关系。这种信用关系在对人的依赖阶段体现为对人的信用，在对物的依赖阶段体现为对物的信用，在信用经济阶段体现为在对物的信任基础上对人的信用。信用本质作为人的经济本质的主要表现，对人的经济价值随着人类经济向前发展而发展，并在信用经济阶段发展成为“人”所具有的信用资本。信用资本是对人的信任和对物的信任在经济发展不同阶段的辩证统一[75~78]，是市场主体本身所蕴涵的信任这种经济资源向资本转化的必然产物。

3.3.1 信用资本的本质是一种对信用主体的信任

信用资本是信用的资本化表现，正确理解信用资本必须从信用本身的内涵和外延着手。尽管马克思没有明确提出和使用“信用资本”这个概念，但从他关于信用的阐述中可以探究到信用资本的基本内涵。对于信用的含义，马克思充分肯定了英国经济学家图克·托马斯的观点："信用，在它的最简单的表现上，是一种适当的或不适当的信任。"[①] 这种"适当的或不适当的信任"既是信用的前提，同时也是信用资本的重要内容。

无论信用是适当的还是不适当的信任，信用首先体现的是信用主体相互之间的一种信任，即授信人对受信人履行承诺、按期偿还债务的信任。在物物交换阶段，信用体现为交易双方对交易物品的信任，这是最简单、最基本的信用形式，在现代经济生活中仍发挥了重要的作用。在货币交易阶段，充当一般等价物的货币出现后，信用体现为交易各方对货币的信任，这种信任不仅广泛存在于商品交易活动，而且扩展到以货币为借贷对象的信用交易活动。在信用货币时期，人们的信任转移到了作为流通手段和支付手段的贵金属或以其为发行基础的纸币，"当信用发生动摇，——而这个阶段总是必然地在现代产业周期中出现，——一切现实的财富就都会要求现实地、突然地转化为货币，转化为金和银"[②]；在不以金属货币为发行基础的信用货币时期，人们仍然对不再以贵金属储备为基础的货币充满信任，实际上是对发行货币的后盾——国家或政府的信任。现代经济中各种金融产品的出现，尽管它们只是纸质的副本或电子符号，但人们仍然愿意赋予信任，是因为他们信任这样一种信用交易规范：人们普遍认可了金融产品代表的现实资本的价值，都承认金融产品的交换价值，社会上永远都存在着潜在的购买者，在需要时可以换回等值的货币。人们相信这个规范的存在，金融产品交易中存在的信用实际也是对交易方的信任。

显然，在不同的发展阶段，信任作为信用的本质，其内涵和外延经过了明显的转变。在简单的物物交易阶段和采邑经济阶段，由于交易对象和范围相对狭窄和基本固定，在对交易物的信任的基础上又形成对交易主体的信任，对人的信任和对物的信任高度相关，可以说"信人即信物"，两者很难分离。在货币交易阶段，尤其是在市场经济条件下，信用突出体现为对货币的信任、对契约等"物"的信任，而对人的信任的要求并不高，即典型的"信物重于信人"，两者相对分离。在信用经济阶段，信用既表现为对货币、

---

① 马克思．资本论：第三卷［M］．北京：人民出版社，2004：452.

② 马克思．资本论：第三卷［M］．北京：人民出版社，2004：650.

契约、商品的信任，但更重视对人的信任，对交易主体的信任，即“信人重于信物”，对人的信任和对物的信任在新的历史条件下达到了有机统一。这一点在信用化程度较高的市场条件下体现得非常明显。例如，在选择交易对象时，无论是企业或个人首先想了解的是可以充分反映交易对象可信度的信用记录、市场信誉、资信能力等信用指标；在经济交易过程中，信用记录良好的市场主体付出的成本就会相对较低，或者产品价格就会相对较高。同样，货币、政府债券、企业债券票据等作为信用工具的“含金量”之所以不一样，主要原因是这些信用工具背后的信用主体的可信度完全不一样，货币体现的是国家信用，国债体现的是政府信用，企业债券或票据体现的是企业信用；并且，同样是国家信用，国与国之间的可信度即信用评级差别也是非常大的。可以说，从各类信用工具上就可以看出对“人”的信任和对“物”的信任是紧密联系在一起的，没有对“人”的信任，就不会有对“物”的信任；而没有对“物”的信任，对“人”的信任也难以发展。因此，各类信用工具日益发展，经济信用化水平越高，对“人”的信任问题就越重要，对市场主体可信度的识别、评价就变得越迫切。因而在“授信——受信”这一信用交易链条增加了“征信——评信”这两个环节，扩展成“征信——评信——授信——受信”这一信用资本形成机制，对“人”的信任得到了有效开掘，促使对“人”的信任具有了市场化、商业化价值，并形成信用资本。借助征信评信，市场主体可以获得与其可信度相一致的授信额度——取得货币信用或商业信用形式，并形成相应的经营收益，从而使信用有效地向信用资本转化。

信用资本是对市场主体的信任向资源转化，并为市场主体带来相应的收益。可以说，经济社会发展到一定阶段后，不仅是信用的载体受到重视，而且信用的主体也会受到重视，即对市场主体本身的可信度会变得越来越重要。无论是商业信用还是银行信用，或个人相互之间的信用交易，都是信用主体相互之间的授信受信活动，实际上体现了信用主体相互之间诚实守信程度的一种评价。授信的前提是评信，即对交易对象守信程度或者市场信誉的评价；评信必须要征信，即了解交易对象以往的信用交易情况。恰当的信任就是从征信、评信、授信到受信都要合理、恰当，其中任何一个环节出现问题都会导致不恰当的信任，得不到预期收益，反而形成损失风险。这四个环节都是围绕市场主体可信任程度展开的，市场主体的可信度是信用交易行为得以顺畅进行的前提。从征信到受信的发展，使评信结果与授信程度直接挂钩，市场主体的可信任程度直接转化为现实的货币资本、实物资本，从而使凝结在市场主体身上的信任既取得了信用这种形式，并成功地向信用资本转化。征信，是了解能反映信用资本的相关信息，评信是信用资本的量化表现，授信是信用资本具备了货币化可能，授信是信用资本的货币化表现。因此，绪论中提出的“你的信用值多少钱”的问题，实际上变成了“你有多少信用资本”的问题。经济交易不仅取决于你拥有的财产，更取决于你是否可信，取决于你有多少信用资本。在西方市场经济发展过程中，尤其是美国借助于征信评信制度的发展，对市场主体的信任得到了前所未有的重视，市场主体所拥有的信任这种资源得到了有效开掘，并成功地转化成相应的信用资本，大大促进了经济社会的发展。

从上述分析可以看出信用资本的发展轨迹。信用资本是信用经济条件下信用的资本化表现，它既保留了物物交易中对人的信任的重视，同时又保留了货币交易、契约交易中对“物”的重视，是“人格化”交易和“货币化”交易、“契约化”交易的辩证统一。商品信用、消费信用、银行信用和政府信用等是信用的具体内容，是信用的工具化表现。而信用的主体化表现就是对人的信任的资本化，是人的诚信、资信或信誉与其他经济资源的交换。商业信用等信用工具本身体现了其所有者的资信等级，而市场主体的可信度同样可以转化为货币资本或其他经济资源。经济运行不仅是与人无关的抽象的各种信用工具的流转过程，而且是市场主体的具体的信用交易行为。宏观上的经济信用化水平和微观上的经济交易信用化水平在此得到了较好的统一。经济交易得以持续下去，必须要有信用资本来融合、来保障、来扩大。只要重视对信用主体的信任、对人的信任，信任本身的经济价值就会产生，信用就会向资本化方向发展，就会形成信用资本。信用资本一旦形成，就会缓解人对物的依赖，重建对人的信任，促使人与人之间的关系更加体现为信用关系，从而提高经济运行效率，促进人的个性自由。

3.3.2　信用资本体现人与人之间的社会关系

信用是人类社会赖以存在和发展的基础。马克思强调信用是人与人之间关系的体现。信用，是同一定社会形态下的生产相联系的，在其本质上体现的是不同的社会生产关系。信用资本作为对特定经济关系下的人的一种信任，作为资本化的一种对人的信用状况、信用能力、信用意愿的市场评价，直接体现为人与人之间的社会生产关系。它来源于社会网络并嵌入社会网络之中，因此，人们的经济行为也会嵌入于社会网络的信任结构之中。

生产关系是同生产力一起形成的，构成生产力的必然的社会存在形式，是人类整个社会生活的现实基础。现代经济生活中体现出一种人与人之间的诚信规范，虽然也依赖法律、道德等约束，但更重要的是人们个体的自觉行为。外部的诚信规范和个体的自觉行为都集中体现在人的信用资本上。从古到今，无论是哪个国家，无论是哪一种社会经济形态，“信”既是基本的社会行为规范，也是个体的具体实践活动，诚实守信既能得到社会的认可，又能给自身带来便利。中国历史上“宁舍千金而不舍季布一诺”的例子充分说明了信用资本所带来的社会价值和经济价值。当前，我国社会经济生活中诚信状况出现的诸多问题，表明我国整体的信用资本水平不高，人与人之间、各市场主体之间互信能力受到怀疑，缺少信用资本来融合的社会经济生活总是会出现梗阻，经济社会发展的质量和水平都受到影响。相反，通过强大的征信评信授信受信体系、有效的守信激励失信约束机制来维系的美国，各市场主体非常重视自己的信用资本，无信失信将难以得到较好的发展机会，诚实守信既得到社会的积极评价，又能直接从市场上换取自己所需要的经济资源。各市场主体相互之间的关系更多地体现为信用关系，信用资本成为衡量市场主体整体状况的一个重要指标，整个经济社会就在信用资本织成的一张大网下有序运行。

3.3.3 信用资本是一种收益和风险并存的预期

信用资本体现为对信用主体，即交易对象的一种适当的或不适当的信任，这种信任实际上是一种收益和风险并存的预期[77]。这种信任如果是适当的，交易双方预期的收益就能实现，反之这种交易就有遭受损失的风险。即使信用通常立有文据，记载着确定的支付日期，但是作为其中一方的交易者或借、贷方都会发生有意或无意的违约行为。也就是说，交易的一方有信任对方能按期交付交易物或货币的预期，或者货币的贷款人也有相信借款人到期还本付息的预期，但这种预期可能由于各种原因实现不了，相互信任的关系就会发生破裂。这种预期实际上是对信用主体所拥有信用资本数量和收益能力的预期。换言之，交易对象的市场信誉、信用交易记录、诚信守信程度、运用货币资本和物质资本的能力、过去的履约意愿和履约能力、未来的收益能力等一系列构成信用资本的重要因素，决定了这种信任是恰当的还是不恰当的，为交易对象带来的是预期收益，还是意想不到的损失。市场主体所拥有的信用资本对于各种交易是否能够持续顺畅、持续地进行下去，具有突出作用。大量的经验研究表明，信任不仅对经济增长具有显著的推动作用，而且能够提高政府与司法的效率、降低腐败，是决定一个复杂系统效率的关键性因素。信任的这种效率在于信任可以大大降低组织运作过程中各个环节的交易成本，可以形成良好的心理契约，可以防范投机行为，而且也能够降低对未来的不确定性。促使组织内部资源更合理地运用，从而提高组织效能，维持和扩展经济关系，促进经济的繁荣和发展。

第4章 信用资本理论分析：西方经济学视角

对于信用资本的认识，除从马克思主义经济学视角之外，利用西方经济学理论也能对信用资本的形成、发展及其所蕴涵的经济价值作出较好的解释，以下分别从交易费用理论、制度变迁理论、信息经济学等角度对信用资本进行分析，并结合第3章的理论分析，对信用资本的内涵、发展形式作了探讨。

4.1 信用资本是对人的信任在市场机制作用下的必然结果

信用资本是把对人的信任当做一种经济资源来运用，是市场交易费用降低的产物。要说明信用资本对经济社会发展的重要性，必须着眼于交易费用。交易费用理论的解释能力相当强，运用这一理论框架可以很好地解释信用资本在经济社会发展中的地位和作用。

4.1.1 交易费用理论概说

著名经济学家科斯于1937年发表了经典论文《企业的性质》，首次提出了交易费用理论[79]。

在该文中，科斯认为，企业与市场是两种不同的、但又可相互替代的交易体制，企业与市场的边界取决于交易费用。当企业通过内化市场交易而减少的边际交易费用等于因规模扩大而增加的边际管理费用时，企业停止增长，达到规模均衡。科斯是将马歇尔的边际理论扩大到企业和市场形成的领域，因此，交易费用理论实际上是现代微观经济学的传承。20世纪七八十年代，威廉姆森进一步发展了交易费用理论[80]，他从“经济人”假设出发，认为由于受到信息传播效率和信息接受能力等诸多因素制约，人不可能是永远完全理性的，而只能是有限理性，并具有明显的机会主义行为动机[81]。这种机会主义行为动机直接影响了市场的效率。有限理性和机会主义行为动机影响了市场效率，增加了交易费用。市场上交易的双方都不知道对方是否诚实，都不敢轻率地根据对方提供的信息作出决定。另外，不确定性是交易费用提高的另一个重要原因。由于市场是千变万化的，契约不可能详尽规定各种可能出现的情况以及双方应尽的责任，机会主义行为就会使交易一方利益受损。假设一份契约的执行人是机会主义者，当市场条件下受不确定性影响而发生变化从而对他不利时，他将有很大的动机借口契约的前提改变而终止契约，从而在不违反法律的情况下给另一方造成损失。与科斯相似，威廉姆森同样得出企业和市场的相互替代关键在于降低交易费用。交易费用分为内生费用和外生费用，杨小凯将内生交易费用概括为机会主义行为使市场机制失灵造成的损失，外生交易费用为议定、执行合同及保护产权的费用；同时降低两种交易费用是难以兼顾的两难冲突，有赖于专业化经济的发展[82]。

4.1.2　从交易费用理论的角度认识信用资本

根据交易费用理论，当企业内部实施的某项经济行为所耗费的管理费用大于外部的交易费用时，企业就会将这项特定的管理行为外化为市场交易行为，从而促使管理费用和交易费用在更低水平上达成新的均衡。这种均衡的结果意味着企业本身经营的专业化方向越来越突出、专业化水平越来越高。同时，新的专业化经济不断出现。从交易费用的角度看，信用资本是社会分工不断细化、专业化水平不断加深、资源利用程度不断提高的必然产物，是内生交易费用和外生交易费用都下降的必然结果[83]。

信用资本是对市场交易中的机会主义行为进行有效约束后，在市场主体身上的具体体现。尽管市场主体都是有限理性，具有机会主义行为倾向，对未来面临着不确定性，但他同样会考虑到当前利益和长远利益的均衡，尤其是一个准备长期经营的微观经济个体，他将更多地立足于自己的长远经济利益而非当前利益作出交易行为、履约决策。在这种情况下，本身的信誉就显得尤为重要，他在很多情况下都得克制自己的机会主义行为冲动，以维持自己的信用声誉，获得别人的信任，并以信誉为基础谋求得到更多的持续不断的交易对象、交易机会和获利机会。显然，他借助自己的信誉，获得了别人的信任，从而降低了自己的交易费用。在这种追求良好信誉的机制作用下，微观市场主体的信用声誉成为决定其商业化地位和交易地位的一个重要因素，并通过高度量化了的信用等级划分和评定以及企业信用等级对其商业活动的重大影响来体现：信用等级高的微观经济个体在社会交易中处于十分有利的地位，相应获得较多的经济利益；反之，信用等级低下的微观经济个体将发现其很难被交易对方接受，或要付出更多的交易成本[58]。在日益扩展的交易过程中逐渐成为一种珍贵的资产——商誉。这样，微观市场主体面临的高交易费用就会在很大程度上得到降低和克服。在一个持续不断的交易流中，个体的履约状况和守信状况将以其信誉及其社会信用等级的方式被记录下来，机会主义行为对其未来发展及其收益形成的负面影响会明显增加，因而会受到很大程度的抑制。

上述市场主体的履约记录、信用等级和信誉或商誉的形成过程就是相对较高的企业内部管理费用向相对较低的市场交易费用转变的过程。由企业本身去搜集、整理、判断众多交易对象的履约信息、诚信状况和商誉，所花费的管理费用是相当高的，但所获取的收益却不能补偿所花费的费用，因而对企业是不足取的。显然，为了获取预期的收益，而支付一定的成本去了解交易对象是否可信和授信额度多大就显得很有必要。成立经营市场主体信用信息的机构，专门从事搜集各市场主体的履约记录、诚信状况和商誉评价，既为企业提供减少交易对象的机会主义行为所造成的损失，又能为自己提供相应的利润。在管理费用和交易费用的双重作用下，从事信用信息服务的专业机构和专门行业，即征信评信机构和行业就形成了。在专业化服务推动下，各类微观市场主体的履约记录、诚信状况、信用记录等经征信评信机构搜集、整理和加工后，成为准确衡量、评价市场主体的诚信状况以及进行授信受信的客观依据，从而减少了交易双方的机会主义损失。同时，这种征信评信的客观结果已成为市场主体是否能够获得别人的信任、能够获得别人多大程度的信任的重要指标，高信用评分可以获取更高的授信，低信用则得到更低的授信，甚至得不到授信[84~85]。在这里，对人的信任作为信用的实质，显然具有了经济价值，能够为企业、为社会、为个人带来应有的经济利益，成为了一种资本化的信用。

4.2 信用资本是制度变迁演进所内生的一项制度安排

信用资本的形成是一个多因素综合的长期演进过程。制度变迁理论将制度视为一种重要的经济资源，研究了信用资本与社会信用体系相互之间的关系，通过分析制度的变迁演进来说明信用资本的形成发展。

4.2.1　制度变迁理论概要

新制度经济学就是利用正统经济理论去分析制度的构成和运行，并去发现这些制度在经济体系运行中的地位和作用的经济学，它是在对新古典经济学批判和吸收的基础上充实和发展而来的，是将新古典经济学的方法论与制度经济学理论结合起来而创造的一个新的理论体系。新制度经济学通过将制度纳入新古典模型的约束框架，视制度要素为影响经济运行的一个内生变量，而交易费用的概念是其核心范畴和理论支持。

所谓制度，在新制度学者看来，是一种“社会游戏规则”、一种“人类设定来限制他们的行为互动的局限条件”[86~87]。这些局限条件构成了人们在社会经济交换过程中的激励与约束的动机[88]。由于人们往往依靠某种规则组成一个群体，形成的群体组织又作为一个利益主体，按一定的规则行事，所以新制度经济学认为完整的制度含义应包含人的行为规则和组织的行为规则。从制度的构成或结构的角度来看，新制度经济学则分析认为，制度提供的管束人的行为的一系列规则由国家规定的正式约束（政策法规、个别契约等)、社会认可的非正式约束（价值信念、伦理规范、道德观念、风俗习惯、意识形态等）和实施机制所构成，这三个部分是制度构成的基本要素。新制度经济学将激励制度变迁的内在原因归咎为潜在利润或者说外部利润的存在，潜在利润导致诱致性制度变迁或强制性制度变迁的发生。诱致性制度变迁指的是现行制度安排的变更或新制度安排的创造，是由个人或一群人在响应获利机会时自发倡导、组织和实施的。与此相反，强制性制度变迁由政府命令与法律引入和实行。在现实中，这两种制度变迁不是可以绝对区别开来的，而是互补的。当诱致性制度变迁不能满足社会对制度的需求时，国家实行强制性制度变迁就可以弥补制度供给的不足。而且，制度变迁是有层次的，存在性质和范围上的差异，如宪法秩序就必须由国家确立和实施。一些具体的制度安排则大多由“个人或团体”发起实施，这不仅由制度变迁成本—收益比较原则决定，更重要的是由制度层次、性质和适应性决定[89]。

尽管新制度经济学和马克思主义制度经济学在对制度的起源和本质等方面存在分歧，但它们都强调制度在社会经济生活和社会发展中起了重要作用。事实上，制度可以通过确定的规则提高信息的透明度，使每个人对其他人的行为反应都能作出准确的预见；制度可以通过正式规则与非正式规则来影响市场运作，决定市场配置机制的效率。可以说，制度的作用在经济运行中无处不在，有效的制度安排提供了一种激励机制，将个人的经济努力变成经济发展活动的一部分，使经济发展的愿望变成现实。

4.2.2 社会信用体系构成

社会信用体系是各种与信用相关的社会力量（个人、企业、机构和政府）和制度有机结合起来的复杂体系，既包括正式规则，又包括非正式规则，还包括实施机制。其中保障人们信用活动顺利有序进行的信用制度结构，既包括正式规则，即法律明文规定或经济生活中自发形成并得到法律默认的各种授信制度，如银行贷款制度、信托投资制度等；也包括非正式规则，即为授信双方或多方所默认的遵守契约、履行契约等不言自明的认识；还要包括实施机制，即由法律或契约规定的各种授信制度的贯彻方式和对失信行为的惩罚。

从信用产生和发展的过程来看，非正式规则在维护信用秩序方面起到了不可替代的作用，并且这一作用还将继续下去。因为从历史来看，在正式规则设立之前，人们之间的关系主要是靠非正式规则维护，即使在现代信用交易中，正式规则也只占整个规则的很少部分，人们从事信用活动的大部分空间仍然由非正式规则来约束。但是，非正式规则又存在一定的局限性。如果没有正式规则，缺乏强制性的非正式规则就会提高实施成本，从而使复杂的信用交易不能发生。

相比非正式规则，信用的正式规则具有明显的优势。从规则的作用看，正式规则由于国家暴力的保障从而具有比非正式规则大得多的强制规范力量；从变革速度看，正式规则可以在一夜之间发生变化，而非正式规则的改变却是一个相当长期的过程；从制度的可移植性来看，一些正式规则，尤其是那些具有国际惯例性质的正式规则可以从一个国家移植到另一个国家，从而大大降低了制度创新和变迁的成本，但非正式规则有其传统劣根性和历史沉积性，可移植性就差得多。然而，正式规则功效的发挥还要看其是否与非正式规则相容。如果正式规则与非正式规则相悖，那么社会中的各利益集团将会运用各种方式和人们的非正式约束力量来阻挠正式规则的实施，结果必然使信用秩序混乱。

信用制度要有效地规范人们的行为，还必须有一个强有力的制度实施机制。检验一个国家的信用制度实施机制是否有效（或是否有强制性），主要看失信、违约成本的高低。强有力的实施机制将使违约、失信成本极高，从而使任何违约、失信行为都变得不划算。而一个国家信用制度实施机制的主体包括国家政府、民间团体等。社会信用体系中的核心是征信制度，征信制度创造的征信评信机制对市场主体的失信、违约行为构成了有效的制约。通过征信制度，市场主体的信用交易行为被客观、全面地记录在案，其诚实可信程度可被准确及时地评价、体现，供交易对象作决策参考，可信度高的得到市场认可，则容易获得交易机会；反之则难以得到市场认可，更难以得到交易机会，从而形成有效的守信激励失信惩戒机制，使失信行为得不偿失。

社会信用体系对微观市场主体的信用交易行为约束构成了极为明显的影响，可以说有什么样的社会信用体系就造就什么样的信用环境，并间接决定市场主体所能拥有的信用资本。国无信不立，邦无信则衰。这里的“信”，指的是信誉、信任，其包含信用资本的成分要远远高于其他货币资本、物质资本，已被视为立国兴邦的、比金银财富和物质资源更重要的一种经济资源。

4.2.3　社会信用体系催生信用资本

如果说交易费用理论对信用资本的解释是偏重于微观层面，那么制度变迁理论则是从宏观经济运行上进一步解释说明了信用资本的形成。如果说制度是一种重要的经济资源，那么社会信用体系这种资源的直接表现就是信用资本。因为社会信用体系的指向就是规范哪些东西是可信的、怎样积累信誉、怎样得到别人的信任，而这些恰恰是信用资本构成的基本要素。

一个社会信用体系本身包含的丰富内涵决定了它是一种“制度结构”，其中包含的正式规则、非正式规则和实施机制三者的相互作用决定了整体信用制度的现状、特点和演进方向，而整体信用制度结构的特点和变迁方向则构成整个社会特点和其变迁路径的一个重要方面，甚至可以说，是最重要的一个方面。

信用资本的产生、发展、变化实际上是一种制度变迁的结果，是规范人们信用活动的制度体系创立、变更及随着时间变化而催生出来的结果。在信用体系制度结构的三个组成部分中，正式规则的变迁和演进最为活跃，它总是随着科学技术的发展和社会分工的细化而不断发展变化着的。相对来说，实施机制的变迁总是落后于正式规则：必须等到一项（通常来说）在经济生活中自发形成的授信制度得到一段时期的试验和完善以后，比较合理的实施方法才能逐渐形成，对违反该制度应如何惩罚也才能得到社会共识。而非正式规则的演变则更在这之后：只有当一项授信制度经过一段相当长时期的实施之后，关于该制度的认识和由此产生的自觉遵守该制度隐含的行为准则的社会共识才有可能逐渐形成，并逐渐替代不合时宜的基于旧制度安排的社会共识，从而完成观念上的变迁。反过来，若没有非正式规则与实施机制相配合，即使正式规则在一个较短的时期内经过迅速而重大的骤变，也往往无法实现人们原先期望的结果。换言之，信用体系中正式规则的变迁倾向于强制性和突变性，非正式规则和实施机制的演变则更倾向于诱致性和渐进性，而整体信用制度变迁的完成则有待于这三部分演变的完成。这三个方面的共同作用、相互影响促使对人的信任越来越受重视，使征信制度的发展具有了内在的需求，使诚信外化为一种可测量的市场行为，同时又内化为必须遵循的经营理念，最终使对人的信任这种蕴涵在市场主体身上的经济价值向资本转化，成为一种值得重视的经济资源。

4.3 信用资本是人的信用信息状况累积的外部表现

斯蒂格利茨说，“（新古典经济学）是一个精巧地建立起来的结构；当中心构件之一被拿走后（完全信息假设），这个结构就崩溃”[1]。信息经济学理论同制度经济学理论一样，打开了新古典经济学范式的另一个黑匣，从而为经济学的发展提供了更多的可能性和更强的解释力。

4.3.1 博弈论和信息经济学的相关理论概要

信息经济学主要是指对信息（学）与经济（学）关系的研究。它包括非对称信息条件下市场参与者的经济关系，信息在资源配置中的作用，信息与经济的相互作用，信息学与经济学交叉结合等方面的研究。从本质上讲，

① 转引自布瓦索．信息空间：认识组织、制度和文化的一种框架［M］．王寅通，译．上海：上海译文出版社，2000：9.

信息经济学是非对称信息博弈论在经济学上的应用。

一个完整博弈包括以下几项基本要素：（1）博弈的参加者（player）。也称博弈方或局中人，是指博弈中能独立决策、独立行动并承担决策结果的个人或组织，小到一个人，大到一个公司乃至一个国家，只要能独立决策和行动，都可视为一个博弈方。（2）战略（策略）空间（strategy game），是指参与者的各种可选战略所构成的集合。（3）得益（payoff）。也称支付，是指博弈方战略实施后的结果，有关得益的信息是促使博弈方选择某种战略的关键参考值，理性的博弈方总是选择能使自己获得最大得益的战略[90~92]。

博弈可以从不同的角度划分不同的类型：（1）根据博弈过程方面的差异可分为静态博弈、动态博弈和重复博弈。在静态博弈中，任何参与者都不可能观察到对方所选择的行动或战略，而完全根据自己对对方的估计和每一种战略格局下自己的得益情况来决策；如果各博弈方不是同时决策，而是先后、依次决策、行动，而且后选择行动的博弈方在自己选择和行动前可以看到其他博弈方的选择、行动，这种博弈称为动态博弈；而所谓重复博弈实际上就是同一个博弈反复进行所构成的博弈过程。（2）根据博弈中不同信息结构的划分。首先，将各博弈方都完全了解所有博弈方各种情况下得益的博弈称为“完全信息博弈”，而将至少部分博弈方不完全了解其他博弈方得益情况的博弈称为“不完全信息博弈”。其次，在动态博弈中，某博弈方轮到行动时对博弈的进程完全了解则称为其具有“完美信息”，如果动态博弈的所有博弈方都有完美信息，则称为“完美信息动态博弈”，否则就是“不完美信息动态博弈”。

信息经济学认为，在市场经济中，竞争双方之间的信息一般都是非对称的。非对称信息是指当事人双方都有一些只有自己才知道的私人信息，比如，买卖双方进行交易，卖方知道产品的成本、质量，但不知道买方愿意支付的价格，而买方正好相反。信息经济学中把拥有私人信息的一方称为“代理人”，把拥有较少信息的另一方称为“委托人”。非对称信息对当事人双方的市场行为甚至市场运行效率都会产生不利的影响。一方面，有关信息在当事人双方之间非对称分布，将使双方交易发生困难，甚至停止交易，导致资源配置效率下降。另一方面，非对称信息导致交易发生“逆向选择”和“道德风险”。

逆向选择是指在建立委托—代理人关系之前，代理人利用私人信息优势签订对自己有利的合同，委托人则由于信息劣势而处于对自己不利的选择位置上，所以逆向选择属于“事前”信息非对称范畴。道德风险是指在签订委托—代理合同之后，掌握某种私人信息的代理人在追求自身效用最大化的同时，损害委托人或其他代理人效用的行为，可见道德风险属于“事后”信息非对称范畴。信息经济学认为，在委托—代理关系中，委托人具有不完全信息的条件下，完美地解决逆向选择和道德风险问题的主要策略就是双方制定合理有效的委托—代理合同，并且委托人要设计出激励相容约束的激励机制，诱使代理人采取对委托人最有利的行动。

4.3.2 信用信息状况决定了交易主体之间的博弈结果

市场经济是一种高度发达的社会分工体系，随着分工的不断深化，市场主体之间的相互依存度越来越高，他们之间既有分工、又有合作，是一种相互影响、相互制约的关系。在这种关系中，每一市场主体的经济利益不仅取决于自身的行为，而且也取决于他方的行为，即各市场主体间存在一种博弈关系。信用关系作为市场经济中最根本的经济关系，也是一种博弈关系，信用交易主体间的行为是一种博弈行为。

在博弈过程中，信用交易各方都是始终以自身利益最大化为唯一目标的“经济人”，然而在信息不完全或非对称的条件下博弈双方都是有限理性的，他们不可能处理好其分工和合作的关系。在这种情况下，如果只有“看不见的手”发挥作用的话，当事人双方博弈的结果只能是“囚徒困境”模型中的纳什均衡，即每个人“自私”的结果并不一定能“自利”，“恶性竞争”的结果可能是“两败俱伤”。相反，如果双方都不选择背叛而进行合作，他们的行为结果将使双方各自的利益都得到改善，既利他又利己。然而，在市场经济中，有限理性的“经济人”往往是不会自动选择合作的，如借款人恶意逃废银行债务、银行“惜贷”现象，其根源在于博弈双方信息的不完全、不对称，导致当事人对对方行为没有稳定的预期，这也正是“囚徒”的困惑所在。

4.3.3 改进信用信息状况是经济交易持续进行的前提

要破解上述“囚徒的困境”，必须从根源入手，消解双方的信用信息不完全、信用信息不对称程度，即改进交易双方之间的信用信息状况，确保双方对彼此之间的交易行为都具有稳定可信的预期，从而约束双方不得不从合作的角度来选择行动，实行既利他又利己的行动策略。这只有依靠社会信用制度和信用体系的建立与完善，为信用交易当事人双方之间提供一种稳定的预期，并且提供一种信用行为框架。从市场看，市场信息是不完全的，竞争双方之间属信用关系，而且双方之间的信息一般都是不对称的。从信息经济学角度看，只有稳定可靠的社会信用体系才能改进竞争双方之间的信息不完全、信息不对称，推动双方凭信用关系开展的经济交易能够持续、顺畅运行下去。社会信用体系规范信用行为、促进信用交易发展的着力点只能是从事信用交易的微观市场主体，即将微观市场主体变得既要守信，又要可信，还要能够征信评信。守信，就是通过激励约束机制促使微观市场主体自觉诚实守信，以信为先；可信，就是努力向别人证明你是有信誉的，是值得信任的；征信评信，就是市场主体的市场信誉高低、诚实守信状况会得到一个客观、全面、准确、公正、公平、公开的市场评价，并成为市场主体今后从事各项经济交易的一项重要资信凭证。在此，市场主体的信用信息状况已经被赋予了一定的经济价值，并能在一定程度上决定该市场主体投资活动的成本收益，因而形成了信用资本。简言之，从信息经济学角度看，社会信用体系的存在和有效运转是信用资本存在和发展的重要基础，也是市场主体的信用信息状况资源化、市场化、商业化、价格化的直接推动力。结合社会信用体系深入研究信用信息的发展、变化，对于我们分析、研究、应用信用资本都具有突出的现实意义和理论价值。

4.4　信用资本的基本内涵及其发展形式

通过前面从西方经济学理论和马克思主义经济学理论的不同角度对信用资本开展的理论分析，我们可以清楚地看到信用资本的实际内涵。本节以前述分析为基础，通过与其他相关或相似概念进行比较分析，明确定义信用资本的概念，并进一步分析信用资本的内涵、外延及其特点，深化对信用资本的认识。

4.4.1　信用资本概念的基本内涵

结合第3章和本章的分析，我们可以清楚地看到，信用资本其实是对

“人”的信任的资本化。可以将信用资本定义为：信用资本是信用本身蕴涵的价值，尤其是信用所蕴涵的对人（自然人和法人）的信任这种经济价值在一定历史条件下为拥有这种信用的市场主体带来经济收益的一种经济价值。对这一定义的经济学实质可以从马克思主义经济学和西方经济学两个不同的角度去理解。

1. 信任构成信用资本的核心要素。从马克思主义经济学角度看，信用资本是信用本身发展到一定阶段后的必然产物。信用资本的本质是一种社会经济关系，即是对人与人之间社会关系的反映。社会经济关系的实质还是一种信用关系，没有信用就没有交易，更不会有市场经济。而信用的本质是人与人之间的一种信任，是市场主体之间的交换关系得以成立的信任链条。随着经济市场化、信用化程度的加深，这种以信任为链条的经济关系将会得到相应巩固、加强，并以某种适当的方式表现出来，对经济发展的影响由潜在的、间接的向明显的、直接的方向转化。信用本身也取得了自己的发展形式，它将抽象的市场主体之间的信用交易关系转变成具体的人与人之间的信任关系，即在市场交易中，市场主体的守信履约能力和履约意愿，以及反映市场主体诚信状况的信用交易“记录”——表现为“口碑”、信誉、信用记录、信用档案、信用评级等。商品信用、消费信用、银行信用和政府信用等是信用的具体内容，是信用的工具化表现。而信用的主体化表现就是对人的信任的资本化，是人的诚信、资信或信誉与其他经济资源的交换。商业信用等信用工具本身体现了其所有者的资信等级，而市场主体值得信任的程度同样可以转化为货币资本或其他经济资源。信用资本是对物的信任和对人的信任的有机统一，经济运行不仅是与人无关的各种信用工具的抽象流转过程，而且是市场主体的具体的信用交易行为，不仅表现为货币等有形财富的积累，而且表现为信用资本等无形资产的积累。宏观上的经济信用化水平和微观上的经济交易信用化水平在此得到了较好的统一。经济交易得以持续下去，必须要有信用资本来融合、来保障、来扩大。

从西方经济学角度看，信任在信用资本构成中的核心非常突出。自20世纪80年代以来，经济学家们越来越深刻地认识到信任对于经济发展的重要意义，在价格（市场）与权威（国家）两极之间，还存在着化解冲突和促成合作的信任（人际网络）机制，信任（人际网络）与价格（市场）和权威（国家）一起，共同构成了保障社会有效运行，促进经济繁荣发展所不可或缺的三大机制。在经济学（包括新制度经济学）理论框架中，通过信任，微观层面上的个体理性、个体行为和个人利益，与宏观层面上的社会理性、集体选择和社会利益实现理论上的统一[28]。以信任为内核的信用的资本化价值在他们的研究中逐步体现出来。信任被视为经济发展的一个内生变量，其经济价值在微观层面上体现为经济交易的润滑剂和降低经济交易成本，在宏观层面上影响经济增长的速度和发展水平。对信用资本可以从三个不同的思维视角来界定。其一，从心理学范式出发，将信任理解为个体在特定的社会环境中产生的心理反应或形成的心理特质，理解为由情境刺激决定的个体心理和行为。在这种范式下，信用资本用个人在经济交易中的得失来衡量。其二，从社会学范式出发，将信任理解为社会制度（法律和法规等）和文化规范（道德和习俗等）的产物，理解为与社会结构和文化规范紧密相关的社会现象。在这种范式下，人之所以守信并相信他人，是因为社会法律制度以及倡导诚信的道德规范和价值观念可以让人获得更多的社会福利：人之所以讲信任，是因为法律制度和道德文化规范可以增加其失信成本；人之所以信任他人，是因为相信这些社会机制是有效的，可以帮助其达到预期目标。其三，如果说前两种思维视角偏执于主体（个人）与客体（社会环境）两端，那么，第三种思维视角则着眼于主体与客体的关系本身：把信任理解为一种社会关系或社会关系的一个重要维度，理解为在社会互动过程中的一种人际态度。这种思维范式与马克思主义经济学有契合之处。从这种思维视角看，个体总是处于一定的社会关系之中，与他人进行着各种各样的社会互动。信用资本固然与作为行为主体的个人的社会心理反应及心理特质有关，但是，作为客体的社会环境，不仅直接影响甚至在很大程度上决定着主体的信用资本的经济价值，同时它又是主体之间社会互动的产物。因此，从微观层面看，信任对于微观市场主体就具有资本的价值，并在经济交易中以信用资本的形式体现出来。之所以说信用资本，而不说信任资本，是因为信用资本更突出了信任的这种经济价值的社会化、信用化特征。信任强调的是个体的心理特征和个体行为，信用强调的是市场主体所处的社会环境，突出信任的经济价值是人类社会的产物和社会行为，信任在经济活动中的主体表现就是信用。这表明信任的这种价值必须要在经济交易关系中形成、发展，并对信用经济交易活动发挥持续作用，信任的这种经济价值在经济活动中的具体体现就是信用资本。

2. 信用资本的基本构成要素。信用资本的构成要素包括三个方面，即信用资本的主体、信用资本的载体和信用资本的制度规则。信用资本的主体是指处于经济社会交易过程中的市场主体。信用资本的载体反映信用资本大小、特性，是市场经济条件下对市场主体征信评信的结果，主要包括对个人的信用评分和对企业的信用评级，以及其他多种形式的征信评信形式。信用资本的制度规则是指约束信用资本形成、发展和变化的一系列制度、惯例或规则，主要包括影响信用资本的特定的制度环境、一定的制度结构和具体的制度安排三个层次。在一定程度上，信用资本是制度规则发展变化的产物。

信用资本最重要的表现形式就是信誉和资信。信誉是信用的社会价值，它的形成必须以诚实守信的道德观（偿债意愿）和如期履约的经济能力为条件。信用的外部表现则是资信，即具有诚实守信的道德观加上实践承诺的记录，才能证明其具有如期履约的能力。这既是资信评级的基本原理，又是衡量信用资本的一种重要方式。可以说，诚信、资信、信誉都是对人的信任的一种表现方式之一，它们都从某个侧面体现了信用资本的基本含义，对信用资本的衡量和运用离不开这几个概念。

3. 信用资本的基本特征。信用资本不仅具有资本的一般特点，即为市场主体带来经济收益外，而且还具有自身的特点。一是无形性。信用资源一旦投入到经济运行当中去，就转化为资本。但从形式上看，信用资本是一种无形资本，不具备物质形态，看不见、摸不着，只有通过一定的方式取得与有形资本一样的功能。二是循环性。信用资本对于市场主体来讲具有循环使用的价值。随着社会信用体系的建立健全，市场主体的信用状况会通过征信评信活动客观、全面地反映出来，成为授信受信的重要依据，从而对宏观经济运行和微观主体行为产生深刻影响。例如，某个交易主体越讲信用，其信用就越高，信用资本就越多，这就形成信用资本的正向循环；反之，交易主体越不讲信用，其信用就越低，信用资本就越少，这就形成信用资本的逆向循环。三是外部性。信用资本不仅会对拥有资本的一方产生后果，还会给他人（外部）带来效应。20 世纪末，我国国有企业“三角债”现象十分突出，其中一个重要原因就是信用资本缺失所造成的负外部性影响。

4.4.2 信用资本与虚拟资本、企业商誉

虚拟资本和企业商誉都是现代市场经济条件下非常重要并广泛使用的两

个概念。信用资本实际上是信用的资本化价值，它与虚拟资本、商誉等概念既有区别又有联系。

1. 信用资本与虚拟资本的区别与联系[93~102]。虚拟资本是资本的一种表现形式，它是同实际资本相分离的、本身无价值却能够分割“剩余价值”，并具有独立价值增值运动规律的各种资本所有权凭证。信用资本与虚拟资本是既有联系又有明显区别的两个概念。把虚拟资本作为一种信用形式是马克思的观点。虚拟资本的出现是经济发展过程中，人们“渴望利用这种作为潜在货币资本贮藏起来的剩余价值来取得利润和收入的企图，在信用制度和有价证券上找到了努力的目标”①。从虚拟资本的种类如国家债券、股票等来看，虚拟资本作为一种信用形式蕴涵着“信任”这层含义。以信任为基础，是信用资本与虚拟资本两者共同的特点，并且两者都有着无形性、虚拟化特点。但信用资本和虚拟资本之间存在着明显的区别。一是指向的对象不同。虚拟资本是资本的证券化表现形式，是一种能凭以取得收益的所有权证书，它指向的对象是债券、股票等权益凭证。而信用资本是信用主体的信誉或资信的资本化表现形式，它指向的对象是市场的主体。二是形成的基础不同。虚拟资本是伴随着货币的信用化出现的，即货币作为一种借贷资本，本身具有了增值功能，从而成为一种与实际资本相对的虚拟资本，有价证券和金融衍生品的出现使虚拟资本的范围更加广泛。可以说，商品经济的发展和金融业的发展是虚拟资本形成、发展的基础。而信用资本的形成和发展则是以经济信用化程度的日渐提高和社会信用体系的建立健全为基础。三是收益的方式不同。虚拟资本可以完全脱离于实际资本，其供求有特殊的表现形式，因而其价格可以完全偏离实际价值，投机的成分很重，暴涨暴跌的现象经常出现。而信用资本则是一方面表现为市场主体的信誉、资信等经济资源的货币化，另一方面表现为信誉等为其带来的经济收益。这种收益一般是间接的、平稳的、累积的，而不像虚拟资本那样从暴富到赤贫仅仅是几秒钟的事。

2. 信用资本与商誉的区别与联系。商誉的含义与信用资本相近，有学者就直接将信用资本等同于商誉，认为信用资本是商誉的一种。但信用资本与商誉的区别是非常明显的。商誉是企业基于自身经营实践及其工作人员的

---

① 马克思．资本论：第二卷［M］．北京：人民出版社，2004：561.

长期努力而获得社会（主要是其顾客和客户）的正面的肯定的赞誉，包括企业的信用、资产、经营能力、经营风格、商业道德以及商品的质量、性能等方面[103]。对于商誉概念的理解，亨德里克森（Hendriksen）列举了三种最主要的观点，一是商誉是人们对企业具有好感的价值；二是商誉是人们预期的未来收益超过除商誉外的总资产正常报酬的贴现值；三是商誉反映的是企业总价值超过其各项有形资产和无形资产的净额，即一个总的计价账户[95]。商誉即商业信誉与声誉，是“信任”、“诚信”、“信用”的综合体，是特定主体的一种特殊价值形态，是公众对企业经济能力的评价。

笔者认为，商誉在本质上是企业与其顾客在经营交往中形成的一种信任关系，这种信任关系体现了企业在社会生活中的影响和经营者的商品或服务对消费者的吸引力。从经济学的角度分析，商誉是与企业的有形资产相对应的一种无形资产，具有非物质性、专有性、风险性和开拓性、承诺性、潜在的高效益性等特征。信用资本与商誉这两个概念具有一定的联系，例如，商誉的构成也是以信任为基础，两者都具有无形性和动态性特点，信用资本是构成商誉的主要因素，商誉也可以成为信用资本的重要内容，等等。

但两者的区别也是非常明显的，根本区别是信用资本具有资本的一般形式和功能，而商誉不具备资本的一般形式和功能。信用通过人格化取得了相对独立的地位，通过货币化取得了类似货币的职能，它们与信用的增值能力相结合，促使信用本身具备了与资本一样的功能，能够实现价值增值。例如，你可以凭自己的信用取得 10 万元贷款，并通过与其他要素结合来获取利润。但商誉没有相对独立的地位，不具备货币的职能，也不具备增值的能力，只是其他要素累积增值的结果反映。例如企业不能通过商誉抵押来获得贷款。

具体来说，这种区别体现在：一是信用资本侧重于经济含义，而商誉侧重于会计含义。信用资本描述的是信用本身给市场主体带来的增值能力、增值过程和增值结果，而商誉只反映企业生产经营活动的增值结果，这种结果可能是信用资本增值带来的，也可能是其他因素带来的。二是信用资本描述市场主体的受信能力，可以随时兑现，具有增值功能；而商誉必须要借助其他形式才能获得授信。例如，根据企业评级和个人评分结果就可以直接给予相应的授信，如果某一企业的信用等级达到了 AAA 级，它可以获取 1 000 万元的信用额度，但即使其商誉达到了 2 000 万元，也不能单独用商誉作抵押去获得别人的授信。三是信用资本可以分解，而商誉不可分解。信用资本可以分解到单一产品和单一行为上，而商誉所固有的整体性特征决定了它不能分解，也不能单独计价。四是形成的方式各不相同。信用资本来源于市场主体的信用交易行为，是对市场主体实践承诺的记录，反映的是履约能力和履约意愿，并据以确定其获得别人授信的额度，或因此而得到的经济收益。商誉反映的只是企业整体获取超额收益的能力。

4.4.3　信用资本形式的演进

为进一步理解信用资本的内涵，我们从信用形式的演进中寻求信用资本所包含的信任、风险预期以及体现的人与人之间的关系。信用从原始社会末期就产生了。随着经济社会的发展，信用形式沿着两个方向演进——对物的信任和对人的信任，最终表现为对物的信任和对人的信任的有机统一，并且，随着经济市场化、信用化程度的提高，对人的信任的重要作用日益突出，从而形成市场主体的信用资本。

1. 信用载体的主要发展形式。对物的信任，形成了不同阶段的信用的物化的表现形式：简单的信用——商业信用——银行信用。

简单的信用。简单的信用是最原始的信用形式，起源于直接的产品交换，产品能够交换，是由于它们的所有者彼此愿意把它们让渡出去的意志行为。这种愿意让渡的意志行为隐含着交换双方相互之间的信任，它来自相互之间长期的了解与合作，同时交换要顺利进行还需要双方确认对方提供的物品能够满足自己的需要。可以说，简单的信用同时包含了对人和对物两方面的信任。如果没有对人的信任，交易几乎不可能完成。而在经济极不发达的原始社会、封建社会等阶段，经济发展处于“采邑经济”阶段，交易对象和交易范围基本上是狭窄、固定、长期稳定的，“人格化”交易极其明显，对人的信任显得更为重要，人的信誉更处于突出地位，信用资本在这里具有最原始的形式。

商业信用。马克思认为，商业信用是资本主义信用制度的基础，资本在货币形态和实物形态上发生变化。信用成为“使商品向货币转化得以预先实现的形式”，买方和卖方必须在相互信任的基础上才能实现原材料的购入和商品的销售。在这里，商品交易实现了契约化，信任突出体现为对物的信任、对契约的信任，只要契约能够得到执行，交易主体是谁就显得并不重要。对物的信任与对人的信任出现了相对分离，“人格化”交易向契约化交易转变。但这里已内生了对社会信用制度的需要。

银行信用。银行信用所包含的信任，除了有借款人和贷款人的信用以外，更重要的是银行信用所使用的工具——货币的信任。现代银行信用制度的背后，是国家或政府的信用，是对国家和政府的信任，如果一个国家的信用发生危机，动摇的是整个银行信用的基础。对物的信任进一步扩大到银行信用范围后，契约化交易进一步得到加强。随着金融市场迅速发展，各种各样的金融信用工具层出不穷，对物的信用表现出多种多样的形式。但由于交易范围、交易对象和交易内容的急剧扩大，对交易主体履约能力和履约意愿的要求也愈来愈强烈，怎样在新的社会经济条件下突出对人的信任，从而使契约化交易持续顺畅运转就显得极为重要。相应地，规范信用主体信用行为的信用管理制度逐渐产生、发展和完善，并孕育了信用资本的种子。

2. 信用资本的主要发展形式。对人的信任，逐步形成了人的信用资本。与对物的信任不同，信用资本只有在经济信用化达到较高程度后才得以形成，在此之前信用资本只是以其他信用形式的附属形式表现出来。信用资本的形成与发展取决于信任本身的形成和发展，信用资本的表现形式也相应地取决于信任的表现方式。

一方面，信任的来源决定了信用资本的主要形式。按照经验信任、能力信任和制度信任的信任来源划分[31]，信用资本也分别具有与之对应的表现形式。贯穿于这三类信任之中的是信誉信任，交易对方在特定群体范围内的信誉决定了别人对他的授信程度。经验信任的基础是过去长期的交往和交易，即通过长期交往，双方有了相互了解，从而建立起的信任关系。以经验信任为基础，信用资本在特定范围内的主要表现形式为“口碑”或“闲言碎语”，一旦形成了负面评价，这个人的生存生活就会面临极大的困难，甚至会走到“没脸活下去了”的境地。特征信任来源于群体及群体规范，这个群体可以是某个家族、某种宗教，或者某个特定的社会团体。事实上，每个群体都有自己的群体规范，这些规范约束着其成员的行为，使不同群体具有典型的是否值得信任的特征，从而一个群体能够区别于另一个群体，这就使得不同的群体在社会上有着不同的可信度、不同的信誉。制度信任来源于对制度的信赖。如果具有一些行之有效的制度，如法律法规和行政管制措施，来保证企业重合同守信用，那么企业违约或者欺诈行为的成本就会很高，从而可以想象企业应该具有较高的可信程度；如果没有，可信程度就会降低。在这里，信用资本贴上了制度“标签”，违约将会成为你的污点，不仅影响到即期的经济交易，而且影响到今后的生存空间。

另一方面，信任的发展使体现信用资本的形式越来越丰富。信任的发展大体可分为两个大的阶段，第一阶段为两个人之间信任即人际间信任的发展，第二阶段为超越特定的人与人之间的关系即陌生人之间信任的发展[32~34]。

人际间信任的发展又可分为权衡信任、信息信任和转移信任三个不同的阶段。在权衡信任阶段，即交易的开始阶段，信任资本经常是以威慑和权衡得失为基础的，即人们首先在权衡对方是否可信，是否会给自己带来不利的影响。这是一个对建立和维护这种关系所带来的收益和成本反复比较的过程。在信息信任阶段，随着交易（交往）的持续进行，掌握对方的信息越来越多，对对方行为就有了预测的依据，交易中的不确定性和交易的风险就会不断降低，信用资本的收益就会逐步增加，形成累积效应。在以上述两种信任为基础的转移信任阶段，由于对某人非常信任，虽然你从来没有与第三人有过任何交往，那么他对第三人的评价就成了你是否信任第三人的依据。你的信任就会向第三人转移，从而降低你们之间的交易成本，提升交易效率。在这个阶段，信任的发展已蕴涵了制度信任因素，并向陌生人之间的信任发展。第三人信用资本的多少取决于你的评价，从而其中蕴涵了征信、评信的萌芽。

陌生人之间信任的发展包含了对陌生人的信任和对制度的信任两个阶段，信用资本在这个阶段也得到了比较固定、规范的表现形式。上述研究都是针对人与人之间的信任关系，但是这种信任关系都有一定成本，要么是以多年的交往为基础，要么必须深入研究对方是否具有合作的经济诱因，因此人们希望有一种信任，它能够使一对陌生人从一开始就建立起信任关系，这种信任关系必须是超越上述的信任基础，将信任建立在某种组织形式和社会制度上，这是一种更广泛的、更高层次的信任，即对陌生人的信任。当人们对一个从未谋面的人有了足够的信息时，就会对他产生一定程度的信任。这些信息来自于熟人的介绍、推荐，或者来自于该人在社会中的信誉，或者来自于他所属团体，如属于同一宗教、同一种族和同一国家等。在现代市场经济条件下，每时每刻都发生着许许多多的交易，这仅仅靠人际间的信任已不能保证经济发展的需要。制度信任是更广泛的信任，是更高层次的信任，对于经济的正常运作发挥着至关重要的作用。从人际间的信任向陌生人之间信任的发展，既是信任本身发展阶段的一大突破，又是信用资本取得新的表现形式的分界线。在这一阶段，以“征信——评信——授信——受信”为核心的社会信用体系成熟后，使信用资本取得了货币化的表现形式和相应的价值增值。

在信用经济条件下，评价市场主体的诚实守信状况不仅成了一门职业，更重要的是促进了市场主体的诚实守信状况资源化、货币化、资本化。个人信用报告和企业信用评级是信用资本在这一阶段的主要表现方式。在现代市场经济条件下，个人总是处于消费者的位置，企业总是处于生产者的位置，因此，个人信用报告和企业信用评级从信用主体的角度基本概括了生产和消费环节的信用资本状况。

个人信用报告又称消费者个人信用调查，是指将分散在各商业银行和社会有关方面的个人信用信息加工汇集起来，形成个人信用档案，为银行和社会有关方面了解个人的信用和信誉状况提供服务。个人信用报告是征信机构的核心业务，其服务内容通常包括标准信用调查报告和定制信用报告两类。前者是对个人的信用信息进行量化分析而制作的个人信用评分报告；后者是根据不同行业、不同业务的需求，向客户提供的专项个人信用调查报告，包括信用卡客户信用等级评分和信用调查报告，助学贷款、住房贷款、汽车贷款等个人消费信贷客户的信用等级评分和信用调查报告等。

资信评级是指专业评估机构采用公正、科学、权威的资信考核标准，对被评对象的信用风险进行调查、分析和综合评定，并采用简捷、通用的符号直观地反映该对象偿还债务及履行各种经济契约的能力。按评级对象可分为工商企业资信评级、金融机构资信评级、金融工具及衍生金融产品资信评级、行业评级、地域评级和国家主权评级等几种类型；按照评级公司的业务来源则可分为委托评级和主动评级两类。一个规范的资信评级流程至少包括签订协议、收集资料、尽职调查、编写报告、终审定级、公布结果、跟踪评级七个环节，并且在评级过程中要注重定量指标与定性指标相结合、动态分析与静态分析相结合。评级结果表现形式不同，但一般都分为3等9级，与美国标准普尔、穆迪等国际知名评级公司的评级结果接轨。

第5章　信用资本的形成机理

信用资本的本质特点决定了信用资本的形成、演化和维持机制。信用本身向资本转化，并具备资本的功能，在经济社会中发挥出资本的作用，只能是市场经济发展到特定阶段的产物，在这之前，信用的资本化作用是蕴涵的、潜在的、间接的。本章以第2章和第3章对信用资本的理论分析为基础，通过分析决定信用资本形成和发展的制度前提、现实基础、价值载体和人格化表现及其综合作用来阐述信用资本的形成机理。

5.1　征信——评信——授信——受信机制促使信任向信用资本转化

随着分工和专业化程度的提高，市场半径不断延伸，交易对象和交易范围不断扩大，持续、顺畅的交易已经成为一个经济主体得以存在并保持发展的基本要求。在这种情况下，不仅是对交易物的信任受到重视，而且对交易对象的信任也会受到重视，即对人本身的可信度会变得越来越重要。尤其是经济信用化水平逐渐提高，促进了各类信用工具迅速发展，对“人”的信任问题显得日益突出，对市场主体可信度的识别、评价就变得越迫切。无论是商业信用还是银行信用，或个人相互之间的信用交易，都是交易对象相互之间的“征信——评信——授信——受信”活动，这种活动的持续进行和不断扩展催生了信用资本。授信的前提是评信，即对交易对象守信程度或者市场信誉的评价，评信必须要征信，即了解交易对象以往的信用交易情况，恰当的信任就是从征信、评信、授信到受信都要合理、恰当。从中可以清楚地看到，每个环节都是围绕交易对象的可信任程度展开的，交易对象的可信度是信用交易得以顺畅进行的前提。从征信到受信的发展，使评信结果与授信程度、受信能力直接挂钩，交易对象的可信任程度直接转化为现实的货币资本、实物资本，从而使凝结在交易对象身上的信任既取得了信用这种形式，并成功地向信用资本转化。征信，是了解能反映信用资本的相关信息，评信是信用资本的量化表现，授信是信用资本具备了货币化可能，受信是信用资本的货币化表现。可以说，只要重视对信用主体的信任、对人的信任，信任本身的经济价值就会产生，信用就会向资本化方向发展，从而形成信用资本。

从上述分析可以看到，“授信——受信”活动的持续、顺畅进行必须要有相应的“征信——评信”活动作保证，从而构成“征信——评信——授信——受信”四个环节相互联系、有机统一的信用运行机制。这种机制使对“人”的信任得到有效开掘，各种市场主体可以获得与其可信度相一致的授信额度——取得货币信用或商业信用形式，并形成相应的经营收益，从而使对人的信任成功地转化为信用资本。但这一机制要有效发挥作用，对人的信任要顺畅地向信用资本转化，离不开信用体系、信用信息服务、信用信息资源和信用资本表现形式四个方面的综合作用，见图 5. 1。

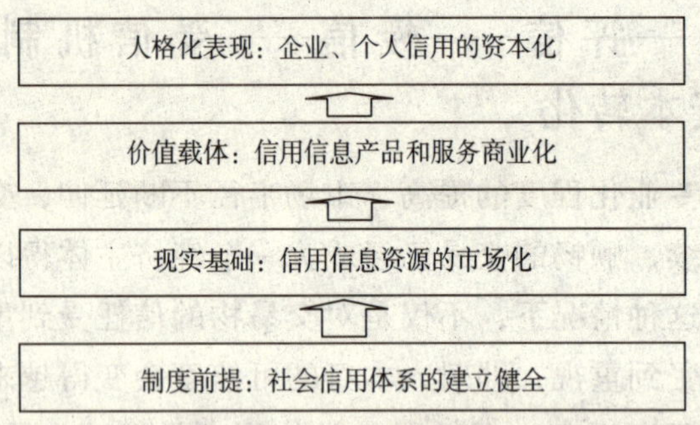

图 5. 1 信用资本的形成机理

可以说，信用资本是制度变迁演进所内生的一项制度安排，是对人的信任在市场机制作用下的必然结果。对人的信任和对物的信任的辩证统一，是人的信用信息状况的外部表现。人类的信用活动产生了信用信息，随着时间的推移和经济的发展，信用信息成为一种资源在市场上流通，从而构筑了信用资本的现实基础；一些人不失时机地将这些资源进行汇集、整合和处理，形成各类信用信息产品和服务，并通过不断的交易与转变实现了商业化运作，这些商业化的信用信息产品和服务便成了信用资本的价值载体；依托于信用信息产品和服务，高信用水平的市场主体努力寻求对自身信用的开发和利用，社会也逐渐形成守信激励和失信惩戒的规范机制，使得信用成为一种能够盈利的活的资本；信用信息的整合利用促进了社会信用体系的建立健全，这种融信用调查、信用评估、信用管理等多种信用服务为一体的信用体系为信用资本的形成、确认和计量提供了充分的制度保障。

5.2 制度前提：健全有效的社会信用体系

现代市场经济条件下信用资本的形成、发展和运行，体现为有效的“征信——评信——授信——受信”机制，这一机制是经济发展的制度前提、现实基础、价值载体和人格化表现等经济因素综合作用的结果。信用资本的出现是与一定的社会发展阶段和经济发展水平相关联的，且必须在社会信用体系相对健全的情况下才能得到确认。社会信用体系的建立、健全和有序运行是信用资本形成的制度前提和繁殖的土壤。

5.2.1 社会信用体系的前提性作用一般分析

社会信用体系作为信用资本形成的一项内生性制度安排，只有在它本身建立、健全之后，信用资本才有可能形成。市场主体的信用资本既然表现为一种信用能力，那它必然是可以度量的，也必须对其进行科学的度量和评价。社会信用体系就充当了这个角色，征信制度或征信体系则是其中最重要也是最关键的一个组成部分。

“征信”即英文所说的“credit checking”、“credit investigation”或“credit reporting”。中文之“征”即证、验、求，“信”即信用、诚实、信任之意。征信有广义和狭义之分：狭义的征信，是指调查、验证、评价他人信用；而广义的征信，还有指“求取他人对自己的信用”之意。一般所说的征信是指狭义的概念而言，就是以征信机关为主体所进行的对所调查主体信用信息的收集、利用、提供、维护和管理的活动。征信工作是伴随着社会信用经济的发展而产生的，征信事业在欧美发达国家已有百年的历史，形成了一套比较完善的社会征信体系，主要包括个人征信体系和企业征信体系两大部分。个人征信体系是指能证明、解释和查验个人信用情况而建立的一系列具有法律效力的文本资料和行事规则的制度框架。它主要包括个人信用登记制度、个人信用评估制度、个人信用风险预警系统、个人信用风险管理制度、个人信用风险转嫁制度等。企业征信的对象是金融机构、上市公司、中小型企业及其发行的债券，企业征信体系主要为征信对象提供企业信用调查、资信评级、股票或债券评级、市场调查等服务。在建立信用法律系统、企业信用内部管理系统和行业自律管理系统的同时，最重要的是要建立和完善一套包括信用征集、信用调查、信用评估、信用担保、信用咨询等信用中介服务的征信评信制度，以促进人们之间的互助合作，增强人际间的信任感，降低对未来的不确定性，促进资源合理配置。相应地，信用资本的资源性价值、货币化表现、资本性作用才能形成和发展。其中，资本化作用即盈利能力只能在社会信用体系健全的大框架下才能实现。这主要是由社会信用体系的运作机制决定的。

1. 信用资本的盈利能力来源于社会信用体系的服务机制。社会信用体系根源于各类主体的信用活动，这些活动所产生的信用信息被各类市场主体和中介机构所利用，从而提供包括信用调查、信用评估、信用管理咨询、商账追收等信用服务，正是这些服务活动的出现，使得拥有信用资本的市场主体能够获得合理的超额盈利。例如，信用调查将市场主体的信用信息汇总、整理并形成系统的信用档案或信用报告再提供给相关的需求者，使需求者能够全面了解市场主体的信用状况，对其信用资本作出正确的评价，而不会基于部分信息作出片面甚至错误的判断；信用管理咨询可以帮助市场主体经营自己的信用状况，并进行信用修复或提升，确保市场主体不断积累正向的信用资本，从而获得更多的盈利。由此可见，信用资本的盈利主要来源于社会信用体系的服务机制。

2. 信用资本的盈利能力取决于社会信用体系的评价机制。社会信用体系的一个重要分支就是信用评价，包括对企业的信用评级、对个人的信用评分和对地区、政府、金融机构以及国家等的信用评估等。而这些评价机制的一个重要特点就是区分同类主体中不同个体的信用状况，使不同的个体基于不同的信用状况而获取不同的社会待遇，这一原理同样适用于信用资本。计量信用资本的初衷就是使信用度高的人获取更多的社会便利，而给予低信用度的人更多的惩戒。那么，根据信用评价的结果，便可直接确定信用资本盈利能力的大小。例如，评级结果为 AAA 级的企业，其所拥有信用资本的获利能力一定大于 A 级及其以下级别的企业。也就是说，信用评价的等级越高，其信用资本的盈利能力越强，反之则相反。

3. 信用资本的盈利能力反作用于社会信用体系的架构机制。信用资本的盈利能力越强，也即不同信用资本所能获取的社会待遇差别越大，人们对于社会信用体系的信赖度越高，对某些信用服务的需求就越强烈。因此，社会对于信用资本盈利能力的认可程度可以改变社会信用体系的架构。例如，在以负面信用信息收集为主的情形下，如果社会高度肯定了信用资本的盈利性，并且信用度高的市场主体迫切要求认可其信用资本，那么信用信息收集必然向全面的信息收集转变，并且会加大信用评价的市场占有率，由此改变了社会信用体系的架构。在不同的国家和经济制度下，信用资本的盈利能力对于社会信用体系架构的反作用程度是不同的，在欧美等信用制度发达的国家，这种反作用力相对较小；而在我国等信用建设刚刚起步的国家，这种反作用力则会较大。

5.2.2　社会信用体系的前提性作用模型分析

根据第4章分析，信用资本的形成主要取决于制度信任，其发展主要取决于第三方信任和陌生人之间信任的发展程度，而第三方信任和陌生人之间信任的发展指向最终还是制度信任。制度作为行为规则，是一种引导人们行动的手段，它通常要排除一些行为并限制可能的反应，使他人的行为变得更具有预见性，从而在人们之间建立起信任，并减少了人们的信息搜寻成本。可见，信任机制的演进和扩展必将形成信用资本发展的制度前提。列维奇和邦克（R. J. Lewicki & B. B. Bunker）提出的信任关系形成与演化的三阶段模型[96]，可以很好地解释决定信用资本形成和发展的制度前提、现实基础、价值载体。在第一阶段，交易各方基于约束条件对惩罚和回报进行计算；第二阶段则以第一阶段获得的知识（经验）为依据而采取相应的信任或不信任策略；第三阶段便形成了稳定的合作与信任关系。这种信任是如此的默契，以至于即使脱离强制约束条件也可以存续。在长期的演化中，这种稳定的信任关系在一定的条件下可以内化在组织、制度和文化之中，最终通过影响个人的行为而形成一种社会普遍的信用价值观和信用文化。现代社会作为一种匿名社会，打破了传统社会的组织构架，人口的高度流动和商业关系的全球化以及越来越复杂的交易方式的发明使得传统社会的人际信任保障机制面临许多困境，取而代之的是征信体系、正式制度和司法系统。征信体系的关键作用是披露关于交易者及其交易物品的相关信息，征信体系赖以维持的基础就是其自身的信任。如果征信体系的信用评价体系出现了不公正，那么整个社会的信任水平就会下降。

以一个投资博弈的例子来进一步说明征信体系的前提作用。假定乙方邀请甲方投资于一个项目，该项目由乙方经营和管理。如果甲方投入一个金额为 c 的投资（投资可能以货币形式或者以人力资本等形式，投资额 c 为甲方进行该项目投资的机会成本），则该项目可以产生 2b（b >0）金额的利润，约定在归还甲方投资后由双方平分该利润。甲方只要作出投资决策，就说明甲方已经将自己的利益托付出去，因此，甲方也就作出了信任决策。如果甲方不投资，则该项目不能进行，从而甲方将保有投资额 c，而乙方的得益为零。此时，甲方作出的是不信任决策。在博弈的第一阶段，由甲方决定是否投资，在博弈的第二阶段，由乙方决定是否按照双方约定归还甲方投资并平分利润。如果乙方守信，双方的得益将为（c + b，b），其中 c 为甲前期的投资，如果乙方失信，我们引入制度作为博弈调整，并假设制度具有足够的可置信威胁。在博弈的第三阶段，由制度决定如何调整双方的利益分配，比如，用制度规则将对甲方的损失予以救济，并对乙方的失信行为进行惩罚。经过调整，双方的得益分别为（k（c + b），c + 2b – k）。k 可定义为制度的保障效率，即保障债权人利益方面的效率，k 的大小由债权人在利用制度保障自身利益时所需投入的资源（包括时间和精力）和制度本身的运行效率等因素共同决定；k 也可表示制度的约束力，其大小由制度促使债务履行的力度和对违约行为的惩罚力度等因素共同决定。此博弈中，可以理解为，通过制度调整，乙方将从其控制的 c + 2b 得益中拿出 k 金额，用于归还甲方的契约利益和罚款等，如果考虑非正式制度，则 k 值中往往还包括由于社会压力等所产生的心理成本（见图 5.2）。

在上述三个阶段，征信体系发挥了前提性作用。

在第一阶段，只有获得乙值得授信的信息后，甲才会作出信任决策。在现代“匿名”社会，征信体系为之提供了可靠的制度保障。

在第二阶段，只要征信体系能发挥作用，即使没有强大的司法系统对乙的守信行为作出强制约束，乙的此次失信带来的收益仍将难以弥补以后失去交易机会所造成的损失，因而，守信成为乙的理性选择。

表面上看来，在博弈的第三个阶段，有一个甲方决定是否打官司的“选择”。实际上，可以认为这种选择根本不存在。显而易见的是，在利用法律手段解决问题时，如果得不偿失，甲方就不会“主动”参与诉讼，只有当利用法律制度时能够增加收益或减少损失时，当事人才会“被迫”参

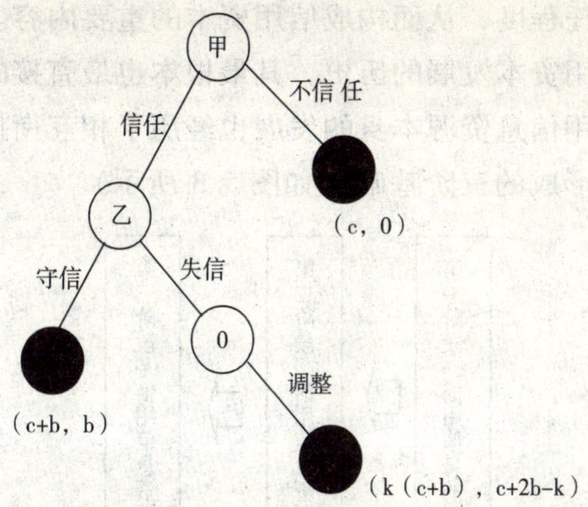

图5.2　信任博弈的扩展形

与到诉讼中去。因此，在是否打官司这件事情上，甲方完全是被动的。在当事人理性既定的条件下，是法律制度选择了当事人是否参与诉讼（根据利用制度的成本和收益的比较），当事人并没有什么选择的余地。并且，在第三阶段，只要法律制度能够切实保障守信方的合法权益，并对失信方作出必要惩戒，给出强制性的可预期的失信成本，并吸纳到征信体系之中，成为评信授信的依据，构成守信的隐性收益和失信的隐性成本，那么同样可以影响到今后的信任决策依据。可以认为，在博弈的第三阶段，是制度决定了当事人的选择，而不是当事人自己在选择。

总之，以征信体系为前提，既可以有效改变社会的信用水平，又能直接影响到市场主体的信用行为，在累积性效应作用下成为决定市场主体信用能力的重要因素，从而对市场主体的信用资本的形成、发展产生重要影响。可以说，征信体系是第三方信任发展、变化的制度结果，征信体系的形成、发展成为影响信用资本形成的重要内生变量。

5.3　现实基础：信用信息资源的市场化

信用信息是指用于识别企业、个人身份，反映企业、个人信用交易行为、经济状况、履约能力、商业信誉等信用状况的数据和资料。信用信息突出反映了信用交易行为，征信体系的产生、发展使信用信息本身成为一种重要的经济资源，其价值就来源于经济交易成本的节约，表现为市场信誉，反映市场主体的可信任程度，从而构成信用资本的重要内容。

纵观国内外信用资本发展的历史，其最根本也最直接的物质基础在于信用信息资源。而信用信息资源本身的发展也经历了相互衔接的三个阶段，从而构成了信用资本形成的三阶基础（如图5.3所示）。

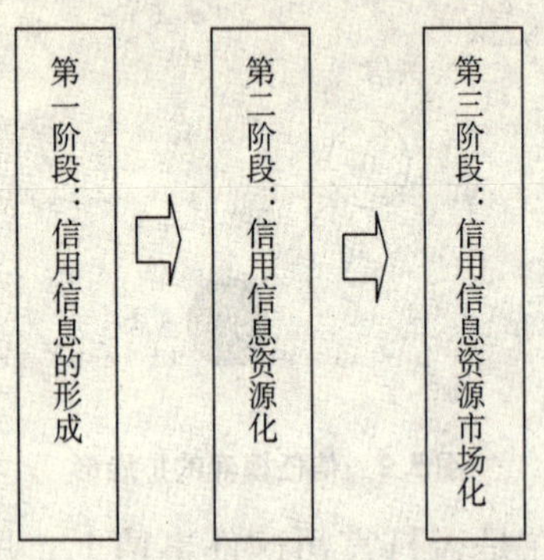

图5.3 信用资本形成的三阶基础

5.3.1 信用资本形成的第一阶段：信用信息的形成

信用信息对于信用资本，就如同生产商品的原材料，是构成信用资本的主体因素。没有信用信息，信用资本就成为“无米之炊，无源之水”。信用信息的出现是信用资本形成的最基本和最原始的要素。

1. 经济交易信息表现为信用信息。只要存在着社会分工和经济交易，市场主体之间的交易行为就会有可信与不可信之分。直接的物物交易体现为对交易物的信任上，交易双方之间要对交易物相互授信；货币交易阶段主要体现为对货币的信任；信用交易阶段体现为对信用资本和各种信用工具的信任。在上述交易中体现出来的信息就是信用信息，可以说，经济交易各方面的情况在交易主体头脑中的直接表现为信用信息。

2. 信用信息与信用行为同步发生。信息是用来消除不确定性的东西，是事物之间的差异，是事物或现象在时空中分布不均匀性的体现。由此，在不同信用行为发生的同时，信用信息也随之产生，充分体现出不同主体间的信用差别，进而为今天信用资本的计量奠定了最根本的基础。

3. 信用信息与市场主体密不可分。信用信息是指市场主体在其社会活动中所产生的、与信用行为有关的记录，以及有关评价其信用价值的各项信息。其目的在于体现不同主体的信用差别。在现代市场经济体制下，依据信用主体的不同，信用信息可分为企业信用信息与个人信用信息。企业信用信息主要包括企业的注册信息、财务报表、付款记录、企业发展史、经营状况等内容；个人信用信息主要包括个人收入、资产、职业、教育、信用记录、公共事业服务记录、偿贷信息等内容。

5.3.2 信用资本形成的第二阶段：信用信息资源化

信用信息的出现是自然而然的，但只靠这些独立的、个别的和自发的信息是无法形成信用资本的。就像酿酒一样，酒的原材料来源于自然界的植物，但如果仅靠那些自然生长的一两株植物是难以酿出大量、醇香的美酒的，必须有一定数量的植物甚至依靠人工种植才能确保酿酒业的原材料供应。对于信用资本，信用信息就是自然界的植物，而信用信息资源才是真正构成信用资本"原材料"的物质。也就是说，信用信息必须成为一定的资源才能促成信用资本的形成。

1. 信用信息的资源化。资源的本意是指生产资料和生活资料的天然来源，是一个国家或地区用于生产商品和劳务的一切东西。由此可见，资源最突出的特性是"实用性"，要能够用来生产商品和劳务，不能用来生产的物质不能称之为资源。由此可推断，信用信息资源即可以用来生产的信用信息来源。在能够用来生产之前，信用信息只是一种天然存在，而不是一种资源。只有当经济发展到一定程度，信用产品成为社会生活的一种需求时，信用信息才成为一种资源，一种用来生产信用产品的资源。在上一节的模型中，甲是否对乙授信，直接取决于甲是否掌握了反映乙过去交易行为的信用信息，即反映乙履约能力和履约意愿的相关信息。在这里，信用信息对于经济交易能否进行下去具有重要作用，并体现出了资源化的价值：在经济交易的同时，必须要有相应的信息交流通道。在采邑经济阶段，信息交流主要以交易双方之间的长期合作和相互了解为基础；在货币交易阶段，信用信息的交流必须借助于第三方或必要的交流工具才能进行。并当市场主体的交易信任以制度信任为主时，征信作为第三方信任的表现方式，就成为市场主体作出信任决策前必须开展的一项前提性工作，市场主体的信用信息就具有了资源价值，获取对方的信用信息可以为自己带来盈利机会或者规避交易风险、降低交易成本。

2. 信用信息资源的特征。根据信用信息资源的上述定义和资源的特点，可以归纳出信用信息资源所具有的以下三个特征：第一是交易性。信用信息资源首先能够用来生产，那么资源从拥有者手中传递到信用产品的生产者手中，必然经历一个交易的过程，这种过程可能是零成本的，也可能需要支付一定的费用。因此说，交易性是信用信息资源必有的特性，也是最根本的特性。第二是自增性。信用信息资源不同于其他资源，好的信用信息资源不仅能生产出优良的信用记录，也能衍生出更好的信用信息；反之则相反。第三是公共性。不完全信息引起金融市场失灵的第三个重要方面是信息具有公共产品的性质，Stiglitz 认为，信息资源具有非竞争性和非排他性两个纯公共产品特征[74]；Spierings 认为，信息销售之后不会降低信息的价值，还可以提供给其他人享受，具有典型的公共产品特征[75]。信用信息资源与其他信息资源一样，借助一定的信息处理机制，可以成为由所有市场主体共享的资源，因而具有公共性特征。第四是外部性。信用信息资源是信息主体守信或失信行为的信息表现，而这些守信或失信行为不仅会对信息主体自身产生后果，还会给他人（外部）带来效应。

5.3.3 信用资本形成的第三阶段：信用信息资源市场化

在信用信息不完全、信息不对称的情况下，处于“囚徒困境”的交易主体，其“自利”行为并不一定能带来“利己”的结果，而“利他”的行为也能带来“利己”的结果。经济交易持续、顺畅、有序运行下去，就必须走出“囚徒困境”。实现这一点要依赖社会信用体系提供制度前提，通过信用信息市场化，有效改变经济交易和其他信用信息不完全和信息不对称状况，促使经济交易置于一种相对透明的环境下。在这里，信用信息市场化的经济价值来源于市场主体走出“囚徒困境”后交易成本的节约，来源于内生交易费用和外生交易费用的递减。换言之，信用信息市场化是交易成本降低、交易效率提高的结果。资源化、市场化的信用信息就可以信用记录、信用报告等信用信息产品的形式在市场中发挥作用，并作为衡量市场主体信用资本的重要尺度和表现形式。要促使信用信息资源市场化，必须要满足以下条件：

1. 延长商业生命周期。市场主体的商业生命周期是指参与经济交易的独立经济体的有效活动期限。自然人自长大成人到生命结束为一个商业生命周期，企业及其他法人团体自注册诞生到撤并注销为一个商业生命周期。延长市场主体的商业生命周期是实现重复博弈，让信用信息资源市场化的前提。如发展医疗健康和保险事业有利于延长自然人的商业生命周期，维护适当规模的家庭（如减少单身与单亲家庭）和合理的私人财产保护继承制度（如利用父债子还）客观上也能延伸自然人的商业生命周期并引导个人行为长期化。

2. 扩大信用交易机会。如果说延长行为主体商业生命周期是为了增加信用交易的潜在时间，那么扩大信用交易机会就是为了在一定时间内增加信用交易的潜在对象与范围。促进信用信息资源市场化必须要增强信用的使用机会和使用范围。打破地方封锁和贸易自由化，提高市场透明度，积极融入国际化和全球化进程，是拓展信用交易空间范围的必由之路。广泛的信用机会有助于增加信用使用者预期获利空间与实际的合作频率，从而成为促进信用成长的重要前提。

3. 提高失信机会成本。失信者的机会成本这里是指失信者因失信而失去的原本可以获得的潜在收入和可能的惩罚性支出。因此，一方面，提高违约曝光率和曝光程度、重视交易者的信用历史将有利于提升失信者丧失获得潜在收入流的机会；另一方面，强化惩罚性执法力度、提升违约者惩罚损失将有利于增加失信者的违约预期成本。两者合在一起都将增加失信者的机会成本。在这里，加强信息透明度建设，加强社会信用体系建设，提高信用信息透明度，建立健全市场法律法规是关键，是提高失信成本的基本要素。

4. 降低守信机会成本。既然信任和信用都是稀缺资源，生产和维护它们肯定是有代价的。社会要增加它们的产出与供应量，其生产成本的降低是一条基本要求。应尽量降低守信者的机会成本，增加守信可能带来的盈利机会，促使守信的机会成本最小化。

5. 压缩违约直接收益。违约预期净收入大于“重合同守信用”的正常合作预期净收入是导致交易者愿意违约的根本原因，其中违约的一次性直接收入，如一笔银行贷款本金或贸易预付款具有重要的诱导作用。但这种直接收入具有虚幻的性质，因为一方面它通常是以“现值”方式呈现在贪财者面前，数值越大其诱惑力越强；另一方面，违约本身的无理与违法性使这种“现值”随时随地都有可能灰飞烟灭，而且数值越大遭受灭顶之灾的概率也越大。因此，控制在一定时间内与同一个对象的交易频数，限制每笔交易的最大规模，实现交易的分散化和多元化等都将有利于降低交易者的违约欲望。实现信用信息资源市场化，必须要最大限度地压缩失信者从违约中得到的虚幻收入。

由此，经过三个阶段的演变，信用信息成为市场化的资源，从而构筑了信用资本形成的现实物质基础[104~105]。

5.4 价值载体：信用信息产品及其商业化服务

信用信息市场化的另一个结果是信用信息产品和服务的商业化发展。专业化是提高生产效率的一种重要方式，随着制度信任的重要性日益突出，第三方信任也向专业化方向发展，形成专门经营信用信息产品和服务的专业化征信评信机构。它们提供的信用信息产品和服务，一方面反映了市场主体的信用水平和信用能力，另一方面构成了这些机构的收益来源。这些信用信息产品和商业化服务则为信用资本提供了价值载体，成为信用资本的重要表现形式。可以说专业化的征信评信行业和信用信息产品和服务是信用信息市场化的必然结果。

5.4.1 信用信息产品和服务的形成分析

将图 5.2 介绍的博弈模型适当变形，引入征信行为这一变量后，征信机构和信用信息产品的形成过程就能很好地展现出来。

在图 5.2 中的第一阶段，如果甲作出信任决策，那么产生的总收益为 2b；如果甲作出不信任决策，那么两人得到的利润为 0。假设甲面临的失信风险是均匀分布的，即作出信任决策的概率为 $p=0.5$。那么这项决策带给甲和乙的期望收益就等于 b。如果甲作出不信任决策，博弈到此结束。

在博弈的第二阶段，乙如果守信，甲和乙的平均收益为 b，其中甲投入的资金 c 也能得到相应的回流；如果乙失信，并且没有相应的约束措施，那么乙的收益就会变成 $c+2b$，而甲的收益为 0。甲和乙的期望收益仍然是 b，博弈到此结束（见图 5.4）。

显然，在两种情况下，乙失信的结果都是博弈难以持续进行，意味着经济交易走向萎缩，最终影响到甲乙双方的经济利益。

如果引入第三方征信丙，通过征信行为客观、准确反映甲乙双方在过去交易中的失信状况分布，并形成信用报告，供甲作出信任决策时参考。假定甲为作出更准确的信任决策，向丙支付 m 以获得关于乙的信用报告，从而改进自身面临的失信风险分布，使作出信任决策并成功的概率 p 提高到 0.75，那么，甲乙双方得到的期望收益就成为 1.5b－m，丙获得的收益为 m。甲、乙、丙三方获得的收益分别为：0.75b－0.5m 、0.75b－0.5m、m。

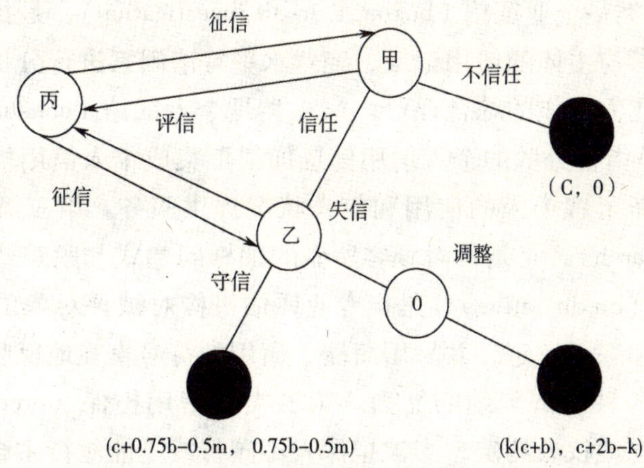

图5.4　加入第三方征信的信任博弈的扩展形

这表明，引入第三方征信丙后，通过改变甲乙之间的信用信息状况，减少信息不完全和信息不对称现象，经济交易成功进行的概率水平提高，交易的期望收益也相应提高，交易的连续性得到了保证。交易的持续进行和规模扩大，使第三方征信向商业化发展成为了可能。只要丙获得的收益 m 大于0并小于0.5b，甲乙双方通过丙获得的期望收益 0.75b－0.5m 就会大于原来的期望收益 0.5b，从而促使双方持续交易，扩大交易规模，从而使经济交易扩展到多方，整个市场交易得以持续运转。相应地，第三方征信丙随着市场规模扩大，其收益也会持续上升，并最终达到市场平均收益，第三方征信作为专业化生产的企业或行业逐渐在市场中形成、发展，并最终成形。

从以上分析可以看出，征信评信机构的产生、发展源于信用信息不完全和信息不对称，而它的形成和发挥作用反过来又会有效改进市场的信用信息状况，促进经济交易进入良性循环。征信评信机构的产生以及信用信息产品和商业化发展，使信用资本也获得了自身的价值载体形式。反映自身信用状况的信用报告或评级结果不仅为征信评信机构创造了价值，而且也成为了市场主体的信用资本。以它为“抵押”，企业可以获得别人的授信，可以降低自身的交易成本，增加交易机会，减少交易损失，提高经营收益。

5.4.2 信用信息产品和服务的表现形式

综观世界各国的信用服务行业，目前常见的信用产品和服务主要有以下九类[104]：第一类是企业征信（business credit investigation），是指专业机构在对企业等市场参与主体的信用记录、经营水平等诸因素进行分析研究的基础上，对其信用能力所作的综合评价。第二类是个人征信（consumer credit investigation），是指将分散的个人信用信息加工汇集成个人信用档案，为银行和社会有关方面了解个人的信用和信誉状况提供服务。第三类是市场调查（marketing research），是指针对顾客所做的抽样问卷式和跟踪式调查。第四类是资信评级（credit rating），是指专业评估机构对被评对象的信用风险进行调查、分析和综合评定，并采用简捷、通用的符号直观地反映被评对象偿还债务及履行各种经济契约的能力。第五类是信用担保（credit assuring），是指担保机构与债权人约定，当被担保人不履行或不能履行主合同约定的债务时，由担保机构承担约定的责任或履行被担保人的债务。第六类是信用保险（credit insurance），是以商品赊销和信用放贷中债务人的信用作为保险标的，在债务人未能如约清偿债务而使债权人招致损失时，由保险人向被保险人提供风险保障的一种保险。第七类是保理（factoring），是指卖方根据与保理商之间的契约，将基于其与买方现在或将来订立的货物销售或服务合同所产生的应收账款转让给保理商，由保理商为其提供信用风险控制等服务。第八类是商账催收（debt collection），是指专业机构接受客户委托，从事合法的催账和逾期应收账款的追收活动。第九类是信用管理咨询（credit managing consultation），是由专业的信用管理咨询公司为企业提供的信用管理现状诊断、信用管理机制建立、信用管理功能优化等服务。

5.4.3 信用信息产品和服务的商业化取向

目前，美国、欧盟等征信国家或地区的信用信息产品和服务均已实现商业化运作。这些产品和服务如同商品一样，经过原材料的收集、整理、加工，成型后投放市场，赚取收入和成本费用的差价，从而为各国经济发展作出巨大的贡献[107~109]。

1. 经济发展决定信用信息产品和服务的商业化程度。世界各国的征信发展史证明，信用信息产品和服务的商业化与经济发展水平密切相关。经济越发达，信用信息产品和服务的商业化程度越高；反之则相反。首先，经济发展模式决定了商业化信用信息产品和服务的存在。在计划经济模式下，由于资源配置主要由计划指令决定，无须对市场主体的信用状况进行调查评估，因此也就不需要信用服务；相反，在市场经济模式下，各种资源通过市场竞争自由配置，市场主体必须充分了解交易伙伴或对手的信用状况，才能确保低风险经营，因此，商业化的信用服务便成为一种必然。其次，经济发展水平决定了信用信息产品和服务的商业化程度。在经济相对落后且发展缓慢的情况下，现金结算占据市场交易的主体地位，市场主体无须了解交易对方的信用状况，信用服务的市场空间很小甚至不存在；反之，在经济高度发达且继续迅猛发展的情况下，信用结算成为市场的主流，市场主体需要通过信用调查、评估等一系列信用服务来筛选客户和供应商，同时为获取更多的市场份额而不断提升自身的信用水平，为信用产品和服务创造了巨大的生存空间，且规模经营和平均成本的优势使得信用产品和服务的商业化程度越来越高，成为社会生产总值的一个重要来源。

2. 市场竞争决定信用信息产品和服务的商业化范围。信用信息产品和服务的对象包括政府、银行、企业、个人等多个方面。而企业作为最重要的市场主体，对于信用信息产品和服务的发展起着决定性作用。第一，市场竞争的范围决定信用信息产品和服务的特征。竞争范围越小，信用信息产品和服务的功能就越简单，且可以自成体系，只要符合单一主体的需求即可；相反，竞争范围越大，信用信息产品和服务的功能就越复杂，尤其是在国际竞争日趋激烈的情况下，信用信息产品和服务不仅要满足特定主体的需求，而且必须与国际接轨，使其结果能够在世界范围通用，才能给企业带来真正的便利和效益。第二，市场竞争的程度决定信用信息产品和服务的地位。市场竞争越激烈，企业了解交易伙伴和对手信用状况的愿望就越强烈，并且需求也愈加细致和深入，相应地，信用信息产品和服务的桥梁作用也就越明显，中介地位越重要；反之则相反。

5.4.4　信用信息产品和服务的资本化特性

商业化后的信用信息产品和服务不仅具有一般产品的特性，更因其载体的功能使其具有了资本化的特性。这种特性主要表现在以下几个方面：

1. 资本的唯一指向性。在市场交换中，信用信息产品和服务的形态会随着需求的不同而不断变换，如从完整的信用报告转换为单一的信用等级，或者在简单报告、普通报告或深度报告等不同的报告形式中进行转化。但是，作为市场化信用信息资源的最终产品，其无形资产属性始终唯一地指向信用信息主体（信息源），即资本化的只能是信息主体本身的信用，而不能外延给其他任何个人或组织。

2. 获取的成本支出性。与市场化的信用信息资源不同，信用信息产品和服务商品化后，主要通过货币媒介进行流通，且这种流通频繁地发生于信息供给者、信息需求者和信用中介服务机构之间。显然，通过商业化的信用信息产品和服务所表现出来的信用资本需要支付一定的成本才能获得，反映了信用资本的成本支出性。

3. 超额的收益性。信用资本的获取需要支付成本，但信用信息产品和服务所承载的信用资本所能带来的收益却远远超过其所支出的成本。首先，从机会收益的概念来讲，在授信前的信用评估中，卖方企业支出几十元甚至几千元购买了买方企业的信用报告，发现买方企业存在严重失信记录，那么卖方企业就可避免上万元，甚至数十万元以上的交易损失，这种风险预警中所得到的机会收益显然远远超过了其所付出的成本。其次，从实体收益的概念来讲，一份几十元乃至几千元的信用报告，很可能为企业找到一个信誉优良的合作者，从而为企业带来长久的、高额的收入和利润。

具有了以上三种特性的信用信息产品和服务便成为信用资本的最佳载体，传递、承载并最终反映信用信息主体所拥有的无形信用资本。

5.5 人格化表现：企业、个人信用的资本化

虽然信用资本最终是以商业化的信用信息产品和服务表现出来，但其根本指向的依旧是信用信息主体，即以企业和个人为最突出代表的市场主体。只有将资本落到具体的企业或个人身上，这种资本才具有了生命，才具有了真正的价值。

5.5.1　信用资本的外在表现：企业与个人

前文已经述及，信用资本的出现根源于信用信息资源，并且承载于商业化的信用信息产品和服务。而信用信息资源和商业化的信用信息产品和服务又同时具有唯一归属性的特点，因此，信用资本必然也具有这一特性，也即信用资本指向独特的个体——市场主体，这也赋予了信用资本的人格化特征。

1. 企业与个人是信用资本的创造者。信用信息产生于社会主体的活动，而任何活动最终都可以归结为企业和个人的活动，因此可以说信用信息来源于企业和个人的活动。这种来源于企业和个人的信用信息经过不断的积累，最终演变为信用资本（简要流程图见图5.5）。所以说，信用资本的最初创造者是企业和个人。

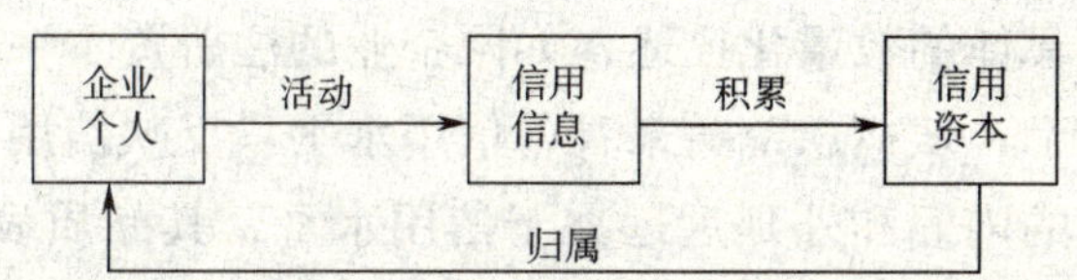

图5.5　信用资本创造简要流程

2. 企业与个人是信用资本的拥有者。企业和个人在不断的活动过程中创造了信用资本，并且能够排他性地拥有自己所创造的这种资本。其原因在于，任何活动所产生的信用信息都归属于活动的具体参与主体，并且不同的主体所获取的信用评价是不同的。而这种评价大多来自于同一活动中的其他参与主体，无论评价结果如何，都特定地指向唯一主体。也就是说，谁创造了信用，谁就独占性地拥有了该信用，这从图5.5中也可看出。

3. 企业与个人是信用资本的受益者。信用资本的独占性决定了信用资本受益者的唯一性，也即谁积累的信用资本谁拥有收益权。这里的收益包括正向收益和负向收益两种。并且这种收益权是无法通过转让、赠与等形式让与他人的，只能自己享受或承受。实践证明，拥有良好信用资本的人能够获取超过平均信用水平人群的诸多便利和经济利益；反之，信用资本为负的人只能承受更多的生活障碍或处罚。这也是信用资本躯体表现的核心要素。

4. 信用资本是企业与个人的“经济身份证”。许多企业与个人认为，“不讲信用，就是跟自己的钱过不去”。市场主体一旦被贴上不讲信用的

“标签”，其经济行为将会受到极大的约束，并给自己带来各种有形和无形的损失。尤其是在社会信用体系较为完善、经济交易方式以转账支付、电子支付为主的国家，良好的个人信用报告、企业信用等级更成为其“经济身份证”，有了它就拥有了参与经济交易、获得授信的资格，无它就会寸步难行。即使是在采邑经济时期，信用资本更是直接等同于个人的身份“标签”，没有它，尽管不会受到法律的严厉约束，但会被逐出社区，其生存都会受到威胁，受到经济的制裁反而比现代社会更加严厉。可以说，信用资本在很大程度上等同于市场主体的经济身份。

5.5.2 信用资本的品质表现：信用水平

信用水平与信用资本是大小范畴不同的两个概念，但其所反映的事物的本质是相同的。从衡量标准来看，信用水平侧重于抽象描述，如高、低等；信用资本则侧重具体的数量化描述，如同企业的注册资本一样，通常会以一个数量单位来表示；从概念范畴来看，信用水平只反映信用资本的某一方面特征，信用资本的内涵和外延远远大于信用水平，其品质表现为信用水平；但从表达目的来看，二者都是为了评价某一市场主体的信用状况，都是为了反映事物的本质。信用水平是信用资本的品质表现，就如同人的品质一样。虽然品质的范畴小于人，但对一个人品质的描述可以说明这个人的基本特征；同理，借用对信用水平高低的评价也可反映出一个市场主体的信用资本程度。因此，人们对于信用资本的评述通常不会直接引用信用资本这一名词，而是通过信用水平的高低来描述。例如，交易伙伴会在交易结束后评价对方的信用水平很高、较好、一般、较低、很低，而不会直接给出一组描述对方信用资本大小的数字；个人日常生活中的交往更是如此。征信评信机制形成后，信用水平的表现取得了信用评分、信用报告、信用评级等更直观的数量化形式。

1. 信用水平的高低反映信用资本的大小。无论从理论上讲，还是从实践来看，低信用水平都对应较小的信用资本，而高信用水平则对应较大的信用资本。当然，其前提必须是同一对比时间和空间领域，也即不能将单次活动的信用水平与整体的信用资本进行配比，而必须将长期累积的信用水平与整体信用资本进行对比才能得出正确的结论。

2. 信用水平的特性决定信用资本的特性。既然信用水平与信用资本是反映同一事物本质的不同方式，即前者为抽象的概念化表示，后者为具体的数量化表示。那么从事物本身来讲，信用资本与信用水平的特性具有同一性，也就是信用水平的特性决定信用资本的特性。第一，对信用水平的评价来源于长期的信用积累，越是注重自身的信用，信用水平就越高，相应地信用资本也就越大，因此说信用资本具有可积累性。第二，一向较高的信用水平不会因为个别失误而大打折扣，而长期的低信用水平也不会因为偶尔的良心发现而发生根本性逆转，以数量化表示的信用资本就更是如此，小小的逆向数字无法使庞大的基础发生方向上的改变，所以说信用资本具有可延续性。第三，信用水平和信用资本都无法通过转让、放弃、赠与等方式进行处置，而只能通过不同的做法进行慢慢转变，故二者具有不可处置性。第四，信用水平的高低不能由自己评价，而只能由第三方乃至整个社会来评定，信用资本也不例外，因此说信用水平与信用资本还具有他人认可性。

5.5.3　信用资本的货币表现：各种信用

征信机构开展的征信评信活动形成市场主体的信用报告或信用评级结果，即市场主体信用资本的价值载体，这种载体在另一方面又成为市场主体相互之间进行授信受信的基本依据。通过授信受信，信用资本的价值载体取得了相应的货币化形式。

1. 信用资本充当新的支付手段。货币形成以后，在市场主体之间取得最普遍信任的货币充当了最一般的支付手段职能，经济交易方式广泛以“人——货币——人”展开。经济交易只要以货币作为支付手段，交易双方就能即时完成，即使市场主体的信用状况很差对交易也不影响交易的完成，两个完全陌生互不了解的市场主体之间也能完成经济交易。建立在最普遍信任基础上的货币交易尽管可靠，但这种对“物”的信任束缚了交易范围的扩大。交易市场的扩展，交易内容的深化，需要进一步发展。其发展的取向就是向对交易主体的信任即对“人”的信任转变。通过征信评信制度确定市场主体的信用报告或信用等级，并以此作为市场主体相互之间授信受信的基本依据，从而使对“物”的信任有效和对“人”的信任转变，使经济交易不依赖现实的货币成为可能。反映市场主体过去履约能力和履约意愿的信用记录或信用报告既体现了市场主体当前的受信能力，又成为了交易对象合理授信的主要依据。如果交易对象过去始终保持良好的信用记录，那么可以合理推断类似的交易存在的风险很小，交易同样可以顺利完成，因而并不一定要依赖货币来完成这笔交易。

显然，这种交易形式突破了“人——货币——人”这种货币交易形式，直接在人与人之间进行，形成一种新的“人$\overset{\text{（信用报告或信用等级证明）}}{\text{————————}}$人”经济交易方式，从“信钱不信人”方式向既“信钱”又“信人”并重转变。信用报告或信用等级证明是市场主体可信程度的直接反映，是特定的市场主体信用资本的价值载体，因而这种新的交易方式可以表述为“人（信用资本）——人（信用资本）”。以一个由三方参与、供求均衡的简单模型可以说明信用资本这种支付手段职能（见图5.6）。

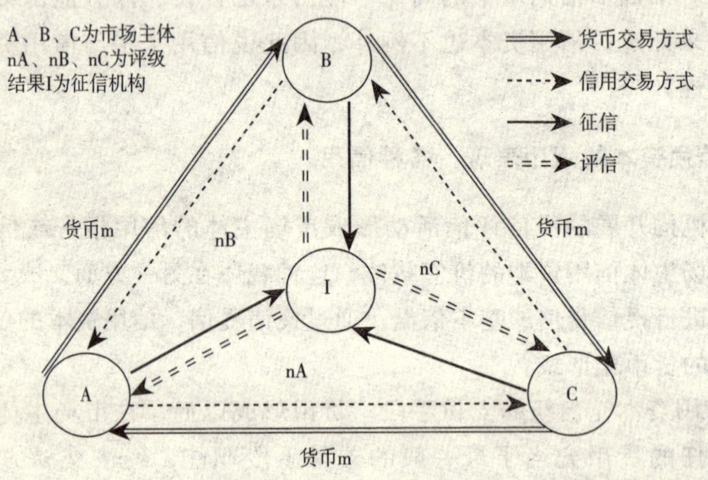

图5.6　信用资本充当支付手段示意图

市场主体A、B、C两两之间存在均衡的商品或劳务交易关系，相互之间的经济交易通过货币m予以完成，货币在此充当支付手段。征信机构形成后，通过对市场主体A、B、C进行征信，并分别形成评信结果nA、nB、nC。评信结果体现了市场主体A、B、C的受信能力，三个市场主体的受信能力即nA、nB、nC所蕴涵的经济价值均大于需要支付的货币m，表明三个市场主体都拥有超过货币m的潜在支付能力。那么以nA、nB、nC为授信依据，相互之间给予授信额度m就是恰当的，从而代替货币m完成相互之间的交易。在这种情况下，既不存在货币m的让渡，也不存在评信结果

nA、nB、nC 的转让，而是将经济交易直接与市场主体本身所蕴涵的信任等同起来，属于市场主体相互之间的直接交易，市场主体的评级结果 nA、nB、nC 在此就具备了与货币 m 等值的市场价值。这表明，市场主体所拥有的信用资本具有了货币价值。

进一步分析表明，市场经济中凝结在货币身上的最普遍的信任，通过征信评信和授信受信机制的综合作用，在具体的广泛的所有市场主体身上得到了进一步发展。持有足够的货币可以与其他市场主体完成交易，而借助覆盖整个市场的征信网络，拥有足够的信用资本的市场主体不通过货币也可以完成自己想完成的经济交易。换言之，最普遍的信任不一定只体现在对所有市场主体无差别的货币身上，特定市场主体拥有的信用资本也可以在市场中得到最普遍的信任，最普遍的信任也可以在有差别的个性化的市场主体上体现，“不记名”的货币在一定程度上可以被“记名”的信用资本代替。可以说，信用经济发展到相应阶段后，“匿名”的社会将向“记名”的社会逐步转变，“记名”的信用工具将会越来越充分。

2. 信用资本对货币资本的替代作用。货币资本，无论是作为一种财富——得到普遍认可，因而是“不记名”的，还是作为一种资本——凭借现实的所有权取得对其他经济资源的支配、使用和收益能力，都只是反映了市场主体参与经济活动所带来的结果，而未能反映其参与经济活动的过程。而以信用信息为核心内容的信用报告或资信评级等方式全面、详细地连续记录了市场主体参与经济交易的过程，动态、客观、准确地反映了市场主体的履约意愿和履约能力，因而使信用资本更侧重于反映市场主体参与经济交易活动的基本过程，可以说是“记名”的。对于特定的市场主体，“记名”的信用资本和“不记名”的货币资本是一个硬币的两面，只有将两者有机结合起来，才能更全面地反映市场所拥有的财富和所掌控的资源。

货币资本是凭借所有权取得对其他资本的占有、处分和收益的能力，而信用资本相对充分的市场主体，尽管其拥有的货币资本相对不足，但却能凭借其具备的信用资本取得对其他经济资源的占有、处分和收益的能力。因为，从马克思的观点来看，资本的本质是一种所有权，即支配剩余价值的能力。因此，信用资本和货币资本具备一定程度上的替代关系，这表明信用资本取得了货币形式。当信用缺失行为严重，市场主体的信用记录不佳时，货币资本占有主导地位；当信用环境良好，市场主体的信用记录良好时，信用资本逐渐成长，所占份额也相应增加。以 A 表示市场主体所拥有的所有资本，M 表示货币资本，C 表示信用资本，信用资本和货币资本的关系可以表示为：

$$A = M + C$$

即两者的关系近似于一条等预算线，如图 5.7 所示。当经济信用化程度提高时，导致货币资本和信用资本都增加，从而推动总资本曲线向上移动。

信用资本对货币资本或其他有形资本的替代作用在现实经济生活中也比较明显。如很多处于贫困状态的人无须任何抵押物，只需以自己的“名誉”，就能获得一定的资金用于投资创业；企业可以凭借良好的信用记录获得银行的授信或与交易企业之间进行赊销、赊购，从这些经济行为中可以看到信用资本的重要推动作用，也可以合理地推测到信用资本对经济运行的各个层面的广泛渗透。

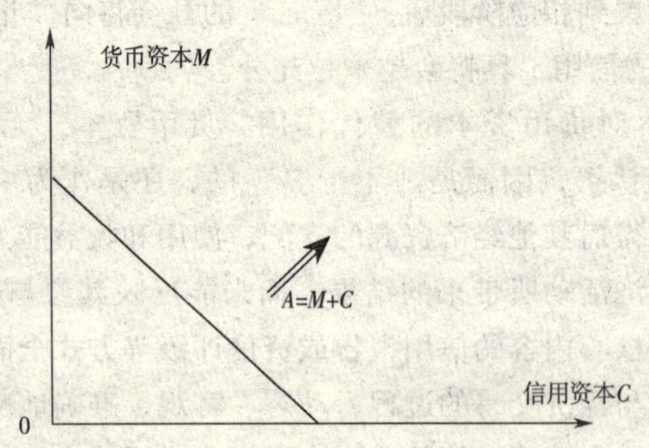

图 5.7 信用资本与货币资本的替代关系

3. 信用资本货币化表现的主要形式。信用资本对货币资本的替代作用的直接结果是信用资本取得相应的货币化形式。一是信用资本取得银行信用形式。市场主体信用记录较差，信誉不佳，就难以获得银行的授信。以工商银行授信为例，信用等级在 BB 级以下企业，工商银行不予授信；从 BBB 级到 A、AA、AAA 级，工商银行确定的综合授信额度逐渐提高，贷款利率水平相应降低，其他服务内容也相应增加。二是信用资本取得商业信用形式。在企业信用管理上，企业对不同等级的客户也确定了不同的授信等级，不同等级的客户会获得相应的授信条件。例如，在应收账款管理上，对于销货款回笼及时、坏账率很低的客户，会将赊销的额度提高、期限延长、价格调低；而对于拖欠销货款甚至造成坏账的客户，便逐步压缩赊销规模、缩短付款期限和提高销售价格。三是信用资本取得消费信用形式。在消费信用发展上，信用资本的推动作用更加明显。信用记录良好的消费者，得到的信用消费额度相应提高，付出的贷款利息却相对降低。如某授信机构可以根据 FICO① 评分设定，只有信用评分在 550 分以上的才可以获得所发行的赊购卡；如果信用评分高于 680 分，则可以直接发放赊购金卡。

5.5.4　信用资本的能力表现：资本盈利

"资本"的原始含义是用来生产或经营以求牟利的生产资料和货币（《现代汉语词典》），从该定义中不难看出，资本的根本目的就是牟利。同理，作为资本的一种，信用资本的存在也是为了盈利。信用资本本身只是一种客观存在，但盈利性使其具有了人格化的特征，就如同人的权利能力和行为能力一样，资本的盈利性使信用资本成为了一种活的资本，充分反映了信用资本的能力所在。

1. 拥有信用资本就拥有了获利的能力。无论对于企业还是个人，只要拥有了他人认可的信用资本，就可以获取超额的盈利，并且这种获利能力会因信用资本的不同方向而分为正、负两种。如果企业和个人长期恪守信用，赢得了客户、供应商等社会第三方的肯定，就会基于该信用资本而获取超过无信用资本状况下的交易量和利润；相反，如果市场主体经常违背诺言，出现拖欠货款、无理违约甚至恶意损害等行为，势必会失掉所有交易或交往对象的信赖，并最终将自己逼进无人理睬的绝境。

2. 运用信用资本就可获取超额的盈利。拥有信用资本只是获利的前提，要想真正获取超额盈利，还必须合理运用自身的信用资本。如同企业一样，筹集到了大量资本不等于企业就能盈利，还必须通过有效的途径使资本运转起来，通过实体交易使资本创造利润。因此，创造了信用资本之后，市场主体必须采取合理的方式规划、运用这一资本，使最小的资本创造最多的盈利。当然，这是以信用资本为正为前提的。如果信用资本为负，那么运用信

① FICO 即个人信用评分模型，该评分方法的实质就是应用数学模型对个人信用报告包含的信息进行量化分析。1956 年，工程师 BillFair 和数学家 EarlIsaac 成立了 FairIsaac 公司，共同发明了著名的 FICO 评分方法。目前，美国著名的三大信用管理局即 Experian，Equifax 和 TransUnion 都使用 FICO 评分方法，每一份评估报告上都附有 FICO 信用分。

用资本的结果只能是亏损越来越大、与人的距离越来越远。由此，将品质和能力加诸企业或个人，使企业和个人的信用实现资本化，并以信用资本来体现企业与个人的经济身份，从而促使信用资本具有了人性化的特征。

第 6 章　国外信用资本运行的历史视角考察——基于美国的信用资本发展的历史分析

理论分析不能代替实践考察。信用资本作为人类社会经济发展到一定阶段的产物，必然有其特定的表现方式。在特定的历史阶段，信用资本有其相应的形成条件、表现形式、历史地位和现实作用。在不同的国家，信用资本有其不同的表现，即使在发达的市场国家经济中，美国的信用资本形成、发展就与欧洲等国家并不相同。从经济社会发展程度看，美国作为当今世界上最年轻而又最发达的市场经济国家，由市场主导的信用体系广泛渗透到美国经济运行的各个层面，信用资本的发展相对更充分，对经济社会运行的影响也相对突出。以美国为例考察信用资本的形成、发展及其运行，可以比较全面地反映信用资本在现代经济社会发展中的地位和作用，也有助于我们进一步深化对信用资本的认识和理解。

6.1　美国信用资本形成的历史背景

信用资本属于市场经济范畴，它的形成、发展与信用体系建设密不可分。而信用体系的形成发展，与市场经济的发展深化又紧密相连。对信用扩大、信用深化的有效市场需求创造了信用制度，催生了信用资本。

6.1.1　市场深化为信用资本形成提供了持续动力

美国信用体系的萌芽可以追溯到 19 世纪中叶[110~111]。在此期间，企业和个人的市场价值初露端倪，这一时点可以视为信用资本发展的起点。1837 年美国发生一次金融危机之后，防范风险意识提高，举债融资企业的资信状况普遍受到关注。为减少风险，买主在买进债券之前要进行广泛的信用调查。“只有在买主普遍确信债券是安全可靠的，或者最低限度在某家信得过的估价机构（诸如现今的穆迪公司或者斯坦塔德—普尔公司等）确认了债券的价值之后，债券才能进行买卖。”① 对发行债券的企业的资信状况进行评级，准确评定债券的风险状况及其市场价值，受到了那些拟购买债券的人的欢迎，这为信用评估事业提供了一个很好的发展契机。1841 年，纽约设立了第一家商业信用的评估机构，主要为商业交易进行资信背景调查并为商家寻找资信良好的客户和合作伙伴；1849 年设立了另外一家商业信用评估机构，1857 年出版了第一本关于评级的书籍，1859 年发布了第一份评级报告。1860 年，第一个社区性的个人征信机构出现于纽约布鲁克林；1903 年，个人征信服务商进行合作，形成了第一个覆盖美国大部分地区的个人征信局。

第二次工业革命后，美国经济的迅速发展为信用资本的产生提供了丰厚的土壤。19 世纪 80 年代，美国工业总产值占到世界工业总产值的 30%，1859 ~ 1899 年，美国的工业总产值从 18. 8 亿美元增长到 114. 1 亿美元，1879 ~ 1919 年，按固定价格计算的美国国民生产总值的年增长率约为 3. 72%。在美国南北战争前夕，美国人口的 20% 生活在 2 500 人以上的城镇地区，1910 年，城镇居民占了美国总人口的 45% 以上。1860 年，住在3 500 人以上的城镇里的美国人只有 600 万稍多些，到 1910 年，此数增加到4 200 万。19 世纪 40 年代开始，商业化的农业生产在美国出现，电气化、工业化、城市化、商业化同时兴起，大大促进了美国征信服务业的发展。

南北战争后，铁路总长度从 3. 7 万英里左右扩展到近 25. 3 万英里，几乎延伸到了大部分村落，铁路运输业的发展促进了大规模生产、“大企业”的成长和全国性市场的形成，进而导致了现代零售业务的出现。铁路建设的急速发展直接推动了资信评价行业的产生、发展。铁路建设形成的巨大的资金需求推动了债券市场的发展，而不规范的债券市场给投资带来了极大的风险，并凸显了发债企业的资信情况和资金使用效率等信息对于债券投资者的重要性，这直接诱导了资信评价服务的产生。19 世纪 40 年代到 80 年代，美国大量发行铁路债券和一般工业债券，在资本市场上涌现了大批的个人投资者，反映证券投资信息的刊物因此也盛行起来。1860 年，美国人亨利·普尔最先出版了《美国铁路运输史》，书中收录了当时美国产业界有代表性

① 杰拉尔德·冈德森. 美国经济史新编［M］. 杨宇光，等，译. 北京：商务印书馆，1994：274.

的120家企业的经营状况，并进行了分析，可视其为资信评级的前奏。1890年约翰·穆迪创办了穆迪资信评估公司，首先对铁路企业债券进行资信等级的评估。1909年穆迪资信评估公司通过出版《穆迪铁路公司投资分析信息手册》，首次向社会公开发表其对铁路公司资信的分析评估结果，书中用简单的符号表示各种不同债券并对债券信用正式划分了优劣等级，受到了投资者的欢迎和好评。随后，穆迪资信评估公司将评价业务扩展到对工业企业和公用事业公司以及其他国家在美国市场发行债券的信用评估。这一阶段，由于市场需求的存在，先后还出现一些其他的信用评价机构，如：1913年成立的惠誉资信评估公司，1920年成立的标准统计公司。

城市化和商业化相互促进，新的城市环境扩大了商业贸易规模，促进了商业贸易向专业化、规模化方向发展。“促使商业信用的结构发生显著变化。钢琴、缝纫机和家具等耐用品几乎总是采用赊销方式，信用期限往往长达两三年……经济的快速增长和居民收入水平的提高，诱导赊销向分期付款方式转变，授信主体由零售商逐渐向银行和金融公司转移。”① 尤其是汽车和住宅等大宗消费品的出现进一步加速了消费信贷的发展。1910年以后，银行业开始介入消费信贷业务，当时成立的摩利斯银行向消费者提供中小型的消费贷款。其间最具代表性的是芝加哥的零售商西尔斯，率先向消费者提供分期付款、无担保信贷，目的是以赊促销、以贷促销，并拓展连锁店经营模式，这便是当今全美通用的“西尔斯”信用卡——发现卡的发迹前奏。

显然，信用的市场价值随着市场经济的发展深化而逐渐体现，信用资本的经济含义也伴随着资信评价行业的发展和各种信用交易方式的出现而逐渐形成。

6.1.2　经济政策为信用资本形成提供了市场需求

信用信息产品是信用资本的主要载体和表现形式，美国政府注意通过经济政策为信用信息产品的应用创造市场需求。特别是金融监管机构和州政府，越来越多地利用评级结果，为银行、保险公司及养老基金保证其所持固定收入或证券组合维持在足够资信水平上提供了重要保障。一旦被权威评级

① 吉尔伯特·C. 菲特，吉姆·E. 里斯. 美国经济史［M］. 司徒淳，方秉铸，译. 沈阳：辽宁人民出版社，1981：433.

机构确认为次级债券后，这些债券的价格就会直线下降，甚至被逐出市场。一是在法律中对信用评级结果的运用作出明文规定。如对已评级的证券，可以通过提供简略形式并注明参考出处，使得信息披露的负担最小化。二是监管机构对信用等级有关的规定。如货币监理署和中央银行规定，资产是否适合投资、资本要求的确定、保证金要求等都以信用评级为依据。三是储蓄协会规定，只允许投资属于最高的4个信用等级的合格的流动性资产债券。上述种种做法有效扩大了信用产品的市场需求。例如，许多公司要依靠评级机构所作的信用等级来确立借款人或担保人的可信度，许多消费者要依靠自己的信用等级获得消费信贷，许多主权国家、市政发债越来越依靠投资的信用品质。

6.1.3 政府引导为信用资本形成提供了制度保障

20世纪30年代爆发的第一次世界性的经济危机，促使人们清醒地认识到信用评价及其信息获取对投资的重要性，使信用评价业的命运获得转机。而且，经济危机也让政府认识到了征信评价的重要作用和意义，开始利用信用评价结果来规避高风险债券的投资，并要求银行将信用评价结果作为审慎监管的标准。美联储（CFR）和货币监理署（OOC）要求银行对信用评级在BBB级以下的债券采取盯市政策。1936年，美联储、货币监理署和联邦存款保险公司禁止银行购买投资级（BBB级以下）的债券。在这一时期，产生了一批较有影响的信用评估公司，如：1933年成立的道夫和惠尔普斯评估公司与Dun & Co. 和Bradstreet Co. 合并成立了Dun & Bradstreet Co.，1941年标准统计公司与1860年创立的普尔出版公司合并成立了标准普尔公司。

信用信息公开是信用资本得以形成和发挥作用的重要前提，20世纪60年代以来，美国加快了信用管理方面的立法建设，先后制定了16部法律，用以规范信用行为，确保信用信息公开置入有效的法律监管之下。同时美国政府积极推动政府信息公开，扩大征信机构的信用信息来源。美国政府高度重视信息公开的法制建设，为建立信用体系提供了丰厚的政务信息资源。信息公开方面最重要的法律是1966年的《信息自由法》、1972年的《联邦咨询委员会法》和1976年的《阳光下的联邦政府法》。上述三个法律改变了过去行政机关对政府文件的态度，是美国政治、法律领域的一次革命性变革。其核心思想是，政府信息具有公共产品的性质，一切人获得信息的权利是平等的；原则上所有政府信息都要公开，不公开即保密是例外；政府对拒绝提供的信息负有举证责任，必须提供拒绝的理由；政府机关拒绝提供信息时，申请人可以向法院请求司法救济。

6.1.4　科技发展为信用资本形成提供了现实条件

第二次世界大战后科学技术的发展，尤其是信息电子技术的飞速发展，为美国信用资本进一步发展创造了技术条件，为现代意义上的信用体系的形成提供了技术基础。电子化、信息化和网络化为美国征信服务迅速发展提供了良好的内外部条件。数据库技术的发展为海量的信用信息管理提供了有效的管理工具。网络技术的商业应用为征信机构征集、传递、保存、加工、披露和使用信用信息提供了便捷的通道和平台。20 世纪 60 年代到 70 年代，由于数据库和统计分析技术的发展，消费信贷迅速发展，信用经济粗具雏形，有关消费者行为的信用信息需求逐渐形成市场规模，对消费者的征信评信成为对其授信受信的主要依据，从而推动了美国信用资本的迅速发展。如果不借助信息电子技术，全球最大的征信机构邓白氏要管理好其 7 000 万个美国企业的信用信息数据，那是不可想象的。可以说，迅速发展的科学和技术在美国信用资本的发展过程中起到了加速和催化作用。

以时间为序，美国信用资本发展大致分为以下三个阶段。

第一阶段，从 19 世纪中叶到 1930 年美国经济危机发生以前，美国信用资本初步发展并发挥作用。经济交易半径不断扩大，人口流动性不断增强，交易范围和品种不断增多，市场主体的诚信水平变得越来越重要，征信评信行业开始出现，市场主体的诚信状况开始具有经济价值。突出标志为 1841 年纽约设立第一家商业信用的评估机构；1860 年第一个社区性的个人征信机构出现于纽约布鲁克林；1890 年约翰·穆迪资信评估公司的成立。

第二阶段，从 20 世纪 30 年代到 50 年代，信用资本初步形成，并在经济社会多个层面发挥作用。20 世纪 30 年代的经济危机使人们进一步意识到了信用的重要性，促使人们更加关注市场主体的资信状况、履约能力和意愿。资信评价行业在此期间得到了广泛发展，并在经济运行过程中发挥的作用越来越大。简单的资信评价记录决定了企业在金融市场上获得货币资本的多少以及为此付出的实际代价。从事资信评价的市场中介组织迅速发展，信用资本的经济价值得到了进一步体现，人们的关注重点从现实资本开始向现实资本与信用资本并重转变。

第三阶段，从20世纪60年代到现阶段，信用资本基本形成，广泛渗透到经济社会发展的各个环节，并对经济社会发展产生显著而又深刻的影响。美国社会信用体系基本到位，能够客观、准确地记录、反映市场主体的信用交易行为，信用资本作为市场主体拥有的一种社会资本已得到了具体体现。在这一阶段，信用成为个人、企业和其他经济组织的“经济身份证”，直接决定了市场主体获得受信的能力、额度；人们的信用观念发生明显变化，守信不仅是一种外在的强制约束，更是人们的自觉行动。信用资本与市场主体本身直接挂钩，决定了现实的货币资本、实物资本流向及其运行效率，并在某种程度上成为市场主体拥有多少现实资本的衡量标准。经济交易向信用交易转变，市场经济向信用经济转变，传统国家向征信国家转变。

6.2 美国信用资本的基本构成要素

即使在征信体系最发达的美国，信用资本也尚未具备像实物资本那样的一般形式。但通过分析信用资本的基本要素，我们仍然可以清晰地勾画出信用资本的基本轮廓[112~117]。

6.2.1 广泛的信用信息来源构成了信用资本的主要内容

形成信用资本必须要有充分的信用信息资源作基础。美国的信用信息资源是非常丰富的。信用信息的全面性、完整性要求决定了信用信息内容、来源和范围的广泛性和多样性。美国个人信用信息主要包括个人身份信息、个人信用记录、公共记录信息和查询信息四个方面的内容。企业信用信息构成比个人的相对复杂，以邓白氏的信用信息数据库的企业数据为例，企业信用信息主要包括三大部分九类信息：第一部分是企业基本信息，包括身份信息、自然状况信息和组织信息三类；第二部分主要涉及企业的信用记录和状况，包括企业的财务状况、付款和银行记录、法院及其他公共信息三类；第三部分主要是关于企业经营管理活动方面的信息，如企业高级管理人员的情况、主要业务领域、品牌等。

征信机构的信用信息征集来源比较广泛（见表6.1）。从企业信用信息的征集范围来看，既有从公开的信息渠道获得的，如政府、报纸、互联网等新闻媒体，也有专业化信息公司提供的，例如有专门从事收集地方法院判决信息的专业化信息服务公司；还有许多是向银行、金融公司、投资者和各种工商企业采集的，如银行贷款情况、账款拖欠的记录等，特别是拖欠账款的信息一般是由债权企业提供，需要征信公司向债务企业核实后录入数据库。

表6.1　征信业务与征信数据来源情况

范　畴	征信对象	征信服务	信息来源
资本市场	金融机构、债券发行企业、上市公司	金融机构资信评级、股票评级、债券评级、公用事业评级	商业银行、非银行金融机构、银、证、保监管机构、上市公司
商业市场	中小型企业	企业资信调查、行业指数	工商、法庭、海关、技术监督、商业银行、供货商、被调查企业或税务
个人消费市场	美国公民、在美国境内活动的外国人	个人信用调查、查询	户籍、法庭、公用事业、劳资、雇主、房管、信用卡、个人贷款

资料来源：陈文玲．美国个人征信制度演进对建设中国个人信用报告制度的启示［J］．国际金融研究，2003（10）．

6.2.2　商业化的征信评信机构构成了信用资本的市场主体

信用资本的市场价值必须要在市场中确认，这为商业化的征信评信机构的形成和发展提供了可能。作为典型的市场经济国家，美国的征信评信机构在市场竞争中得到了充分发展。1931年，美国金融相关法规将民间信用评级作为法令规范的依据，奠定了信用评级市场化的基础。自征信机构产生100多年以来，美国的征信评信机构在市场机制作用下，整个征信服务行业成长、拓展，征信服务市场分工不断细化，市场化、专业化程度越来越高，从事信用信息服务的征信机构也根据市场需要不断细分，形成不同各类的征信评信机构。另外，征信服务的规模化、综合化程度也在提高，纵向一体化和横向一体化也不断加深，少数征信机构发展成了行业巨头。1941年标准统计公司与1860年创立的普尔出版公司合并成立了标准普尔公司。至今已经形成了完全市场化运作的各类信用信息服务机构。既有处于行业垄断地位的少数征信巨头，又有服务特定市场需求的各类中小征信机构。按市场划分，美国的征信评信机构主要有以下三类。

第一类是资本市场上的信用评级机构。即对国家、银行、证券公司、基金、债券及上市大企业的信用进行评级。目前美国只剩下穆迪、标准普尔和菲奇公司从事资本市场的信用评估，其中穆迪、标准普尔公司由美国投资者控股，菲奇公司由法国投资者控股，这三个公司是世界上最大的信用评级公司。据国际清算银行（BIS）的报告，在世界上所有参加信用评级的银行和公司中，穆迪涵盖了80%的银行和78%的公司。

第二类是商业市场上的征信评信机构，即对各类大中小企业进行信用调查评级的公司。经过100多年市场竞争，历史最悠久的邓白氏集团公司最终独占鳌头，成为美国乃至世界上最大的全球性征信机构，也是目前美国唯一的这类评级公司。邓白氏集团公司还创造了全球统一的9位数邓氏编码，用于识别不同的商业信息，得到了全球50多家贸易协会和组织机构的认可和推荐，其中包括联合国、国际标准组织、美国联邦政府、美国国家标准学会和欧盟。目前，邓白氏集团公司在37个国家拥有分公司，联盟和联络机构覆盖150个国家和地区，使用95种语言生产征信产品，征信产品涉及181种货币种类。2000年营业额达到14亿美元，2001年和2002年营业额仍以10%的速度增长。

第三类是消费者征信评信机构。在美国称信用局，或称消费信用报告机构。美国从事消费者信用评估服务的机构有三家最大的信用局，即美国人控股的全联公司、Equifax公司和英国人控股的益百利公司，以及数千家小型消费者信用服务机构，形成了既高度集中又合理分散的机构局面。1997年全美最大的4家信用局收入占了该行业全部销售收入的一半以上，但这并不意味着小型的信用局没有生存的空间。许多小型的信用局面向特定的市场，如医疗信用局主要服务于医生与牙医，为医生与牙医提供病患者的信用信息；有许多高度自动化的信用局为接受支票的零售商及寻求客户开户信息的银行服务。这些小型信用局的市场定位很明确，最大限度地满足了信用报告市场的不同需求，有效地避免了与大型信用局激烈竞争，并拓展了自身的生存空间。

6.2.3 丰富的征信评信产品构成了信用资本的主要载体

信用资本要有效发挥作用，必须要有可量化的、通用性好的形式体现出来。征信评信机构所提供的信用调查、评级等征信评信产品为解决这个问题提供了合理的答案。通过这些征信评信产品，信用资本的市场价值得到了具体的量化。

信用记录。美国的信用记录公司专门从事市场参加者的信用记录业务。就金融业而言，它们几乎将所有参加金融市场活动的美国人的信用交易均记录在案。个人的信用交易记录构成了评定其信用资本的主要依据。在美国，某个人是否可信，是否值得授信，能得到多大程度的授信等，都可以通过某个人的信用记录或信用报告直接体现出来。只要支付必要的费用来购买信用记录或信用报告，一个人可以获得任何一个陌生人的诚信状况，从而为你正确授信提供可信的依据。

信用评级。信用评级是征信产品的核心，也是企业信用资本的主要载体。由专门机构对市场主体进行信用评级，包括证券评级、企业信誉评级和个人信用评级等。通常根据信用水平的高低将企业的信用分为 从“3A”到“3C”的9个不同等级。评级高的企业向银行贷款就容易，贷款利率也低，评级低的企业则相反。信用等级的高低决定了融资成本和融资数量。《巴塞尔新资本协议》规定，银行的信用等级和银行贷款的法定准备金挂起钩来，信用等级低的银行比信用等级高的银行准备金的比例要高得多。

企业资信报告。企业资信报告的功能旨在帮助企业销售部门或信贷部门对客户进行风险管理。大型征信机构都能够提供数种乃至数十种企业资信调查类报告。常见的企业征信报告包括普通资信调查报告、深层次企业资信调查报告、专项问题调查报告和后续报告等。

个人征信调查。包括消费者信用调查报告、信用评分、数据分析。此外，个人信用报告还包括购房贷款信用报告、就业报告、商业报告、人事报告等。

6.2.4　完善的信用管理法律制度构成信用资本的制度内核

美国的信用管理制度19世纪中叶出现，到20世纪30年代开始发展成熟。至20世纪50年代，其现代信用制度臻于完善。在20世纪60至80年代的20多年间，美国的信用管理相关立法纷纷出台，逐步形成一个完善的信用管理立法框架。美国信用管理的相关法律框架是以《公平信用报告法》为核心的16项法律，包括：《公平信用报告法》（*Fair Credit Report Act*）、《公平债务催收作业法》（*Fair Debt Collection Act*）、《公平信用结账法》（*Equal Credit Opportunity Act*）、《诚实租借法》（*Truth in Lending Act*）、《信用卡发行法》(*Credit Card Issuance Act*)、《公平信用和贷记卡公开法》(*Fair Credit and Charge Card Disclosure Act*)、《电子资金转账法》(*Electronic Fund Transfer Act*)、《储蓄机构解除管制和货币控制法》(*Depository Institutions Deregulation and Monetary Control Act*)、《甘恩—圣哲曼储蓄机构法》(*Gam-St Germain Depository Institution Act*)、《银行平等竞争法》(*Competitive Equality Banking Act*)、《房屋抵押公开法》(*Home Mortgage Disclosure Act*)、《房屋贷款人保护法》(*Home Equity Loan Consumer Protection Act*)、《金融机构改革——恢复——执行法》(*Financial Institutions Reform, Recovery, and Enforcement Act*)、《社区再投资法》(*Community Reinvestment Act*)、《信用修复机构法》(*Credit Repair Organization Act*)、《公平信用机会法》(*Fair credit Opportunity Act*)。在上述16项法律法规中,《公平信用报告法》和《公平信用机会法》对个人信用信息的采集和共享,特别是对有关消费者个人信息的使用作出了明确规定,在美国信用法律体系中处于突出地位。

6.3 美国信用资本的运行机理简述

信用资本的运行是一个由多种因素交互作用、交互影响的复杂系统。本课题只从影响信用资本运行的核心几个方面加以描述。信息公开与隐私保护、失信惩戒与守信激励、市场扩展与政府引导和征信评信与授信受信这四对矛盾在信用体系运行机制中发挥着决定性作用。正是通过它们相互作用、相互影响的辩证运动,形成有序的运行机制,促使信用资本在市场机制的激励约束作用下不断发展。

1. 信息公开与隐私保护相互作用。信用信息共享机制是信用资本有效运行的前提条件。而信用信息公开与隐私权保护往往是一对矛盾,要形成信用信息共享机制,必须要妥善处理好信用信息与公开隐私权保护之间的关系。隐私权保护主要涉及保护国家秘密、企业的商业秘密和个人的隐私权三个方面。美国主要是通过立法的方式明确界定了隐私权保护的合理范围,属于保护范围之外的信息都可以公开。法律确定的隐私权保护范围相对较窄,需保护的内容非常明确、具体。在美国,只要不违背法律,所有的信息,包括政务与商务、机构与个人信息都是开放的、可共享的。所有信息收集、信息公开的经营行为,只要是合法的,反过来还受到法律的保护。例如,美国

《公平信用报告法》规定，在信息公开方面，消费者信用调查机构可以在全国范围内征集消费者的公共记录信息和从正常的商业途径获取赊欠账项信息；在消费者权益保护方面规定，“任何时候，消费者报告代理机构准备调查性的消费者报告时，其中的不利信息（属于公共记录事项的信息不在此列）不能出现在随后的消费者报告中，除非这种不利信息在随后制作消费者报告的过程中已得到证实，或者该不利信息是在报告作出之前三个月的期限内接收到的”。这种有利于信息公开的立法意图，为征信评信机构提供了广泛的信息来源，促进信用信息共享，保证信用信息真实、准确和完整，提高征信产品的可信度和市场价值，从而为信用资本形成提供了更广泛的现实基础。

2. 失信约束与守信激励相互作用。真实、准确、全面地“甄别”市场主体的信用行为是失信受到约束、守信得到激励得以运行的重要前提。企业信用评级和消费者信用评分等征信产品起到了这种“甄别”作用，促使授信额度与受信能力相互匹配。在美国，多层次、多样化、极为丰富的征信产品充当了“甄别”工具，准确刻画了市场主体的信用状况、市场信誉、信用能力，为作出正确的授信受信决策提供了客观依据，保证了信用体系的激励约束机制良性运转。征信产品这种独特的“甄别”作用已经广泛渗透到了美国经济社会中的各个领域，对个人或企业的信用行为产生了深刻影响。信用得分、信用等级越高，所获得的信用额度、融资数量就越多，贷款利率、融资成本和保险标价就越低；反之，授信待遇就越差，甚至无法获得授信。缺乏信用记录或信用记录不佳都会影响就业、升职、租房、租赁、工商注册等方面，会危及这类市场主体的生存与发展。这种奖罚分明的市场约束机制大大地强化了社会成员的信用意识，规范了社会成员的信用行为，为美国信用资本的形成提供了正向激励作用。

3. 政府引导与市场扩展相互作用。美国是一个市场主导的国家，除政府这一信用主体外，几乎所有的信用主体、征信评信机构、中介服务机构都是私营性质的营利性组织，完全市场化运作，政府鼓励市场竞争。但在信用资本成长、征信市场培育问题上，美国政府却发挥了积极的引导作用。一是通过制定法律，来维护信用市场秩序，鼓励征信服务业发展。例如在法律上对信用评级结果的运用作出明文规定：如对已评级的证券，可以通过提供简略形式并注明参考出处，降低了信用资本的维持成本。二是通过政策引导，来推动信用资本快速发展。如前述在20世纪30年代初美国政府就明确规定：所有从金融市场、资本市场贷款和融资的企业，所有政府和企业债券，都必须事先进行资信评级。三是各类市场主体特别是金融监管机构和州政府，越来越多地利用评级结果。例如前述，货币监理署和中央银行规定，资产是否适合投资、资本要求的确定、保证金要求等都以信用评级为依据；储蓄协会规定，只允许投资属于最高的4个信用等级的合格的流动性资产债券。政府的积极引导有效扩大了征信产品的市场需求，促进了信用资本成长。

在利用政府引导作用的同时，美国信用体系充分利用市场机制，进行了快速扩展。例如，进入20世纪80年代以后，以穆迪、标准普尔和惠誉为代表的美国征信机构从纵横两个方向上实行了战略扩张。在纵向业务市场方向，除了继续开展对债券、票据、存单、信用证等证券信用评价，还将业务范围延伸到财务担保、抵押担保、理赔能力、共同基金、次级证券以及国家主权的信用评级等方面。在横向地域市场方向，它们开始把业务扩张到欧洲以及其他国家的证券、票据等市场。目前，它们已在世界许多国家和地区设有分支机构，因而成为名副其实的全球性信用评价机构。政府和市场两方面相互作用，极大地促进了美国国内征信评信业的繁荣和信用资本的发展，而且还促使信用资本向外扩张。

4. 征信评信与授信受信相互作用。美国的征信评信机构与授信主体、消费者相互联系、相互作用，共享信用资本发展带来的种种益处。一方面，授信受信为征信评信创造了市场需求，有力推动信用资本发展；另一方面，征信评信为授信受信提供了准确可靠的依据，推动信用规模合理扩张。例如，美国信用卡市场的急剧扩张和业务的高速增长对20世纪70年代早期的美国消费者信用报告行业的蓬勃发展起到了关键性推动作用。银行为了降低发行信用卡的风险和在全国急速扩张信用卡市场，迫切需要消费者信贷局提供“事先‘甄别’服务”和地域更广的消费者信用活动记录。此外，银行也希望更快地通过电子而非纸质的方式与信贷局共享或获取消费者相关的资料信息。来自银行业的强大需求，推动信贷局的信息系统自动化，促使征信评信行业做大做强，进行规模扩张。到20世纪80年代美国最大3家信用局（Trans-Union，Experian and E-quifax）的数据库覆盖了全美所有消费者的全部信用活动记录。信用报告制度使征信评信机构与授信主体之间相互联动，推动了美国规模庞大的信用交易市场的形成和信用资本的进一步发展。

6.4　信用资本对美国经济社会发展的主要影响

从信用资本与美国经济的互动关系看，信用资本对美国经济社会发展的积极作用是非常明显的。主要体现在：

1. 信用资本与经济制度相互促进。信用资本作为市场经济发展到一定阶段的产物，必然成为现代市场经济内生的一项重要制度安排。高度市场化的美国经济运行机制催生了由市场主导的美国信用资本发展。一方面，美国信用资本形成原因表明，解决信息不完全、避免合同欺诈和投资风险的需要创造了信用资本的市场需求。这种市场需求只能用市场方式解决，而市场解决的方式就是由市场自生自发信用资本，并让信用资本不断向外扩展[109]。另一方面，信用资本从出现之时起，就通过不断适应市场需要，在促进市场经济向信用化方向发展的同时，进一步加深了自身的市场化程度，促使自身不断成长、完善，并最终得以形成。两方面结合促使信用资本与其经济运行制度不断融合，成为美国市场经济制度不可或缺的重要组成部分。

2. 增强市场主体的受信能力。征信评信与授信受信相互制约、相互促进，提高市场主体的受信能力，促使信用资本不断成长。这一点主要体现在美国的经济信用化水平和市场主体的实际受信能力扩张上。

根据第5章和第6章分析，信用资本的货币化形式体现为信用交易增多，以及市场主体凭借自身的资信等级或信用报告等信用资本价值载体为“抵押”，获得相应的银行信用、商业信用等信用额度，其盈利能力表现为交易成本降低和盈利能力增强。而在宏观表现为，一国或一地区的信用规模扩大和GDP增长额明显放大，而信用规模扩大在授信方面又表现为经济信用化水平明显提高，在受信方面又表现为市场主体的受信额度和受信能力明显提高。

美国信用资本发展与市场主体受信能力扩张的对比分析表明（见表6.2），信用资本已成为美国经济信用化的助推器。

表 6.2 美国经济信用化与受信能力扩张对比情况 （单位：亿美元）

时间	经济信用化率			受信能力	GDP	信用资本
	平均	最高	最低	年均增长	年增长	发展状况
1959 ~ 1981 年	2.82	2.89	2.75	328	1 141	缓慢发展
1982 ~ 1991 年	3.5	3.8	3	13 126	2 727	快速发展
1992 ~ 2000 年	3.77	3.8	3.74	15 264	4 049	稳步发展
2001 ~ 2005 年	3.48	3.63	3.52	16 824	3 407	稳定发展

注：1959 ~ 2000 年数据以《现代信用学》（吴晶妹．北京：中国金融出版社，2002：148 - 153）为基础编辑整理而成。2001 ~ 2005 年数据引自 http：//www.mofcom.gov.cn/（商务部）美国主要经济指标年度表，2006 年 10 月 19 日。

1959 ~ 1981 年，美国信用资本处于缓慢发展阶段，美国通过了与信用管理有关的 17 项法律制度。在这一阶段，信用总规模与 GDP 的比率，即经济信用化率相当稳定，最高为 2.89，最低为 2.75，平均为 2.82，波幅相当小。全社会受信能力与 GDP 年均增长规模分别为 328 亿美元和 1 141 亿美元。

1982 ~ 1991 年，这一阶段经济信用化进程明显，信用资本市场化加速进行，信用交易广泛普及，经济增长潜力逐步充分挖掘。信用化比率从 1982 年的 3 上升到 1991 年的 3.82，提高了近 30%；全社会受信能力和 GDP 的年均增长规模分别为是上一阶段的 40 倍和 2.4 倍。

1992 ~ 2005 年，信用化进程基本结束，信用资本处于稳定增长时期，社会信用交易日趋规范，并推动了受信规模稳步扩大和经济平稳增长。1992 ~ 2000 年，信用化比率平均水平为 3.77，最高为 3.8，最低为 3.74，波幅相当小。在这一阶段，美国经济的发展速度比以往都要高，9 年时间里，美国 GDP 年均增长 4 049 亿美元，比信用化进程中的平均增长额还要高出近 50%；2001 ~ 2005 年，尽管有“9 · 11”事件和伊拉克战争，但美国经济信用化水平为 3.48，比前期略有下降，但整体变化平稳，美国 GDP 的增长额变动也不是很大。

3. 提高国民经济的运行效率。美国经济是一种典型的信用经济，信用资本已成为美国生产力增长的催化剂。统计显示，美国居民消费信用余额保持了长达 50 年，以年均 12% 的速度快速增长，总额已达到 17 万亿美元。居民信用消费的持续放大，是美国经济增长的主要源泉。在美国的投资、消费和净出口三大需求中，消费需求对经济增长的贡献率一直在80%以上，而美国居民的各种各样的信用消费方式占美国国内产品总消费的66%以上。虽然欧洲的消费者在数量上超过了美国的消费者，但他们所获得的信用贷款总量要比美国消费者少三分之一。美国经济学家瓦尔特·克奇曼将美国的信用体系喻之为“美国经济活力的秘密成分”①。美国的市场交易方式已经实现了由传统的现金交易向现代信用交易方式的转变。目前，75%以上的居民个人使用信用卡消费，80%以上的企业间经营活动采用信用交易与信用支付方式。由于消费者信用信息的全面性、及时性、准确性和标准化，使得信贷投放的速度加快，成本降低。金融机构作出为上大学，购买住房、汽车和房产保险等提供贷款的重大决定所需的时间是以小时或分钟计算。2001年的数据表明，美国84%的汽车贷款申请者在一个小时内就得到了贷款，23%的汽车贷款申请者不到十分钟就得到了贷款，许多零售商在两分钟内就可以为顾客开好新的付款账户。美国联邦贸易委员会主席迪默斯·穆雷斯说“因为有了信用报告体系，才能够有这样快速信用服务的奇迹”②。

4. 提高金融业的盈利能力。受信范围扩大、受信能力增强、安全系数提高为金融机构提供超额收益。由于信贷市场的安全系数提高，美国抵押贷款的利率比欧洲整整低两个百分点，由此美国的消费者每年能够从6万亿美元巨额抵押贷款中节省1 200亿美元。交易方式的转变也直接导致了以信用交易方式为基础的电子商务的迅速发展。1995～2003年美国电子商务销售额以年均34.9%的速度增长，8年时间放大10倍，2003年美国电子商务销售额占全球总额的69%。时任美联储主席格林斯潘坦言：电子商务发展极大地加快了市场信息流通速度，削减了企业成本开销，提高了生产效率与利润率。美国的银行贷款利润50%以上来自个人消费信用贷款。目前美国的银行信贷违约率一般控制在1.5%左右，杠杆贷款和风险债券违约率低于2%，信用卡逾期率5%左右。在过去的8年时间里，60%的借贷人从来没有在超过规定还款期限的30天后才还款。凭借信用资本作支撑，20%的美国学生获得了接受高等教育的机会，66%的美国家庭通过按揭方式拥有了自己的住房，三分之一的家庭通过贷款购买了汽车。信用成为了一种有效的社会救济方式。在过去的30年里，最低收入家庭获得消费贷款的比例飙升到

①② 转引自徐宪平．社会信用体系建设知识读本［M］．长沙：湖南人民出版社，2006：241.

接近70%（见图6.1）。

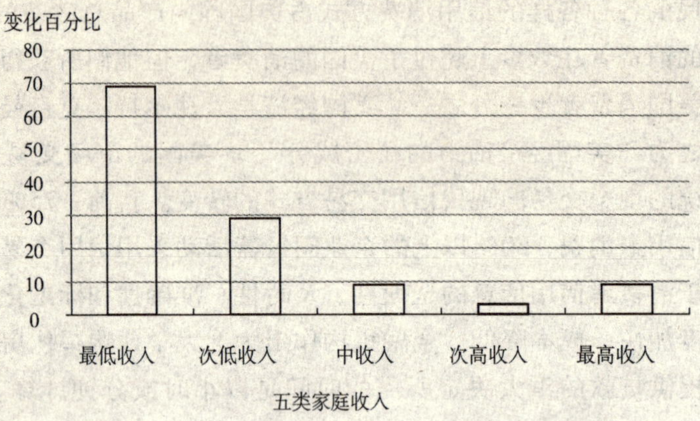

资料来源：徐宪平．社会信用体系建设知识读本［M］．长沙：湖南人民出版社，2006：243.

图6.1 美国家庭获得非抵押贷款所占比例变化（1970～2001）

然而，信用经济是把“双刃剑”，信用体系在促进信用发展的同时，给美国经济带来的一些问题也值得注意。一是滥用信用现象有所抬头。目前美国家庭户均拥有的信用卡达4.5张，特别是在年轻人中持卡人数和持卡数量在激增，一些人不懂得信用卡是一种契约，因而滥用自己的信用，消费者信用质量出现下降。信用卡公司的坏账率从过去的3%上升到现在的5%；户均信用卡欠债已达到8 940美元，呈上升趋势；个人申请破产的案例也在递增。二是信用交易的安全性受到威胁越来越大。随着信用交易方式的普及，信用信息数据安全性受到的威胁越来越大。2005年6月，美国媒体披露出4 000万个信用卡账户资料落入网络黑客之手，像花旗集团、时代华纳、微波通讯以及加州大学等知名企业和学术机构拥有的数据也曾出现过数据失窃现象，可能会有5 000万美国居民的正常生活受到不同程度的影响。据ePaynews统计，截至2005年7月，全球每年卡欺诈造成的损失约为25亿美元。2004年美国公司因数据失窃造成的损失高达500亿美元。面对越来越严重的信用卡风险防范形势，整个经济运行的风险防范成本会越来越高。

第7章　信用资本价值评估方法研究

由于货币性计量信用资本价值存在技术上和操作上的难度，而且专门针对信用资本价值评估的方法和模型特别少，因此，本书在对信用资本成本—收益一般性分析的基础上，拟从信用资本对企业经营收益的具体影响角度入手，利用盈利能力、偿还能力和流动能力、资产管理效率、成长能力、资本结构等主要财务指标，构建一套信用资本对企业经营收益影响程度的评估体系，从而建立起信用资本价值分析的计量模型。该体系基于评估对象的财务状况分析，定量研究信用资本对企业经营收益的影响问题。

7.1　信用资本成本—收益一般分析

信用资本作为一种生产要素，在市场经济条件下，与其他生产要素一样投入—产出的特征非常明显。因此，完全可以比较其他生产要素的分析方法，从成本—收益的角度对信用资本进行计量分析。

7.1.1　信用资本的成本分析

美国经济学家约瑟夫·斯蒂格利茨明确指出："建立信誉需要初始投资，而信誉的建立往往很难。"① 在他看来，信誉机制与法庭强制执行一样，成本较高，但后者的直接成本容易计算，而信誉建立所需的租金却可以算是一种社会成本，"当利息升高或公司偿付能力下降（或个人更趋流动）时，信誉的有效性降低"②。

无论是社会还是个人，要想获取信用利益，必先付出信用成本。信用成本首先是指信用的投资成本。比如，步入商界的新手必定愿意以较低的价格出售货物，这是他建立信用的投资成本。因此，信用成本就是人们在生产和

①② 斯蒂格利茨. 转型经济中公司治理结构的失败人［J］. 经济社会体制比较. 2002（3）：20.

交易活动中，为了形成信用关系，获得信用资本，并实现个人利益最大化所付出的代价，其中也包括市场主体间发生信用关系所产生的成本，信用信息费、信用调查费、信用鉴定费、信用管理费、契约签订过程中的必要支出等。毫无疑问，信用成本也是交易成本之一。

信用成本首先包括信用建设的投资成本 $f(p)$。新进入商界的经营者往往需要以较低的价格出售更高质量的货物，这是个体为获得信用资本所投入的成本之一。因此，投资成本就是人们在生产和交易活动中为了形成信用关系，获得信用资本，实现个人利益最大化所先期支付的代价。

其次，信用的交易成本。这包括市场主体间发生信用关系所产生的成本，包括信用信息成本 $f(q)$、信用调查成本 $f(r)$、信用鉴定成本 $f(s)$、信用管理成本 $f(t)$ 等在契约签订过程中的必要支出等。

再次，信用成本的构成还包括社会的道德风险成本。即在生产和交易活动市场化的过程中，可能发生各种欺诈、违约、投机取巧等现象，从而使信用的确立需要付出更多的费用。“道德风险”是市场经济中的必然现象，但过多的“道德风险”又必然导致市场机制失灵，降低信用度，扰乱经济秩序。在市场经济中，指望一种没有任何“道德风险”的生产活动和交易活动是不可能的，因为只要人们追求个人利益的最大化，就必然有利己主义动机，由此而导致违反信用原则的道德风险存在。因此，为了使各市场交易者相互间诚实讲信用，形成相对稳定的信用关系，保证信用行为执行，一方面必须进行伦理道德和法律制度的建设从而形成约束机制，另一方面要有经济上的信用补偿从而形成激励机制，这些为防范“道德风险”而保证信用有效性的支付，也构成了信用成本之一。正如约翰·穆勒所说：“劳动者的道德品质对其劳动效率和价值来说与智力是同等重要的。”[①] 如在一个工厂组织内，工人生产产品劳动成本多少，在一定程度上依赖于他们的诚实可信，因为需要安排一定的劳动监督或检验产品质量的工作，这种额外花费并不是产品本身所需要的，而是对付工人的偷工取巧等，以保证工人诚实可靠。这种支出也是信用成本之一。道德风险的存在，必然要求社会建立对交易中的失信者实行惩戒的外在机制，其费用支出一方面包括信用道德建设成本 $f(u)$，主要是指进行伦理道德和法律制度的建设，从而对失信行为形成道

① 约翰·穆勒．政治经济学原理［M］．北京：商务印书馆，1974：238.

德约束机制的成本；另一方面要包括信用补偿成本 $f(v)$，则是使失信者付出道德上和经济上的代价，以保护守信者的经济利益，激励人们普遍遵守信用制度所需的成本。

信用资本的成本函数可表示为：

$$C = f(p) + f(q) + f(r) + f(s) + f(t) + f(u) + f(v)$$

式中：$f(p)$ 为投资成本，$f(q)$ 为信用信息成本，$f(r)$ 为信用调查成本，$f(s)$ 为信用鉴定成本，$f(t)$ 为信用管理成本，$f(u)$ 为信用道德建设成本，$f(v)$ 为信用补偿成本。

信用资本的成本函数 C 也是时间的函数，其特性如图 7.1 所示。表现为，在企业经营的初期，由于要从无到有建立一系列的信用制度，造成信用资本的成本达到较高水平，然后进一步增加。但随着信用体系的确立，随着公众对失信行为的后果越来越多的了解，信用资本的成本会停止增加并开始下降。

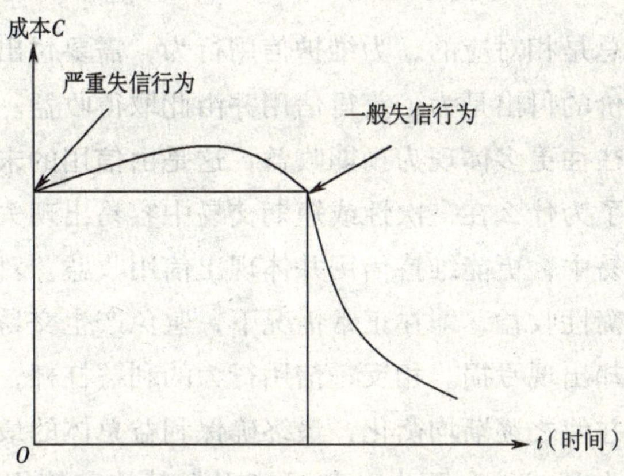

图 7.1　信用资本单位时间内的成本曲线

而信用资本从经营起至时间 t 的累计成本，是上图曲线下时间 $0-t$ 的面积，即

$$C_{累计} = \int_0^t C\mathrm{d}t$$

如图 7.2 所示。

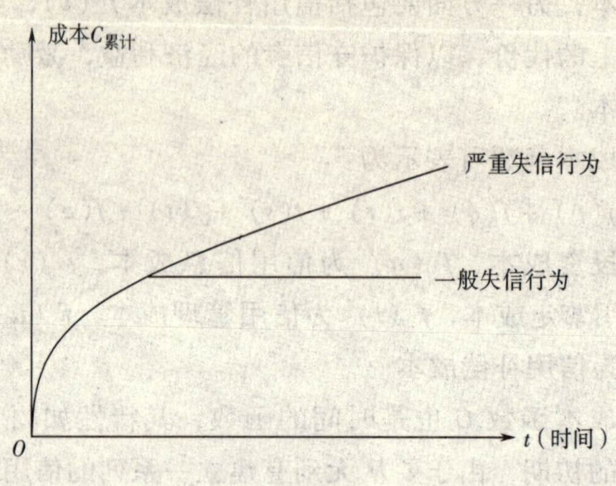

图7.2 信用资本累计成本曲线

7.1.2 信用资本的收益分析

成本与收益总是相对应的，为维护信用行为，需要付出一定的信用成本代价，但这种代价的付出是为了获得信用并由此取得收益。对单个市场主体而言，这种收益往往更多体现为预期收益，这是由信用的未来性本质特征所决定的，也说明了为什么在一次性或短期交易中容易出现失信行为，而在重复交易或长期交易中，更能维持信用并体现出信用收益。对于多个市场主体而言，偏向于均衡性收益，即在正常情况下，避免产生交易中一方获得高额利润，而另一方却出现亏损。相反，信用行为的利益杠杆，决定其不断调整双方利益分配，并使之逐渐均衡化，最终确保利益总体的最大化。否则，只要一方因守信而少利或无利而失利都可能引起其放弃信用行为。从表面上看，违背信用，似乎只是导致局部利益的此消彼长，但实际上不仅未对整个社会资源利用和价值实现带来任何增长，而且破坏了社会大交换这一循环过程的正常进行。

穆勒在其《经济学原理》一书中引用一个事例说，在历史上中国有某个大城镇，每天做成许多规模很大的买卖，但有关各方却无须交换书面文件，这种相互信任为该城镇的生产者和商人节省了许多麻烦、时间和费用，给每年的交易活动带来巨大好处。这说明商业交往可以从普遍信用中获得巨大的收益。投资信用资本可以产生积极的信用收益，其杠杆作用能够不断调整双方利益分配，实现各个交易者利益的均衡化，以保证社会总体利益的最大化。在一个信用状况良好的社会，个体实现自身利益的成本就会大大降低，经济活动的效益会大大提高。具体来说，信用资本带来的收益主要表现在以下四个方面：

一是确立信用关系的直接收益 $f(h)$。良好的信用能使人们预见生产和交易过程中产生的利益，有计划地安排各项工作，从而节省时间、人力和物力，提高经营效率，由此直接带来的扩张性经济效益是十分可观的。

二是确立信用关系之后，以低于社会平均水平的成本获取资源，（包括资金、人力、物资、技术等）生产产品而带来的收益 $f(i)$。节省了用于防范失信行为及对失信进行惩罚等方面的支出。如销售商对供应商提供货物的质量是否与样品一致怀有戒心，必然要付费请人进行检验。又如违信行为发生以后，聘请律师导致费用支出等。

三是确立信用关系之后，以低于社会平均水平的费用和高于社会平均水平的价格销售产品，因此而带来的收益 $f(j)$。

四是其他外在性的收益 $f(k)$。人们相互信任支持的程度越高，开展合作的程度和可能性就越大。恪守诚信的商业交往可以从信用资本的积累中获得更多的外在性收益。

信用资本的收益函数可表示为：

$$G = f(h) + f(i) + f(j) + f(k)$$

式中：$f(h)$ 为信用关系的直接收益，$f(i)$ 为以较低成本获取资源带来的收益，$f(j)$ 为以较低费用销售产品带来的收益，$f(k)$ 为其他外在性的收益。

信用资本的收益函数 G 也是时间的函数，其特性表现为随着信用的建立，信用资本带来的收益开始逐步体现出来。从图7.3可看出，随着时间的推移，以较低成本获得资源和以较低费用销售产品使得信用资本的累计收益曲线加速上升。

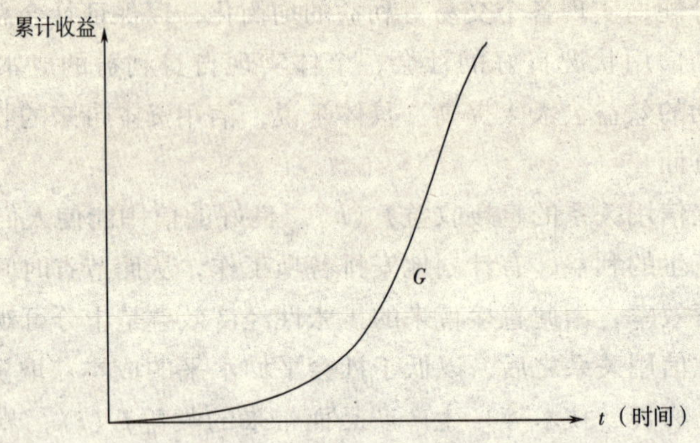

图 7.3 信用资本累计收益曲线

7.1.3 信用资本的效益分析

由于：信用资本的效益 = 信用资本的收益 - 信用资本的成本

则可以得到信用资本的效益函数：

$$
\begin{aligned}
P &= G - C \\
&= f(h) + f(i) + f(j) + f(k) - f(p) - f(q) - f(r) \\
&\quad - f(s) - f(t) - f(u) - f(v)
\end{aligned}
$$

由该函数的经济意义可知，只有在信用制度的设计上下工夫，确保代表全社会的信用资本收益函数中的四个变量值不断增加，而信用资本成本函数中的七个变量值相对降低甚至绝对降低，才能保证信用资本产生更高的效益。

如图 7.4 和图 7.5 所示，由于市场主体天生追求盈利的假设，$P_{累计}$值的

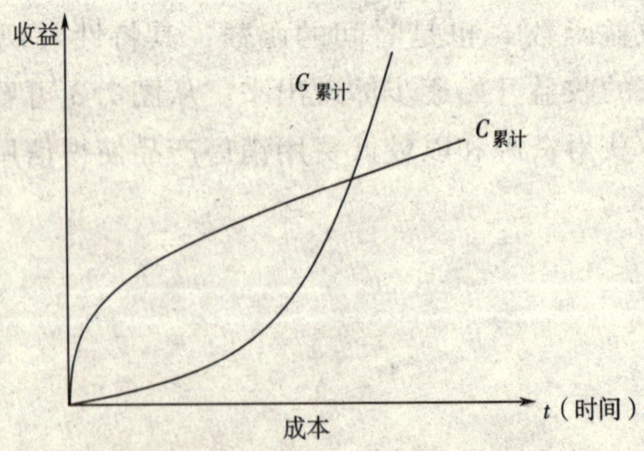

图 7.4 累计收益与成本曲线

大小、增减变化直接影响着对诚信行为的选择。当 $P_{累计}>0$ 时，信用资本就会产生正的收益，该收益与市场主体对 $P_{累计}$ 值增加速度的预期呈正比。由于信用资本收益和成本曲线所显现出的特性，在信用资本建立的初期，$P_{累计}>0$ 的值很小，此时市场主体选择不讲诚信的可能性很大。随着时间的延长，信用资本的收益增加迅速，而信用资本的成本却下降很快，此时 $P_{累计}$ 上升的速度更快，进一步的诚信行为会更快地提升信用资本的收益，市场主体因此产生诚信行为的动力，转为对诚信行为的偏好。这也再一次说明，不讲诚信只是市场经济中的短期行为。

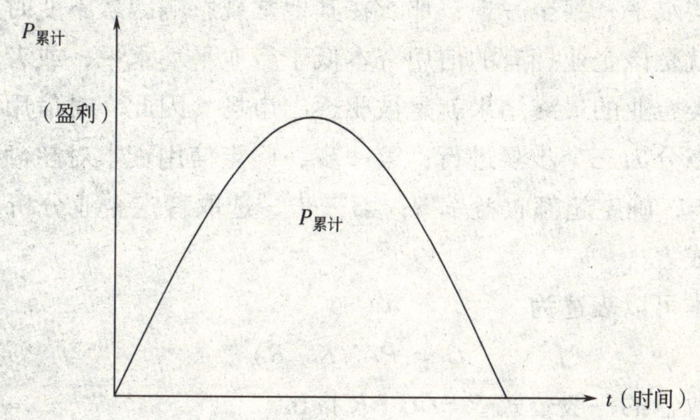

图7.5　信用资本累计盈利曲线

7.2　信用资本计量分析模型的推导

上节对信用资本的定量分析是从市场主体投入—产出角度出发，通过计算信用资本的成本及其所产生的收益，从而计算出市场主体所拥有的信用资本数量。通过这种方法计算出的信用资本量值比较客观、准确、可靠，但在实践上面临着极大的困难，这就使形成信用资本的各项成本难以准确统计、衡量。构成信用资本成本的各项具体成本，如投资成本 $f(p)$、信用信息成本 $f(q)$、信用调查成本 $f(r)$、信用鉴定成本 $f(s)$、信用管理成本 $f(t)$、信用道德建设成本 $f(u)$、信用补偿成本 $f(v)$ 均难以找到现成的资料，因而难以借助上述模型进行有效的实证分析。为避免这种情况，本书拟从行业比较的角度，对上述模型进行适当变形，通过计算信用资本给特定市场主体带来的收益以及信用资本的超额收益率来计算该主体的信用资本数量。

根据以前各章的分析，信用资本从多方面影响到企业的经营状况和经营收益。拥有信用资本较高的企业，能获得更多的盈利机会，能更好地利用盈利机会，将这种机会转化为企业的盈利能力，并在企业财务报表上体现出来。如果以一个行业或一个区域的平均收益水平作比较，那么信用资本给企业带来的经营收益就属于超过行业或地区的平均收益部分，即属于超额收益部分。可以认为，信用资本对企业经营收益的具体影响就是信用资本与超额收益的关联程度，即信用资本对企业超额收益的贡献度。如果企业经营收益低于行业平均水平，甚至亏损，那么在其他常规影响因素不变时，信用资本的具体影响就是该企业拥有的信用资本低于行业平均水平，或者不具备信用资本。这一类企业的最终结果就是被驱逐出市场。因此，对信用资本实际价值的评估可以分为三个步骤进行：第一步，确定信用资本对超额收益的贡献度 K；第二步，确定超额收益率 R；第三步，选取特定企业分析信用资本收益的具体构成 P。

信用资本可以表述为

$$C = P/(K \cdot R)$$

由资本收益的一般公式 $P = CC \cdot R$ 推出

$$C = P/R \tag{7.1}$$

式中：CC 为信用资本；P 为信用资本收益；R 为信用资本的收益率。

这样，只要我们确定信用资本已形成的收益和因此形成的超额收益率 R，就能计算出一个市场主体的信用资本具体数量。

信用资本的收益与上节的计算方法相同。

$$P = f(h) + f(i) + f(j) + f(k) \tag{7.2}$$

信用资本的收益率 R 为特定企业的资产收益率 R_1 与所处行业的资产平均收益 R_0 之差，即超额收益率：

$$R = K \cdot (R_1 - R_0)$$

式中：K 为信用资本对企业超额收益率的贡献度。

$$CC = \frac{f(h) + f(i) + f(j) + f(k)}{K \cdot (R_1 - R_0)} \tag{7.3}$$

以上式作为计算信用资本的数学模型，具有以下几个优点：一是信用资本收益统计和信用资本超额收益率统计相对独立；二是以企业收益和企业所处行业一般水平比较来确定信用资本超额收益，客观性和可信度相对要高一些；三是该模型直接从企业财务管理一般数据中推出，与所拥有的现成财务管理资料关联度较高，简便易行、操作性强，减少了相关数据采集、分析、整理的工作量。

采用这种思路计量信用资本，在现阶段是现实的和可行的。信用资本在计量上没有先例可以借鉴，在技术上和操作上也存在明显障碍。同时，我国社会信用体系还处于起步阶段，有效的征信评信机制尚未建立，市场主体所蕴涵的信用资本尚未得到有效开掘，即使个别地区、个别行业初步开展了征信评级活动，但所体现出来的作用也非常有限，因此借助现有的征信评信活动所形成的数据来进行信用资本的定量分析既不现实，得出的结果可信度也较低。而根据本书对信用资本所作的理论分析，利用信用资本为市场主体带来超额收益等分析结论和其他现有数据资料，可以逆向推出特定地区、特定企业所拥有的信用资本具体数量。借助通用的企业财务指标，通过合适数学模型及结合对特定地区特定行业的信用状况分析，我们可以确定定量分析出信用资本对企业超额收益的影响；借助公开的数据资料，采用行业比较和个案分析，可以确定特定企业的超额收益率，并分析超额收益的具体构成，从而对特定企业的信用资本进行计量。采取这种方式评估信用资本，可信度和可比较性、操作性都比较强，对前述的理论分析进行了验证、补充和深化，为今后计量信用资本提供了有益的参考、借鉴，揭示了信用资本的重要意义和积极作用，可以促使人们更加重视信用资本。

需要说明的是，以行业平均收益率为参照指标，实证分析出来的信用资本是一种相对水平上的信用资本，而非绝对意义上的信用资本，即相对于行业平均水平，研究对象拥有的信用资本是多少。通过分析企业的财务指标可以相对容易地计算企业的超额收益率，采用这个模型计算信用资本的关键是合理确定信用资本对企业收益的影响，即确定超额收益贡献度 K。

7.3　信用资本对企业超额收益贡献度 K 的确定

如果以企业本身为对象来衡量其信用资本，就是要银行管理人员、企业负责人根据自己的实践经验对信用资本的实际作用作出主观判断。通过主观判断来确定其盈利来源中，除常规因素外，由信用资本因素构成的部分占多少比例。常规因素确定了企业的常规收益，信用资本等非常规因素决定了企业的超常规收益。首先，根据通用企业财务指标，确定影响信用资本价值构成的具体指标，筛选出最能反映信用资本价值的主要指标。其次，以信用资本对企业的超额收益，或给企业带来的超常规收益为主要内容，以上述指标为基础，选取某一行业或某一区域的主要经济、金融管理人士、有代表性的经营企业进行问卷调查；运用统计方法对调查结果进行分析，确定信用资本对企业经营收益的具体影响程度。

信用资本对企业超额收益贡献度 K 的评估思路如图 7.6 所示。

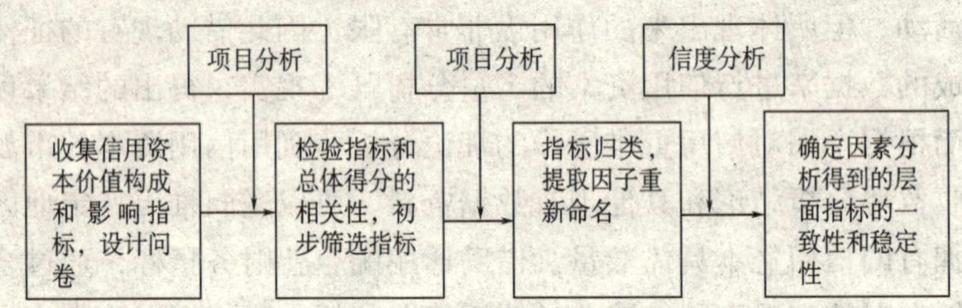

图 7.6 信用资本对企业收益影响评估分析的具体路径

7.3.1 反映信用资本对企业超额收益影响程度的指标选择

建立信用资本对企业收益影响程度分析模型首要的工作就是对指标进行选择搜集，指标搜集工作是建立指标体系的基础，指标搜集的完整程度影响指标体系的评估信度。根据前述章节对信用资本构成要素的理解和分析，我们将信用资本价值评估要素分为盈利能力、偿还能力、流动能力和资产管理效率等四个方面。

对指标的搜集主要从以下四步展开：第一是总结前人的研究，在检索文献的基础上对有关指标进行汇总并整理，整理得出的指标主要包括部分盈利能力指标、流动性指标和资产管理效率指标。第二是结合前文对信用资本价值评估应着重于未来所能创造的价值这一观点，增加了部分成长性指标。第三是将国外学者对信用资本要素以及国内学者认为的作为信用资本成立应该具备的要素纳入指标搜索的范围，再进行适当筛选，主要是增加了部分偿还能力指标。第四是参考国内股份制商业银行对企业进行的信用风险评估体系，对所选指标进行了微调。

本书采用定量与定性结合的方式评估信用资本价值。先将问卷调查及统计分析得到的评估构成指标纳入信用资本价值评估体系，再运用适当方法进行定量分析。由于对影响指标进行定量分析难度较大，且可信度不高，因此，采用定性方法来说明影响指标对信用资本价值的影响作用。

本书共搜集了25个评估构成指标和10个影响指标。其中，25个评估构成指标包括6个盈利能力指标、5个流动性与偿还能力指标、7个资产管理效率指标和7个成长性指标。其中，6个盈利能力指标包括资产净利润率、资产报酬率、净资产报酬率、销售净利润率、主营业务利润率、每股收益；5个流动性与偿还能力指标包括流动比率、速动比率、营运资本总资产比、营运资本主营业务收入比、利息保障倍数；7个资产管理效率指标包括总资产周转率、存货周转率、应收账款周转率、固定资产周转率、平均负债成本率、资产负债比率、产权比率；7个成长性指标是指盈利增长倍数、固定资产总额、总资产增长率、主营业务收入增长率、留存收益总资产比、留存利润比、每股净资产；10个影响指标是产品特征、市场竞争力、生产过程、经营管理、基础设施、财政资助、行业特征、行业发展阶段、行业竞争性、行业准入壁垒。

本书选取的25个评估构成指标如下所示：

1. 盈利能力指标

X_1：资产净利润率（ROI）=净利润/平均总资产

其中，平均总资产=（本年总资产+上年总资产）/2

X_2：资产报酬率（ROA）=息税前利润/资产总额

其中，息税前利润=净利润+所得税+财务费用

资产报酬率（ROA）能有效地反映评估对象的盈利能力。

X_3：净资产报酬率（ROE）=净利润/平均股东权益

其中，平均股东权益=（本年股东权益+上年股东权益）/2

净资产报酬率（ROE）不仅可以用于衡量投资者投入资本获得收益的能力，同时也可用于信用主体对负债经营的决策分析。

X_4：销售净利润率=净利润/主营业务收入

销售净利润率反映信用主体基于销售收入的盈利能力，是衡量信用主体从事生产经营活动所获利润情况或收益情况的重要指标。

X_5：主营业务利润率=（主营业务收入-主营业务成本）/主营业务成本

主营业务利润率既可以反映信用主体经营活动的最基本的盈利能力，又可以从一个侧面反映信用主体经营风险的大小。

X_6：每股收益＝净利润/期末总股本

每股收益是评估对象管理效率、盈利能力和股利分配来源的重要标志。

2. 流动性与偿还能力指标

X_7：流动比率＝期末流动资产/期末流动负债

流动比率是用以衡量评估对象短期财务状况的重要指标，能直接反映其提供现金、偿付短期债务、维持正常经营活动的能力。

X_8：速动比率＝（期末流动资产－存货）/期末流动负债

速动比率与流动比率配合使用，可以判断信用主体的流动性风险大小。

X_9：营运资本总资产比＝营运资本/资产总额

X_{10}：营运资本主营业务收入比＝营运资本/主营业务收入

其中：营运资本＝流动资产－流动负债

营运资本总资产比、营运资本主营业务收入比是反映资产的流动性及其分布状况的指标。

X_{11}：利息保障倍数＝息税前利润/财务费用

其中，息税前利润＝净利润＋所得税＋财务费用

利息保障倍数是指用于所需支付的长期负债利息的倍数，用于分析评估对象在一定盈利水平下支付债务利息的能力。

3. 资产管理效率指标

X_{12}：总资产周转率＝主营业务收入/平均资产总额

总资产周转率反映了信用主体投资的每一元资产在一年里可形成或产生多少元的收入，反映了信用主体利用资产的效率。

X_{13}：存货周转率＝主营业务成本/平均存货

存货周转率是用于衡量信用主体在一定时期内的存货资产周转速度，反映信用主体产、购、销平衡效率。

X_{14}：应收账款周转率＝主营业务收入/平均应收账款

其中：平均应收账款＝（上年应收账款＋当年应收账款）/2

应收账款周转率反映了信用主体年度内应收账款转化为现金的平均次数，是反映信用主体应收账款管理水平的指标。

X_{15}：固定资产周转率＝主营业务收入/固定资产

固定资产周转率是一个衡量信用主体利用现存的厂房、建筑物和机器设备等固定资产来形成销售程度的重要指标。

X_{16}：平均负债成本率＝财务费用/平均负债总额

其中：平均负债总额＝（上年负债总额＋当年负债总额）/2

平均负债成本率是一个衡量信用主体为负债所付出的财务费用的指标。

X_{17}：资产负债比率＝负债总额/资产总额

资产负债率是反映信用主体的资本结构和长期偿债能力的指标，可用来衡量信用主体利用债权人提供的资金进行生产经营活动的能力，反映债权人发放贷款的安全程度，并可表明信用主体资产负债结构是否合理。

X_{18}：产权比率＝股东权益/负债总额

产权比率是一个将信用主体自有资本与债务资金联系起来以表明两者之间相对关系的财务比率。

4. 成长能力指标

X_{19}：盈利增长倍数＝（本年净利润－上年净利润）/上年净利润的绝对值

盈利增长指数反映了信用主体盈利增长的速度。

X_{20}：固定资产总额

X_{21}：总资产增长率＝（本年总资产－上年总资产）/上年总资产

X_{22}：主营业务收入增长率＝（本年主营业务收入－上年主营业务收入）/上年主营业务收入

X_{23}：留存收益总资产比＝留存收益/资产总额

固定资产、总资产增长率、主营业务增长率、留存收益总资产比从各方面反映了信用主体自身财富的增长水平。

X_{24}：留存利润比＝留存收益/净利润总额

其中：留存收益＝盈余公积＋期末分配利润

留存利润比的高低反映信用主体的理财方针。如果认为有必要从内部积累资金，扩大经营规模，可以采用较高的留存盈利的比率。

X_{25}：每股净资产＝期末净资产/期末总股本

其中：总股本包括所有流通和非流通普通A股。

每股净资产反映普通股所代表的信用主体账面股东权益数额。

选择上述指标体系，是由信用资本的累积性、间接性和收益的超额性特点决定的。信用资本对企业收益的影响最终要在企业的财务状况、竞争能力和市场地位等方面体现出来，反过来，通过这些财务指标可以反映出信用资本对企业收益的影响程度。信用资本作为一种无形资本，其作用主要体现在物质资本、货币资本和人力资本的融合能力提高上。信用资本的累积性特征决定其作用必须在市场主体的资产周转水平，如总资产周转率、应收账款周转率、呆坏账比率等方面反映出来；并在资产负债比率、产权比率、信用销售水平、负债结构等指标上直接体现出来。例如，美国社会信用体系建成后，信用化程度明显提高，信用资本对美国市场主体的促进作用直接体现在个人消费信用迅速增长、企业商业信用迅速增长、信用销售水平大幅增长、应收账款坏账水平控制在 0.25% ~0.5%①。超额收益特征决定其作用不仅要在资产净利润、销售净利润率、每股收益等一般性盈利指标上体现，而且要在盈利增长倍数、总资产增长率、主营业务收入增长率、市场竞争力、行业竞争性等成长性指标上体现。信用资本的间接性特征决定其作用要通过与其他企业、行业平均水平比较平均负债成本率、销售利润率、资产报酬率、每股净资产差距来体现。这种比较分析在吴晶妹对新经济下微观经济主体的信用活动及其作用的分析中体现得比较突出②。

7.3.2 核心指标选取分析

将以上指标设计成问卷进行调查，并以中国人民银行 C 中心支行的名义，共向 H 省政策性银行、国有商业银行、股份制银行、该省有代表性企业发放问卷 485 份，回收有效问卷 370 份，有效回收率为 76.3%。通过分析回收的问卷来筛选出能有效反映信用资本作用效果的主要指标。具体分析过程采用 SPSS11.0 实现。

首先，本书将问卷调查得到的各类指标的数据用 Excel 建立数据库，然后分别对这些数据进行项目分析，项目分析的目的是确定各指标得分与总体得分的相关系数，通过相关系数的大小作为判断依据，以删除部分相关系数较小的指标，本书以基本素质指标的项目分析（见表 7.1）为例说明，TOT 表示整体指标的总分。

从上述单个指标得分与整体指标总分的相关分析中，可以看出，6 个盈利能力指标与总分的相关性都达到了 0.01 的显著性水平，而且相关程度都比较集中，项目分析结果表明这些指标需要保留。同理，本书对其他组的指

---

① 徐宪平．社会信用体系建设知识读本［M］．长沙：湖南人民出版社，2006：23.

② 吴晶妹．现代信用学［M］．北京：中国金融出版社，2002：167－185.

标分别进行项目分析，发现5个流动性与偿还能力指标、7个资产管理效率指标以及7个成长性指标，也都达到了0.01的显著性水平，所以应该全部保留。这也能够说明本书搜集的指标的针对性比较强，被调查对象对这些指标的认可程度较高。

表7.1　信用资本影响评估指标体系中盈利能力指标的分析结果

指　标		X_1 资产净利润率	X_2 资产报酬率	X_3 净资产报酬率	X_4 销售净利润率	X_5 主营业务利润率	X_6 每股收益
TOT	Pearson相关	0.635（**）	0.675（**）	0.526（*）	0.537（*）	0.598（*）	0.625（**）
	显著性（双侧）	0.000	0.000	0.000	0.000	0.000	0.000
	个数	126	126	126	126	126	126

注：** 显著性水平为0.01时（双侧）；

* 显著性水平为0.05时（双侧）。

上文对评估构成指标中的三类指标进行了项目分析。根据项目分析结果，我们保留了所有的指标，但这仅仅检验了单个指标与总体得分的相关性，并没有消除指标之间的相关性。对此，本书将运用因素分析法进行分析。

采用因素分析法除了能消除指标之间的相关性之外，主要基于以下几点考虑：第一，保留的指标太多，如果将所有保留的指标都纳入指标体系，则会给使用者带来极大的不方便。第二，本书搜集的很多财务指标虽然有具体的量值，但是很难定量估计其对信用主体整体经营业绩的影响，也无法定量计算单独一个指标给信用资本带来的收益有多少。第三，对各指标进行均值求解之后发现，均值都比较集中。其中，6个盈利能力指标的均值变动界于3.88~4.46。本书采用的李克特五点量表式问卷中，4分表明指标“比较重要”，5分表示“重要”。以盈利能力指标的均值为例，均值波动范围在3.88~4.46，都接近比较重要，如果删除的话可能造成信息量的丢失。如果不能明确判断指标的去留时，不如对其进行整合。第四，有些指标的均值比较高，可能是由于指标的覆盖范围太大或被调查者主观思维理解偏差造成的，必须通过因素分析方法中转轴之后的因素负荷量高低对其进行纠正。

本书采用因素分析方法中的主成分因素分析法（principal factor analysis，PFA），根据所有指标试测时获取的数据，运用多元统计方法对指标进行分析，通过转轴得到因子相对重要性。首先，根据取样适当性数值KMO

(Kaiser-Meyer-Olkin measure of sampling adequacy) 的大小判断指标之间是否适合进行因素分析，四组指标的 KMO 值如表 7.2 所示。5 项指标的 KMO 值都达到了进行因素分析的标准（Kaiser 认为 KMO 的值小于 0.5 时，不宜进行因素分析），说明可以进行因素分析，因素数目的考虑与挑选标准时选用 Kaiser 准则，采用最大变异法（varimax）选取特征值大于 1 的因素。得到的各类指标的共同因子如表 7.2 所示。

表 7.2 信用资本影响评估指标体系中各类指标的取样适当性

	盈利能力	流动性与偿还能力	资产管理效率	成长性	资本结构
KMO	0.524	0.859	0.623	0.759	0.527
近似卡方分布	58.351	826.84	611.528	731.95	69.625
DF	12	82	23	71	19
Sig	0.000	0.000	0.000	0.000	0.000

以盈利能力指标为例对因子分析结果进行说明，通过表 7.3 可以看出抽取的三个共同因素的累计解释变异量为 61.695%，即三个因子就能解释原来 13 个基本素质指标含义的 61.695%。

表 7.3 信用资本价值评估体系中各指标因素分析情况

		初始特征值			转轴后平方和负荷量		
		总和	方差（%）	累计（%）	总和	方差（%）	累计（%）
盈利能力指标的因子	1	1.687	40.551	40.551	1.622	40.021	40.021
	2	1.382	31.833	72.384	1.327	32.363	72.384
流动性与偿还能力指标的因子	1	5.681	43.723	43.723	5.234	32.530	32.530
	2	3.722	22.682	66.405	3.623	33.875	66.405
资产管理效率指标的因子	1	5.911	45.744	45.744	3.165	28.684	28.684
	2	1.651	21.538	67.282	2.756	25.681	54.365
	3	1.133	9.659	76.941	2.319	22.576	76.941
成长性指标的因子	1	5.287	36.575	36.575	2.832	23.398	23.398
	2	3.825	16.879	53.454	2.595	22.526	45.924
	3	2.314	14.020	67.474	2.257	21.550	67.474
影响指标的因子	1	6.150	43.257	43.257	3.357	27.984	27.984
	2	3.148	15.840	59.097	3.019	22.498	50.482
	3	1.249	10.234	69.331	2.587	18.849	69.331

通过因素分析，5类指标共得到13个共同因子，其中盈利能力因子2个、流动性与偿还能力因子2个、资产管理效率因子3个以及成长性因子3个、影响指标因子3个。

在构建信用资本价值评估体系之前，还要对因素分析之后产生的层面指标以及各类指标做信度分析，从而确定问卷所得到的数据的一致性和稳定性，同时也是对因素分析得到的因子结构稳定性的检验。在这里作者采用“Cronbach a 系数”信度检验方法进行信度检验，本书以盈利能力指标的信度分析为例说明：盈利能力指标的总体信度 Alpha = 0.7825，Standardized item alpha = 0.7615，四个层面指标的内部一致性 a 系数分别为 0.7856，0.7712，0.6539，0.6251 均符合标准（测量某构思的先导性研究信度检验要达到0.6），可见效度分析表明，盈利能力指标体系的各层面指标与总体指标的信度都较好，本书依次对其他类指标进行信度分析也都达到了0.6以上的信度值，问卷所得到的数据都具有良好的信、效度。

7.3.3　信用资本影响评估指标体系的构建

1. 指标体系构成因子命名。通过以上对指标的搜索、归类，并借助 SPSS 11.0 对指标进行分析和选择，最终提炼出10个构成因子和3个影响因子，下一步对评估构成指标经因素分析产生的10个因子进行重新命名。

其中盈利能力指标的2个因子为：资产回报水平、利润情况；流动性与偿还能力指标的2个因子命名为：资产流动性、偿还能力；资产管理效率指标的3个因子为：资产周转率、负债管理水平、资本结构；成长性指标的3个因子为：营业增长能力、资产增长能力、留存比率。作者对因子命名的原则是根据因子所包含的各维度的含义和主要意义确定的，因子包含的具体维度见表7.4。

表7.4　因子命名和因子贡献率

四类指标	构成指标			负荷量
盈利能力	资产回报水平	净资产报酬率 ROE	0.785	31.024
		资产净利润率 ROI	0.732	
		资产报酬率 ROA	0.707	
	利润情况	销售净利润率	0.852	41.654
		每股收益	0.834	
		主营业务利润率	0.802	

续表

四类指标	构成指标			负荷量
流动性与偿还能力	资产流动性	流动比率	0.902	40.687
		速动比率	0.876	
	偿还能力	营运资本总资产比	0.835	35.879
		营运资本主营业务收入比	0.821	
		利息保障倍数	0.797	
资产管理效率	资产周转性	总资产周转率	0.802	30.241
		固定资产周转率	0.782	
		存货周转率	0.765	
	负债管理水平	应收账款周转率	0.752	25.865
		平均负债成本率	0.709	
	资本结构	资产负债比	0.697	19.524
		产权比率	0.536	
成长性	营业增长能力	盈利增长倍数	0.734	21.165
		主营业务收入增长率	0.689	
	资产增长能力	每股净资产	0.931	20.891
		总资产增长率	0.925	
		固定资产总额	0.658	
	留存比率	留存利润比	0.865	19.954
		留存收益总资产比	0.732	

2. 价值评估指标体系构建。在对10个共同因子命名后，本书采用主因素分析法为这10个指标赋予权重。同时，通过对盈利能力、流动性与偿还能力、资产管理效率、成长性指标等主体指标进行问卷调查，以确定4大主体指标的权重。在此基础上，建立信用资本价值评估指标体系，如表7.5所示。

为确保这些因子指标权重的准确性，作者对指标体系中的指标再次制定量表进行问卷检验。二次问卷得到的指标权重与因素分析得到的指标权重非常接近，例如二次问卷得到的一级指标的权重分别为：盈利能力0.28、流动性与偿还能力0.27、资产管理效率0.26、成长性指标0.19，与表7.5中的指标权重很接近，同时二次问卷得到的10个因子的指标权重与因子因素分析得到的权重也非常相近，因此可以认定本书的数据统计结果是可信的。

由此可知，在信用资本价值评估构成指标体系中，四大评估构成要素的重要性排序依次为：盈利能力、流动性与偿还能力、资产管理效率、成长性。盈利能力指标比重为0.31，占第一位，这基本上验证了前面本书分析的信用资本价值评估要着眼于未来所能创造的价值，而信用资本在未来创造的价值主要体现在给信用主体带来的盈利，所以盈利能力指标在体系中占有首要位置。流动性与偿还能力占第二位，比重为0.25，说明信用资本的价值除了依靠盈利能力之外，其资产流动性和偿还能力也是不可或缺的。资产管理效率虽然处于第三位，但比重也达到了0.24，表明资产周转性、负债管理水平和资本结构也是衡量信用资本价值的基础。成长性指标占第四位。

表7.5　信用资本价值评估指标体系

	二级指标	二级指标权重	三级指标	三级指标权重
信用资本价值评估指标	盈利能力	0.31	资产回报水平	0.55
			利润情况	0.45
	流动性与偿还能力	0.25	资产流动性	0.48
			偿还能力	0.52
	资产管理效率	0.24	资产周转性	0.38
			负债管理水平	0.29
			资本结构	0.33
	成长性	0.20	营业增长能力	0.36
			资产增长能力	0.37
			留存比率	0.27

以上10个因子作为下一步研究的基础，可总结为图7.7所示的信用资本价值评估体系图。

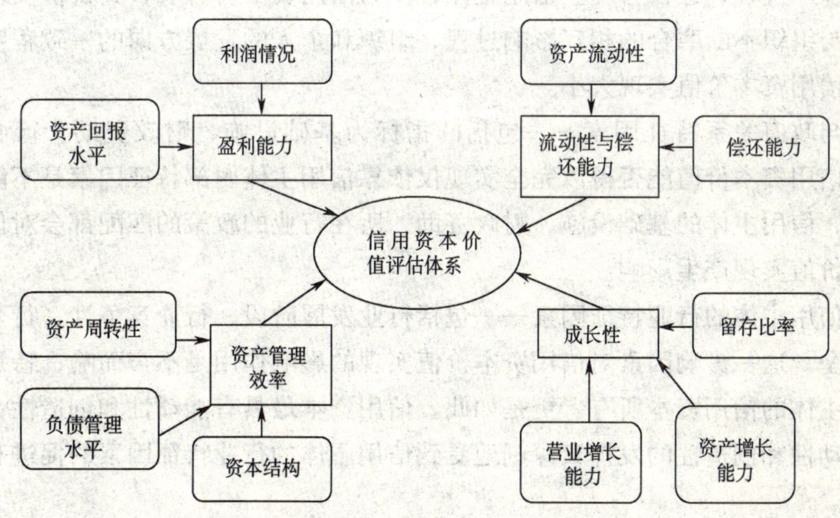

图7.7　信用资本影响评估体系图

在盈利能力指标中，资产回报水平所占的比重略大于工作成果，达到0.55，本书认为这是由于信用资本工作特点所决定的；在流动性与偿还能力指标中，偿还能力和资产流动性的重要程度相近，分别占有0.52和0.48的比重。本书认为这是由于信用资本对信用主体的本质要求所决定的；在资产管理效率指标中，资产周转性指标所占的比例高于负债管理水平和资本结构，分别为0.38，0.29，0.33。也就是说资产周转性在信用资本价值评估构成要素中占有更重要的地位。本书认为这主要是由于资产周转是信用主体资金流动所应具备的基本条件，也是实现信用资本价值的基础因素，所以被调查者对该指标的认同程度更高；在成长性指标中，营业增长能力的比例高于资产增长能力和留存比率，分别为0.36、0.37、0.27。本书认为，这是因为信用资本在于其未来业务的增长，只有未来主营业务和盈利水平得到较快提高，才能达到信用资本增值的本质要求。

3. 信用资本价值影响因子的分析。依靠同样的数据统计方式，本书对10个影响指标进行因子分析和因子命名，因子分析得到3个因子，根据这3个因子所包含的各维度的含义本书分别将它们命名为信用主体内部特征因素、与政府关系特征因素、信用主体的行业特征因素。

信用主体内部特征因素——包括的维度指标为产品特征、市场竞争能力、生产过程、经营管理。信用主体，作为信用资本所有者，其价值实现过程是与组织不断磨合的相互影响过程，组织和个人的发展方向的一致程度影响了信用资本价值实现大小。

与政府关系特征因素——包括的指标为基础设施、财政资助、行业政策。信用资本价值能否得以完全实现仅依靠信用主体内部特征因素是不能达到的，信用主体的基础设施、财政资助、所在行业的政策的匹配都会对信用资本价值实现产生影响。

信用主体的行业特征因素——包括行业发展阶段、行业竞争性、行业准入壁垒。这一影响因素对信用资本价值实现的影响作用是不言而喻，特别对信用主体的信用资本所有者更是如此。信用资本最具有能动性和创造性，而其能动性和创造性的发挥又深刻地受到信用主体的行业特征因素的促进和制约。

7.3.4 信用资本对企业超额收益影响的分析模型

鉴于本书建立的信用资本价值评估指标体系是双层结构，因此使用此评估体系时本书将采用多层次模糊综合评价方法进行定量分析。多层次模糊综合评价方法是利用模糊隶属度理论把定性指标合理的定量化，能较好地解决现有评价方法中过程单一化、主观化的缺点，同时能解决评价过程中定性指标难以进行比较的问题，在定性与定量之间通过模糊数学的理论架起一座桥梁，尤其是对作者得到的这种双层指标结构，多层次模糊综合评价法能够逐层对其进行评价，因此是一种非常适合的评价方法。

首先，我们根据各个因子中所包含维度的内容设计问卷，对被评估信用主体周围的人员以及被评估个人进行问卷调查，依此来收集相关数据。

其次，根据指标体系结构建立评估等级表格，为了便于分级以及后面计算的方便，本书采用五等级划分方法，参见表7.6。

表7.6 因子评价等级

序号	因子	N_1	N_2	N_3	N_4	N_5
1	资产回报水平	好	较好	一般	较差	差
2	利润情况	好	较好	一般	较差	差
3	资产流动性	高	较高	一般	较差	差
4	偿还能力	强	较强	一般	较差	差
5	资产周转性	好	较好	一般	较差	差
6	负债管理水平	高	较高	一般	较差	差
7	资本结构	好	较好	一般	较差	差
8	营业增长能力	强	较强	一般	较差	差
9	资产增长能力	强	较强	一般	较差	差
10	留存比率	高	较高	一般	较差	差

再次，根据问卷调查情况计算各因子评估等级，从而建立因素评价矩阵，然后根据各自的权重，得出各自的模糊综合评价。

其中，盈利能力指标下的一级综合评价

$$V_1 = [a_1 a_2]\begin{bmatrix} N_{1,1} & N_{1,2} & N_{1,3} & N_{1,4} & N_{1,5} \\ N_{2,1} & N_{2,2} & N_{2,3} & N_{2,4} & N_{2,5} \end{bmatrix}$$

流动性和偿还性指标下的一级综合评价

$$V_2 = [a_3 a_4]\begin{bmatrix} N_{3,1} & N_{3,2} & N_{3,3} & N_{3,4} & N_{3,5} \\ N_{4,1} & N_{4,2} & N_{4,3} & N_{4,4} & N_{4,5} \end{bmatrix}$$

资产管理效率指标下的一级综合评价

$$V_3 = [a_5 a_6 a_7]\begin{bmatrix} N_{5,1} & N_{5,2} & N_{5,3} & N_{5,4} & N_{5,5} \\ N_{6,1} & N_{6,2} & N_{6,3} & N_{6,4} & N_{6,5} \\ N_{7,1} & N_{7,2} & N_{7,3} & N_{7,4} & N_{7,5} \end{bmatrix}$$

成长性指标下的一级综合评价

$$V_4 = [a_8 a_9 a_{10}]\begin{bmatrix} N_{8,1} & N_{8,2} & N_{8,3} & N_{8,4} & N_{8,5} \\ N_{9,1} & N_{9,2} & N_{9,3} & N_{9,4} & N_{9,5} \\ N_{10,1} & N_{10,2} & N_{10,3} & N_{10,4} & N_{10,5} \end{bmatrix}$$

其中，a_i（$i=1, 2, \cdots, 10$）为各个因子在管理型人力资本价值指标体系中的权重，$N_{i,j}$（$i=1, 2, \cdots, 10$；$j=1, 2, \cdots, 5$）为被调查者在评估等级中各等级的得分（百分比）。然后将各自模糊综合评价 V_i 作为上层指标评价矩阵，再根据一级指标的权重得出二级综合评价。

二级综合评价公式为

$$V^* = [b_1 b_2 b_3 b_4]\begin{bmatrix} V_1 \\ V_2 \\ V_3 \\ V_4 \end{bmatrix}$$

式中：V^* 表示信用资本对企业超额收益影响的模糊综合评价集；b_i（$i=1, 2, 3, 4$）表示一级指标的权重；V_i 表示一级综合评价。通过 V^* 计算出来的结果表示信用资本对企业超额收益贡献度 K，即 $K=V^*$。

最后，将 V^* 进行归一化处理后计算总分值及确定隶属度，由于我们使用的评价计分的等级分为五等，所以其隶属度可以分别为 1、0.8、0.6、0.4 和 0.2，依次代表价值“大”、“较大”、“一般”、“较小”、“小”，将计算的总分值与隶属度进行比较，从而确定该信用资本价值的高低。

以上是定量分析的结果，我们还需要用信用主体内部特征因素、与政府关系特征因素、信用主体的行业特征因素这 3 个影响因子对信用主体的信用资本价值作出定性分析，进一步说明整体影响因素对定量数值的影响方向。

经过指标筛选和权重赋予，本书构建了评价信用资本对企业超额收益影响程度的具体模型，并根据指标体系的结构选取多层次模糊综合评价法进行定量分析。该模式的主要特征体现在以下几个方面：

1. 定量计算与定性分析相结合，可操作性比较强。首先，该评估模式强调对信用资本价值的定量评估，为实现定量目的，本书采用因素分析方法提取了信用资本价值评估构成要素，并构建了价值评估指标体系。根据指标体系的多层次结构，本书采用多层次模糊综合评价方法，对双层价值指标体系进行分层定量评价，从而实现定量分析。由于不管是因素分析还是多层次模糊综合评价方法都是理论研究领域比较常用的方法，所以该模式具有比较强的操作性。同时，考虑到信用资本价值呈现出某种复合性，其许多特性是定量指标所无法体现的，而且影响信用资本价值的内、外部环境等因素也并非定量计量可以完全解决的，因此，本书对部分指标采用定性分析方法，并且对定性分析的指标因素也进行了确定。

2. 信用资本价值的评估指标体系构建注重科学性。信用资本价值评估的核心是构建信用资本价值评估指标体系。本书从三个方面来保证所构建的指标体系的科学性：一是根据指标性质对所搜集的指标进行合理化分类，将指标分为价值评估构成指标和价值影响指标两类。其中由于影响指标很难量化和打分，若要硬性定量化，反而可能使结果出现误差，因此本书没有将其纳入价值评估指标体系，而是采用定性分析方式。二是全面搜集指标，既注重对前人研究成果的分析，又根据本书自身研究的特殊性选择指标。三是程序化选取指标，本书在选取指标时首先对征信管理人员进行问卷调查，用Excel软件对问卷调查得到的数据建立数据库，并采用SPSS11.0对数据先后进行项目分析、因素分析、信度分析这一程序化过程，并最终建立价值评估指标体系，全过程全部使用计算机处理，基本消除了人为主观思想的干扰。而且对已确立的指标体系进行了二次问卷检验以检验其准确性。对评估指标应用时所采用的模糊综合评价法也是在现实工作中运用非常成熟的一种定量分析方法，被广大研究者所接受，所以说该评估模式建立是比较客观的，对某一信用主体内信用资本价值的评估也是比较客观的。

要实现信用资本价值市场化，使某一类信用主体信用资本价值在同一行业或领域具有可比性，对信用资本价值进行计量是必然趋势。同时，本书所研究的方法也还存在不圆满的地方，还需要进一步完善，比如，对于评估指标体系中的一些指标，在现实中为其进行比较精确的界定和打分都是比较困难的。再如，虽然本书采用模糊综合评价法实现了指标定量目的，但得到的量化数据还只是个相对数值，还比较模糊。此外，本书区分了评估构成要素和价值影响要素，而其中对价值影响要素的分析还只是一般层次的定性说明而已，缺乏更深层次的论证。

综合本章分析，信用资本计量分析的一般模型如下：

$$CC = \frac{f(h) + f(i) + f(j) + f(k)}{(R_1 - R_0)} \div \left([b_1 b_2 b_3 b_4] \begin{bmatrix} v_1 \\ v_2 \\ v_3 \\ v_4 \end{bmatrix} \right) \tag{7.4}$$

式中：$f(h)$ 为良好的信用关系所形成的直接收益的实际价值，$f(i)$ 为扩大规模获取资源带来的收益，$f(j)$ 为较高价格销售产品带来的收益，$f(k)$ 为其他外在性的收益；R_1 为特定企业的资产收益率，R_0 为所处行业的资产平均收益；b_i（$i=1$，2，3，4）表示特定体现信用资本对超额收益影响程度的一级指标的权重；V_i 表示一级综合评价。

第8章　信用资本价值评价实证分析（一）——对专用设备制造业上市公司的分析

信用资本作为社会资本的一种重要表现形式，具有一定的价值含量，能够转化成经济活动中一种重要的资本要素并为市场主体带来经济利益。由于信用资本是一种无形资本，对其成本和收益的度量一直是理论研究的难题。本书以第7章推导出来的数学模型为基础，从特定地区信用资本对企业收益贡献度的一般水平和特定企业收益的具体影响两个方面进行实证分析。本章选择处于市场化程度相对较高环境下的上市公司作为实证分析对象，第9章以市场化尚不充分的农村地区的农村信用社作为分析对象，分别分析信用资本对特定企业的影响。首先选择H省上市公司及其他与信用资本运用关系较密切的有关部门为对象，确定信用资本对上市公司收益影响的一般水平，其次是选取一家上市公司ZLZK公司进行重点分析，在此基础上再对专用设备制造业所有上市公司进行一般性分析。通过分析2001～2005年信用资本对ZLZK公司业务经营收益的具体影响，并与全行业上市公司的平均收益对比，计算出信用资本对ZLZK公司带来的超额收益率，并最终得出该公司已形成的信用资本的相对水平；以此为基础再计算专用设备制造业其他上市公司信用资本的相对水平。基本思路是先定量计算信用资本数量及其收益率，再结合企业经营发展实际进行定性分析，从定量和定性两个方面阐述信用资本的经济价值和现实意义。

8.1　H省专用设备制造业信用资本对企业收益贡献度的确定

在信用资本对特定地区或企业收益影响度的分析上，第7章通过对信用资本影响企业收益的理论分析，借助问卷调查、数据分析、权重确定等步骤建立了信用资本贡献度计算的指标体系，并最终根据指标体系的双层结构选取多层次模糊综合评价方法完成了信用资本贡献度计算模型的构建。本章将利用该评估模式选取H省专用设备制造行业的上市公司和H省内金融机构及其他相关部门对信用资本价值进行计量分析。

8.1.1 问卷调查开展情况

1. 问卷调查设计。第7章将25个反映信用资本对企业经营收益影响程度的指标通过因素分析合并为10个因子指标，即资产回报、利润情况、资产流动性、营运资本偿还能力、资产周转率、负债管理效率、资本结构、营业增长、资产增长、留存比率。为了使这些指标在现实调查使用中更易于度量和理解，笔者在写作本书的同时，设计了一份调查问卷，问卷将上述10个因子指标分解为48个指标，这48个问卷指标包含25个评估构成指标所指代的内容，同时还借鉴其他学者为相关领域研究设计问卷的经验，针对所研究问题的不同点进行了调整。另外，在问卷中还设计了一个开放式选项：您对信用资本除以上了解外，对它在社会生活中的表现还有什么需要补充的，希望问卷答案能对问卷所忽视的一些问题进行补充。最终这48个指标设计为五级李克特量表式问卷。

在进行实证问卷设计时，并没有将3个影响指标即信用主体内部特征因素、政企关系特征因素、信用主体的行业特征因素设计进问卷，这3个指标比较宏观、抽象，要找到一些可度量和可观测的指标去进行问卷调查比较困难，将其设计进问卷反而可能会影响调查结果的准确度，因此，在问卷调查的同时采用诸如实地访谈、上网查找等其他渠道搜集被调查对象的情况信息，以及被调查对象信用主体生产经营状况、市场竞争力、行业政策和所在行业的发展情况等相关资料。

2. 问卷调查实施。在选取被评估对象时，本书主要强调被评估对象要有一定的代表性，即被评估对象确实是信用资本价值拥有者。考虑到实际工作的难度以及成本等因素，本书最终选取了专业设备制造行业的ZLZK公司作为实证对象（详见下文）。本节以H省上市公司为例确定信用资本对这些企业经营效益、发展状况的一般影响水平，以下三节结合全国专业设备制造业的整体状况具体计算ZLZK公司的信用资本相对水平，并将分析方法推广到全国专业设备制造业上市公司。ZLZK公司于1992年创建，2000年上市，时间还不长，现处于发展上升时期，本书认为这个时期是信用主体发展前景最难评定的阶段，也是信用资本发挥作用最明显的阶段，信用主体未来的成长或萎缩最能体现出信用资本的价值。

在确定了分析对象后，本书对问卷的填写者进行了甄选，由于选取的评估对象是信用资本这个比较前沿的问题，同时问卷中包括财务指标、服务、文化等方面的内容，因此问卷填写者既要熟悉公司财务，又要对信用资本各方面的情况有所了解，为此本书选定的调查对象包括 H 省内金融机构高层管理人员，征信管理工作人员，信用担保公司、企业评级公司、人民银行、银监局、国有商业银行和股份制商业银行资信评估工作人员，H 省上市公司高层管理人员、财务管理人员，其他企业高层管理人员等。

本次调查活动再次以人民银行 C 中支的名义，发放问卷 820 份，回收问卷 601 份，其中有效问卷 562 份，有效回收率为 68.5%。通过对问卷调查得到的被调查对象个人信息统计结果显示：金融企业高层管理人员及资信评估工作人员（包括人民银行、银监局、国有商业银行和股份制商业银行）总共占被调查人数的 32%，征信管理工作人员 10.7%，上市公司高层管理人员 17.9%，中高层管理人员 17.2%，财务管理人员 13.1%，其他经营企业的高级管理人员 11.1%，基本保证了数据来源的全面性，在这些被调查人员中，具有本科以上学历的占 71.5%，其中具有硕士生以上学历的占 17.9%，大专学历的占 21.4%，大专以下学历的只有 7.1%，因此，填写者对问卷中所设计选项和相应问题能够正确地了解。在对调查填写者社会工作年限统计中，工龄超过 6～10 年的占 67%，其中超过 11～15 年的占 52%，工龄在 3～5 年的占 24%，工龄在 1～2 年的只有 9%，从工龄上来说，绝大部分被调查对象都在社会上工作比较长的时间，有一定的社会阅历，对信用资本有一定的判别能力，而且从本书掌握资料可知，填写人员都从事与信用资本有关的工作 3 年以上，因此，填写者通常对被评估对象的信用资本情况比较了解。

8.1.2　数据统计

首先，将调查得到的数据输入计算机建立数据库，共有 37 520 个数据。对这些数据的可靠性进行检验，在这里笔者使用 SPSS11.0 统计分析软件中的"cronbach a 系数"信度检验方法进行了信度检验。结果如表 8.1 所示，所有 a 值都大于 0.8。根据测量某构思的先导性研究信度检验要达到 0.6 的要求，本研究中各个计量尺度的数据可靠性都是可以接受的。

表 8.1 数据可靠性分析

变量（variation）	指标数量	a 值	均值（Mean）	标准差（Std. D）	最小值（Lower）	最大值（Upper）
资产回报	5	0.8232	4.12	0.0677	3.6562	4.2932
利润情况	6	0.8713	3.4327	0.0435	3.1582	3.8031
资产流动性	6	0.8268	3.8945	0.0427	3.5362	4.2634
营运资本偿还能力	8	0.8927	3.8512	0.0414	3.4258	4.2916
资产周转率	4	0.8159	3.7286	0.0346	3.3519	4.0874
负债管理效率	5	0.8698	3.8398	0.0192	3.5074	4.2034
资本结构	4	0.8839	4.2186	0.0177	3.4682	4.3651
营业增长	4	0.8938	4.2451	0.0176	4.0482	4.2981
资产增长	3	0.9043	4.1603	0.0123	4.1675	4.3524
留存比率	3	0.9127	4.1782	0.0092	4.0021	4.2130

其次，本书根据问卷数据求解被评价对象 10 个指标的表现情况，从而建立起信用资本对企业收益影响程度分析表，即信用资本价值评估等级表格。鉴于本书篇幅所限以及 10 个因子评价等级求解方法的一致性，本书以营运资本偿还能力因子的评价得分计算过程为例进行说明。为了使信用资本的价值更具有可度量性，本书将该因子细分为 7 个指标，根据填写者对这 7 个指标的打分情况计算它们的平均分数，然后根据一般统计原则对分数进行分段：其中 5 ~4.5 分是营运资本偿还能力强；4.5 ~3.5 分是营运资本偿还能力较强；3.5 ~2.5 分是营运资本偿还能力一般；2.5 ~1.5 分是营运资本偿还能力较差；1.5 分以下是营运资本偿还能力差。最终根据得票数计算各评价等级的得票率。具体计算如表 8.2 所示。

8.1.3 结果计算

本书利用模糊综合评价法对统计数据进行计算，从而求解信用资本价值的等级。首先，用信用资本价值评价结果构建单因素评判向量。

表 8.2　上市公司信用资本价值评估因素表

评估项目	5 ~ 4.5（N_1）		4.5 ~ 3.5（N_2）		3.5 ~ 2.5（N_3）		2.5 ~ 1.5（N_4）		1.5 ~ 0（N_5）	
	得票数	得票率（%）	得票数	得票率（%）	得票数	得票率（%）	得票数	得票率（%）	得票数	得票率（%）
资产回报 R_1	151	26.87	325	57.83	95	16.90	0	0	0	0
利润情况 R_2	42	7.47	215	38.26	308	54.80	0	0	0	0
资产流动性 R_3	54	9.61	361	64.23	145	25.80	0	0	0	0
营运资本偿还能力 R_4	92	16.37	310	55.16	154	27.40	0	0	0	0
资产周转率 R_5	48	8.54	334	59.43	156	27.76	21	3.74	0	0
负债管理效率 R_6	41	7.30	301	53.56	201	35.77	22	3.91	0	0
资本结构 R_7	283	50.36	187	33.27	67	11.92	21	3.74	0	0
营业增长 R_8	234	41.64	265	47.15	64	11.39	0	0	0	0
资产增长 R_9	155	27.58	367	65.30	32	5.69	0	0	0	0
留存比率 R_{10}	115	20.46	233	41.46	220	39.15	0	0	0	0

注：R 表示 10 个因子，N 表示评价等级。

根据表 8.2，各个单因素评判向量如下：

$$\tilde{R}_1 = (0.26 \quad 0.57 \quad 0.17 \quad 0 \quad 0)$$
$$\tilde{R}_2 = (0.07 \quad 0.38 \quad 0.55 \quad 0 \quad 0)$$
$$\tilde{R}_3 = (0.1 \quad 0.64 \quad 0.26 \quad 0 \quad 0)$$
$$\tilde{R}_4 = (0.17 \quad 0.56 \quad 0.27 \quad 0 \quad 0)$$
$$\tilde{R}_5 = (0.086 \quad 0.597 \quad 0.279 \quad 0.038 \quad 0)$$
$$\tilde{R}_6 = (0.07 \quad 0.53 \quad 0.36 \quad 0.04 \quad 0)$$
$$\tilde{R}_7 = (0.507 \quad 0.335 \quad 0.12 \quad 0.038 \quad 0)$$
$$\tilde{R}_8 = (0.42 \quad 0.47 \quad 0.11 \quad 0 \quad 0)$$
$$\tilde{R}_9 = (0.28 \quad 0.66 \quad 0.06 \quad 0 \quad 0)$$
$$\tilde{R}_{10} = (0.20 \quad 0.41 \quad 0.39 \quad 0 \quad 0)$$

式中：$\tilde{R}$ 表示单因素评判向量。

由于 10 个单因素指标是归属于 4 个一级指标（盈利能力、流动性与偿还能力、资产管理效率、成长性）的二级指标，所以要根据它们所属指标类别把各单因素评判向量结合起来，得到模糊评价矩阵，然后根据各自的权重，得出各自的模糊综合评价。根据第 7 章所推导的计算信用资本对企业超额收益影响程度的模型：

$$V^{*} = [b_1 b_2 b_3 b_4]\begin{bmatrix} V_1 \\ V_2 \\ V_3 \\ V_4 \end{bmatrix}$$

可计算对具体的影响进行综合评价。

盈利能力指标下的一级综合评价：

$$V_1 = [0.55 \quad 0.45]\begin{bmatrix} 0.26 & 0.57 & 0.17 & 0 & 0 \\ 0.07 & 0.38 & 0.55 & 0 & 0 \end{bmatrix}$$

流动性与偿还能力指标下的一级综合评价：

$$V_2 = [0.48 \quad 0.52]\begin{bmatrix} 0.09 & 0.64 & 0.27 & 0 & 0 \\ 0.16 & 0.55 & 0.29 & 0 & 0 \end{bmatrix}$$

资产管理效率指标下的一级综合评价：

$$V_3 = [0.38 \quad 0.29 \quad 0.33]\begin{bmatrix} 0.086 & 0.597 & 0.279 & 0.038 & 0 \\ 0.07 & 0.54 & 0.36 & 0.04 & 0 \\ 0.507 & 0.335 & 0.12 & 0.038 & 0 \end{bmatrix}$$

成长性指标下的一级综合评价：

$$V_4 = [0.36 \quad 0.37 \quad 0.27]\begin{bmatrix} 0.41 & 0.48 & 0.11 & 0 & 0 \\ 0.27 & 0.68 & 0.05 & 0 & 0 \\ 0.20 & 0.41 & 0.39 & 0 & 0 \end{bmatrix}$$

分别对二级指标下的一级综合评价进行计算，最终得到三个模糊综合评价：

$$V_1 = [0.18 \quad 0.48 \quad 0.34 \quad 0 \quad 0]$$

$$V_2 = [0.13 \quad 0.59 \quad 0.28 \quad 0 \quad 0]$$

$$V_3 = [0.21 \quad 0.50 \quad 0.25 \quad 0.04 \quad 0]$$

$$V_4 = [0.30 \quad 0.54 \quad 0.16 \quad 0 \quad 0]$$

然后，将各自模糊综合评价 V 作为一级指标的各单因素评判向量，并将其结合起来，得到模糊评价矩阵，再根据一级指标的权重得出二级综合评价。

二级综合评价公式为

$$V = [0.31 \quad 0.25 \quad 0.24 \quad 0.20] \begin{bmatrix} 0.18 & 0.48 & 0.34 & 0 & 0 \\ 0.13 & 0.59 & 0.28 & 0 & 0 \\ 0.21 & 0.50 & 0.25 & 0.04 & 0 \\ 0.30 & 0.54 & 0.16 & 0 & 0 \end{bmatrix}$$

式中：V 表示信用资本价值模糊综合评价集：b_i（$i=1,2,3,4$）表示一级指标的权重；V_i 表示一级综合评价。

本书将 V 进行归一化处理，并最终得到信用资本价值模糊综合评价集 V^*。

$$V^* = [0.20 \quad 0.53 \quad 0.27 \quad 0.01 \quad 0]$$

然后确定信用资本价值评价隶属度。确定评价隶属度一般可以选用两种方法：一是最大隶属度法，二是加权平均法。

最大隶属度法存在一定的局限性：其一，它只考虑隶属度大的评语，舍弃评判对象隶属于其他评语等级的信息；其二，当某评价对象隶属度最大评语等级不止一个时，难以确定最终评语；其三，如果进行比较评判的对象最终评语等级相同，则难以按隶属度作出进一步排序。而加权平均法可以弥补只以隶属度大的评语作为排序的唯一标准这一不足，它是以各评语等级的加权综合结果作为排序的依据，而且即使在无法取得适当的相关指标数值时，也可建立虚拟变量而人为地赋值。由于信用资本价值的各等级的对应分数分别为：5、4、3、2、1，采用加权平均法对信用资本价值计算出的信用资本价值为

$$K = \frac{0.20 \times 5 + 0.53 \times 4 + 0.27 \times 3 + 0.01 \times 2}{5} = 0.79$$

前文将信用资本价值评判等级分为“大”、“较大”、“一般”、“较小”、“小”五个等级，而分别对应的评价隶属度为“1”、“0.8”、“0.6”、“0.4”、“0.2”，现在被评估对象的信用资本价值得分为 0.79，非常接近 0.8 的水准，即该评估对象的信用资本价值处于“较大”等级。

这一数值也是信用资本计算模型中信用资本对 H 省上市公司经营收益的贡献度 K，即

$$K = 0.79$$

在计算信用资本对经营收益的贡献度时，K 视为外生变量，不受该企业具体经营活动的影响。

据此可以认为，信用资本对上市公司经营收益的影响是比较明显的，其超额收益或超额亏损中有79%的比例是由信用资本贡献的。这一数值也表明，特定地区的信用环境或市场运用中的诚信程度对经济效率的影响是非常明显的，只有拥有足够的信用资本，各种资源融合才能顺畅进行，经济运行效率才能得到切实提高。

以H省为样本，以上得到的信用资本对上市公司的经营收益贡献度为0.79。在下文的实证检验中，这个K值也作为专用设备制造业上市公司的信用资本贡献度。主要原因有二：第一，H省信用体系建设在全国处于前列。2005年就制定了《H省社会信用体系建设规划》，明确了2005～2010年社会信用体系建设“一二三四”的总体目标；颁布了《H省信用信息管理办法》，通过行政立法（政府规章）对信用信息的征集、披露、使用、监督管理作出了规定；建成并开通了“三库一网一平台”为基本框架的“H省信用信息系统”；开展了一系列的信用宣传和教育活动。目前，H省社会化信用体系成效已初步显现，信用状况、信用环境开始好转，上市公司的信用资本贡献度能够代表全国情况。第二，H省上市公司的信用资本情况与全国上市公司情况没有本质上的区别。都是能从盈利能力、流动性与偿还能力、资产管理效率、成长性等方面对信用资本进行分析计算。另外，从上市公司信息披露的范围、程度等要求方面讲，全国上市公司的情况是基本一致的。因此，对H省上市公司研究得来的K值可以用在其他上市公司的研究和分析上。

8.2 确定作为实证研究对象的具体企业

信用资本是一项新生事物，其经济价值隐藏在其他经济要素之中，尚未得到有效挖掘，尤其是实证分析面临着研究对象难以选取、相关数据难以收集、分析指标难以确定、问题分析难以深入等突出困难。从目前情况看，以上市公司作为实证分析对象相对而言更利于具体研究信用资本的实际价值。在具体企业选择上，本书首先选择专用设备制造行业中的ZLZK公司作为研究对象。

1. 全行业上市公司和ZLZK公司情况概述。截至2005年12月，专用设备制造行业共有上市公司56家。其中ZLZK公司、徐工科技等公司的生产能力均处于全国同行业领先地位。根据国务院改革发展的要求，大部分公司已于 2006 年完成了股权分置改革，为长远发展奠定制度基础，也为进一步发挥上市公司的带动作用创造条件。本书选取 ZLZK 公司作为实证研究的对象。

表 8.3 专用设备制造业全行业上市公司代码

SZ000157	中联重科	SZ002097	山河智能	SH600526	菲达环保
SZ000404	华意压缩	SH600055	万东医疗	SH600560	金自天正
SZ000409	ST 泰格	SH600072	江南重工	SH600582	天地科技
SZ000425	徐工科技	SH600150	沪东重机	SH600587	新华医疗
SZ000528	柳工	SH600162	香江控股	SH600604	二纺机
SZ000603	*ST 威达	SH600169	太原重工	SH600610	S 中纺机
SZ000622	*ST 恒立	SH600262	北方股份	SH600710	常林股份
SZ000666	经纬纺机	SH600268	国电南自	SH600732	上海新梅
SZ000680	山推股份	SH600290	华仪电气	SH600761	安徽合力
SZ000736	S*ST 重实	SH600302	标准股份	SH600806	S 交科技
SZ000821	京山轻机	SH600312	平高电气	SH600813	ST 鞍一工
SZ000838	S 蓝石化	SH600320	振华港机	SH600815	厦工股份
SZ000852	S 江钻	SH600346	大橡塑	SH600843	上工申贝
SZ000923	S 宣工	SH600382	广东明珠	SH600855	航天长峰
SZ002006	精工科技	SH600388	龙净环保	SH600860	北人股份
SZ002009	天奇股份	SH600435	北方天鸟	SH600879	火箭股份
SZ002016	威尔科技	SH600475	华光股份	SH600892	SST 湖科
SZ002021	中捷股份	SH600496	长江精工	SH600984	建设机械
SZ002031	巨轮股份	SH600499	科达机电		

ZLZK 公司 2000 年在深圳证券交易所挂牌上市交易，该公司主要经营范围包括：开发、生产、销售工程机械、环卫机械及其他机械设备、金属与非金属新材料、光机电一体化高新技术产品并提供租赁、售后技术服务；销售建筑装饰材料（不含硅酮胶）、汽车（不含小轿车）及政策允许的金属材料、化工原料、化工产品；房地产投资。

2. 选取 ZLZK 公司作为实证研究对象的主要考虑。选择 ZLZK 公司作为信用资本重点分析的对象，既可以在一定程度上缓解上述四大困难，又能为定量分析提供有力的佐证。

一是作为传统的制造业企业，可以直接测量信用资本的规模、收益变化。在制造业的生产经营活动中，信用起到的作用不可忽视，外部信用环境、内部经营管理措施等因素对其生产经营规模和收益产生直接影响。信用资本的投入产出、成本收益与其本身的经营效益密切相关，并以多种形式体现出来。从目前看，专用设备制造业属于机械制造行业，是我国的重要产业之一，通过经营规模、收益的变化反映、测量信用资本，比较简便、直观，容易令人接受。

二是 ZLZK 公司的征信评信地位相对突出。我国的社会信用体系建设刚刚起步，征信评信制度还处于草创阶段，信用信息数据库正在筹建、效果尚未体现，既没有形成广泛的社会影响，又没有表现出比较突出的经济价值，更没有积累足够的征信评信数据资料。因此，选择信用资本研究的实证分析对象只有从传统行业中寻找，而机械制造业在经济运行体系中处于重要地位。而 ZLZK 公司秉承了科研院所浑厚的文化、科技底蕴和“躬自厚薄责于人”的诚信作风，逐步形成了“诚信为本、不断超越”的核心价值观，构成了完整的诚信体系。

三是 ZLZK 公司自身信用资本已形成累积效应。凭借完善的法人治理结构和深入人心的诚信意识，ZLZK 公司自成立以来以每年平均 60% 的增长速度发展，目前拥有多个著名品牌，生产具有完全自主知识产权的十大系列、一百多个品种的主导产品、产品类别超过同行业任何一家国际知名企业，畅销包含港澳地区的国内市场。2005 年，全国工程机械行业利润排名第一位；全球工程机械制造商排名第 33 位；上海、深圳上市公司综合绩效排名连续三年位居前列，名列“湘股”第一位；品牌价值 33. 18 亿元，名列“中国 500 最具价值品牌”的排行榜第 193 位；进入“中国企业 500 强”，“中国机械工业 100 强”；连续三年被评为“最具成长性”企业。ZLZK 公司自身的信用资本，已经获得了社会的普遍承认，形成了较为明显的经济效益和社会效益。2007 年 2 月，ZLZK 公司被 H 省地方税务局、H 省国家税务局、H 省财政厅、H 省人民政府国有资产监督管理委员会等单位联合评为“2006 诚信之星行业示范单位”。

8. 3 信用资本价值评价指标的定量分析

根据上一节信用资本计算公式

$$CC = \frac{f(h) + f(i) + f(j) + f(k)}{K \cdot (R_1 - R_0)} \tag{8.1}$$

本书以全国专用设备制造业上市的公司平均收益率水平为参照，先确定超额收益率，再计算信用资本的实际收益$f(h)+f(i)+f(j)+f(k)$。

1. 从收益率中分离出超额收益率。反映上市公司平均收益水平的指标主要有每股收益（EPS）（全面摊薄）、资产净利率（ROA）、主营业务利润率、净资产收益率（ROE）（全面摊薄）等多个指标。本书采用加权后的各上市公司净资产收益率（ROE）（全面摊薄）作为行业平均收益率。

表8.4 专用设备制造业上市公司净资产收益情况表（单位：亿元,%）

年份	2001	2002	2003	2004	2005	年均
行业净资产收益率	3.95	6.84	7	9.91	7.76	7.092
ZLZK公司净资产收益率	2.58	1.89	7.73	13.53	18.93	8.932
ZLZK公司超额收益率	-1.37	-4.95	0.73	3.62	11.17	1.84

资料来源：天软金融分析.NET。

根据净资产进行加权，则专用设备制造行业上市公司的年均收益率，即行业平均收益率为

$$E_{industry} = 7.092\%$$

而ZLZK公司的净资产收益率为

$$E_{ZLZK} = 8.932\%$$

ZLZK公司的超额收益率为

$$E_{exess} = E_{ZLZK} - E_{industry} = 1.84\% \tag{8.2}$$

由于信用资本具有累积性效应，本书先计算2001～2005年ZLZK公司超额收益，再开展信用资本收益的时间和趋势分析。

2. 信用资本对贷款超额收益率贡献度K值的确定。在7.1.1中，我们确定了信用资本对该行业上市公司经营收益的影响，即可以认为，上市公司所获得较高的超额收益或超额亏损中，信用资本贡献的比例为

$$K = 0.79$$

则ZLZK公司超额收益中由信用资本贡献的比例，即信用资本形成的超额收益率为

$$E_{CC-exess} = K \cdot E_{exess} = 1.45\% \quad (8.3)$$

8.4 信用资本收益 G 的确定

根据前述推导，信用资本收益 $G=f(h)+f(i)+f(j)+f(k)$，其中 $f(h)$ 为信用关系的直接收益，$f(i)$ 为以较低成本获取资源带来的收益，$f(j)$ 为以较高价格销售产品带来的收益，$f(k)$ 为其他外在性的收益。结合 ZLZK 公司生产经营实际和财务收入结构，以该行业上市公司平均水平为参照，就可确定上述信用资本各部分的收益。

8.4.1 良好的信用关系所形成的直接收益 $f(h)$

良好的信用关系和信用管理能力带来的直接经济效益是账款赊销中对本企业的资金占用的减少。本书将这部分收益分成四个部分：

第一部分，表现为应收账款净额和其他应收款的减少。应收账款是赊销的产物，赊销一方面可以提高企业的市场竞争能力，扩大销售，但另一方面延迟了企业的现金收回时间，增加账款的催收费用，甚至遭受坏账损失的风险。信用关系良好的企业，应该具有较少的应收账款净额和其他应收款。

第二部分，表现为预付账款的减少。预付账款，就是指对供应商预先支付的货款。信用关系良好的企业，往往受到供应商的信任，通常具有较少的预付账款。

第三部分，表现为预收账款的增加。预收账款是由于信用不够或所购商品金额庞大而要求买方提前支付的款项，这样形成对买方一种交货承诺。由于公司良好的信用关系，应该具有较高的预收账款。

第四部分，表现为应付账款的减少。应付账款是一种商业信用，是企业因购材料、商品和接受劳务供应等支付给供应商的款项。同理，信用良好的企业受到供应商的信任，应该具有较低的应付账款额。

良好的信用关系，从占用自身资金的角度出发，不仅意味着应收账款净额、其他应收款的减少，预付账款的减少，预收账款的增加，应付账款的增加。ZLZK 公司多年来生产经营管理中形成的资产减值比例明显低于全行业平均水平，这部分损失的降低可视为信用资本带来的直接收益。ZLZK 公司

2001 年来的应收账款净额、其他应收款、预付账款、预收账款和应付账款的情况见表 8.5。全部使用合并资产负债表中的数据。

考虑到以上几个指标的累积性影响，我们用五年差异的平均水平来加权确定 ZLZK 公司与全行业平均水平的差异。根据上表计算得出 ZLZK 公司账款赊销情况与全行业水平的差值，正值表示高于全行业水平，负值表示低于全行业水平，则：

$$DIV_{应收账款}=\frac{(16.10)+(10.88)+(19.37)+(3.65)+(8.64)}{5}=11.73\%$$

$$DIV_{其他应收款}=\frac{(-6.61)+(5.55)+(-3.05)+(-2.74)+(-0.94)}{5}=-1.56\%$$

$$DIV_{预付账款}=\frac{(6.84)+(11.59)+(3.85)+(-2.81)+(-2.11)}{5}=3.47\%$$

$$DIV_{应付账款}=\frac{(4.32)+(5.72)+(15.12)+(3.82)+(5.45)}{5}=6.88\%$$

$$DIV_{预收账款}=\frac{(-2.77)+(-5.69)+(-6.48)+(-10.13)+(-8.20)}{5}=-6.65\%$$

以五项账款占主营业务收入的比例来看：

$DIV_{应收账款}>0$，ZLZK 公司应收账款水平高于行业平均水平约 11.73 个百分点。

$DIV_{其他应收款}<0$，其他应收款水平低于行业平均水平约 1.56 个百分点。

$DIV_{预付账款}>0$，ZLZK 公司预付账款水平高于行业平均水平约 3.47 个百分点。

$DIV_{应付账款}>0$，ZLZK 公司应付账款水平高于行业平均水平约 6.88 个百分点。

$DIV_{预收账款}<0$，ZLZK 公司预收账款水平低于行业平均水平约 6.65 个百分点。

上述五个指标的经济意义在于：ZLZK 公司的应收账款较多，预付账款较多，高于行业平均水平；应收账款较少，低于行业平均水平。这样就多占用了自身的资金，降低了自身的资金利用率。因此，还有一定的潜力提高账款管理水平，进一步改善信用资本状况。

表 8.5 2001～2005 年 ZLZK 公司五项指标对比分析表 （单位：万元,%）

年份		主营业务收入	应收账款		其他应收款		预付账款		应付账款		预收账款	
			净额	占比	净额	占比	金额	占比	金额	占比	金额	占比
2001	全行业	3 133 194	956 973	30.54	223 649	7.14	177 081	5.65	508 122	16.22	285 418	9.11
	ZLZK 公司	38 833	18 111	46.64	204	0.53	4 853	12.50	7 975	20.54	2 463	6.34
	差异			16.10		-6.61		6.85		4.32		-2.77
2002	全行业	3 858 179	1 113 622	28.86	235 810	6.11	187 833	4.87	626 692	16.24	390 065	10.11
	ZLZK 公司	66 544	26 444	39.74	7 762	11.66	10 950	16.45	14 613	21.96	2 941	4.42
	差异			10.88		5.55		11.58		5.72		-5.69
2003	全行业	5 361 403	1 219 532	22.75	238 527	4.45	259 274	4.84	872 666	16.28	802 886	14.98
	ZLZK 公司	117 333	49 416	42.12	1 646	1.40	10 186	8.68	36 837	31.40	9 968	8.50
	差异			19.37		-3.05		3.84		15.12		-6.48
2004	全行业	6 685 843	1 383 013	20.69	228 818	3.42	361 997	5.41	1 055 557	15.79	882 589	13.20
	ZLZK 公司	338 046	82 254	24.33	2 297	0.68	8 821	2.61	66 293	19.61	10 366	3.07
	差异			3.64		-2.74		-2.80		3.82		-10.13
2005	全行业	8 350 830	1 614 538	19.33	259 374	3.11	444 099	5.32	1 388 294	16.62	986 585	11.81
	ZLZK 公司	327 889	91 720	27.97	7 091	2.16	10 505	3.20	72 368	22.07	11 846	3.61
	差异			8.64		-0.95		-2.12		5.45		-8.20

资料来源：天软金融分析.NET。

其他应收账款水平低于行业平均水平，应付账款高于行业平均水平。这样就达到了少占用自身资金的目的，提高了有限资金的周转水平。因此，从这三项账款水平的角度出发，客户信任 ZLZK 公司，给 ZLZK 公司带来了直接收益，信用资本的作用得到了发挥。

2005 年五项账款的资金占用量相对于全行业：

$$F_{reduce} = [91\ 720 \times 8.64\% + 7\ 091 \times (-0.94\%) + 10\ 505 \times (-2.11\%) - 72\ 368 \times 5.45\% - 11\ 846 \times (-8.20\%)] = 4\ 663.6(\text{万元})$$

账款往来多占用的 4 663.6 万元资金就是信用资本管理不善给 ZLZK 公司形成的负直接收益。这种直接收益是信用资本缺失的直接转化，或者说是信用资本的货币化表现形式之一。因此，信用资本将带来的超额收益为负：

$$f(h) = F_{reduce} \cdot E_{CC-exess} = -67.62(\text{万元}) \qquad (8.4)$$

其经济含义就是，2005年，账款管理水平的提高给ZLZK公司带来的信用资本超额收益为-67.62万元。

在行业平均水平下，为获得这部分超额收益所需要投入的货币资本即为信用资本的第一种虚拟形式：

$$CC_1 = \frac{f(h)}{E_{industry}} = -953.5(\text{万元}) \tag{8.5}$$

因此，2001~2005年，ZLZK公司信用关系所形成的直接收益$f(h)$的实际价值为负，这说明账款管理还有很大潜力可挖，信用关系形成的直接收益还未充分体现。如表8.6所示。

表8.6　2001~2005年ZLZK公司良好的信用关系所形成的直接收益$f(h)$表

（单位：万元）

年　份	2001	2002	2003	2004	2005
少占用资金总量	-2 957.59	-3 907.55	-4 990.17	-1 205.14	-4 665.07
信用资本的超额收益$f(h)$	-42.89	-56.66	-72.36	-17.47	-67.62
等价的信用资本CC_1	-604.70	-798.92	-1 020.27	-246.40	-953.50

8.4.2　确定以扩大规模获取资源带来的收益$f(i)$

从表8.5可以看出，与上市公司的平均水平相比，ZLZK公司生产经营规模是逐年扩大的，总资产是逐年增加的。这表明，该公司通过扩大生产规模为自己带来了超额收益$f(i)$。该公司相对全行业的规模扩大反映在主营业务收入上，见表8.7。

表8.7　2001~2005年ZLZK公司规模获取资源带来的收益$f(i)$表

（单位：万元，%）

年　份	2001	2002	2003	2004	2005
全行业资产报酬率	3.82	4.65	4.69	4.28	4.41
ZLZK公司总资产报酬率	10.61	12.38	11.56	12.42	8.09
ZLZK公司与行业的差异	6.79	7.73	6.87	8.14	3.68
ZLZK公司资产总计	105 994	147 217	259 808	358 108	417 338
扩大规模获得的超额收益	7 197	11 380	17 849	29 150	15 358
信用资本获得的收益$f(i)$	104.4	165.0	258.8	422.7	222.7
等价的信用资本CC_2	1 471.47	2 326.71	3 649.33	5 959.88	3 140.03

如表 8.7 所示，自 2001 年以来，ZLZK 公司的生产销售规模逐年相对扩大，总资产从 2001 年的 105 994 万元扩大到 2005 年的 417 338 万元。这可以说是信用资本作用下的直接结果，一方面使生产规模取得了行业平均收益，另一方面还因此获得了超额收益。

2005 年，这种生产经营规模扩大带来的信用资本超额收益为

$$f(i) = \Delta SCALE \cdot E_{CC-exess} = 15\ 358 \times 1.45\% = 222.7(\text{万元}) \quad (8.6)$$

在全行业平均水平下，为获得这部分超额收益需要投入的货币资本即为信用资本的第二种虚拟形式：

$$CC_2 = \frac{f(i)}{E_{industry}} = 3\ 140.03(\text{万元}) \quad (8.7)$$

8.4.3 确定以较高价格销售产品带来的收益 $f(j)$

从表 8.5 可以看出，与专用设备制造业上市公司的平均水平相比，2001～2005 年 ZLZK 公司净利润率是逐年上升的，逐渐超过全行业的平均水平。这表明，该公司以较高价格销售产品也逐渐为自己带来了超额收益 $f(i)$。见表 8.8。

表 8.8 ZLZK 公司规模获取资源带来的收益 $f(j)$ 表

（单位：万元,%）

年 份	2001	2002	2003	2004	2005
全行业净利润率	3.67	5.84	4.89	3.6	4.3
ZLZK 公司净利润率	27.1	23.1	19.67	11.36	9.47
ZLZK 公司与行业的差异	23.43	17.26	14.78	7.76	5.17
ZLZK 公司主营业务收入	38 833	66 544	117 333	338 046	327 888
提高价格获得的超额收益	9 098.57	11 485.49	17 341.82	26 232.37	16 951.81
信用资本获得的收益 $f(j)$	131.9	166.5	251.5	380.4	245.8
等价的信用资本 CC_3	1 860.25	2 348.27	3 545.63	5 363.36	3 465.88

ZLZK 公司的净利润率高于全行业平均水平，表明该公司的生产销售还获得了一定的超额收益。超额收益等于与高于全行业净利润率平均水平一致时的主营业务收入与信用资本超额收益率之积。2005 年度获得的超额收益为

$$f(j) = \Delta Profit \cdot E_{CC-exess} = 19\ 651 \times 1.45\% = 245.8(\text{万元}) \quad (8.8)$$

在全行业平均水平下，为获得这部分超额收益需要投入的货币资本即为信用资本的第三种虚拟形式：

$$CC_3 = \frac{f(j)}{E_{industry}} = 3\ 465.88(\text{万元}) \tag{8.9}$$

8.4.4　确定其他外在性的收益 *f*（*k*）

外在性收益包括良好的企业信誉、稳定的合作预期及未来收益使企业在开展商业活动时所增加的合作机会、减少的摩擦成本、交易成本及进入门槛条件的降低等其他多种形式的外部福利。并且，从长期来看，其他外在性收益在整个信用资本收益总额中所占比例比较小，而由此对企业带来的信用资本收益牵涉面广、内容复杂，难以具体计算，本书对此不作深入研究，只是根据 ZLZK 公司的具体情况进行举例说明。

表8.9　ZLZK 公司其他外在性收益 *f*（*k*）表　（单位：万元）

年　份	2001	2002	2003	2004	2005
赔偿费	11	16	26	60	417
赞助、捐赠支出	15	212	106	338	227
外在性收益	4	196	80	278	-190
信用资本获得的收益 *f*（*k*）	0.06	2.84	1.16	4.03	-2.76
等价的信用资本 CC_4	0.82	40.07	16.36	56.84	-38.85

资料来源：ZLZK 公司各年度报告。

上市公司年报中的赔偿费大幅度增加往往会降低公司的形象，对公司信用资本状况存在负面影响；而赞助、捐赠支出增加往往能给公众造成比较好的影响，提高公司的各种形象，特别是信用方面的形象。本书把赞助、捐赠支出减去赔偿费的差额作为信用资本收益表现出来的第四种形式。

如表8.9所示，自2001年以来，ZLZK 公司的赔偿费逐年增加，从2001年的11万元增加到2005年的417万元，而赞助、捐赠支出也逐年增加，从2001年的15万元增加到2005年的227万元。除2005年外，ZLZK 公司的其他外在性收益逐年增加，从2001年的4万元增加到2004年的278万元。2005年度获得的超额收益为负值：

$$f(k) = \Delta Else \cdot E_{CC-exess} = -190 \times 1.45\% = -2.76(\text{万元}) \tag{8.10}$$

为获得这部分超额收益需要投入的货币资本即为信用资本的第四种虚拟形式：

$$CC_4 = \frac{f(k)}{E_{industry}} = -38.85(万元)$$

8.4.5 ZLZK公司信用资本总量

ZLZK公司信用资本的定量分析结果如表8.10所示。

表8.10 2005年末ZLZK公司信用资本收益情况统计 （单位：万元）

信用资本收益 $G=f(h)+f(i)+f(j)+f(k)$				
$f(h)$	$f(i)$	$f(j)$	$f(k)$	G
-67.62	222.7	245.8	-2.76	398.12
等值的信用资本 $CC=CC_1+CC_2+CC_3+CC_4$				
CC_1	CC_2	CC_3	CC_4	CC
-953.5	3 140.03	3 465.88	-38.85	5 613.56

注：全行业平均收益率为 $E_{industry}=7.092\%$；信用资本对超额收益的贡献度为 $K=0.79$；信用资本超额收益率为 $E_{CC-exess}=1.45\%$。

如表8.10所示：信用资本2005年为ZLZK公司创造了398.12万元的经济收益，相当于5 613.56万元资金在一年内为其创造的经济收益，信用资本的货币化价值即等价的虚拟资本为5 613.56万元。

由前文对信用资本三个组成部分的计算公式：

$$f(h) = F_{reduce} \cdot E_{CC-exess} \tag{8.11}$$

$$f(i) = \Delta Scale \cdot E_{CC-exess} \tag{8.12}$$

$$f(j) = \Delta Profit \cdot E_{CC-exess} \tag{8.13}$$

$$f(k) = \Delta Else \cdot E_{CC-exess} \tag{8.14}$$

也可以总结出上市公司信用资本的一般计算公式如下：

$$G = \frac{F_{reduce} + \Delta Scale + \Delta Profit}{E_{industry}} \cdot K \cdot E_{exess} \tag{8.15}$$

F_{reduce} 为ZLZK公司五项账款比行业平均水平少占用的资金，$\Delta Scale$ 为ZLZK公司比行业平均水平增加了的资产规模；$\Delta Profit$ 为ZLZK公司比行业平均水平增加了的净利润总额；E_{exess} 为超额收益率，K 为信用资本对企业超额收益的影响程度，$K \cdot E_{exess}$ 即为企业的超额收益率；$E_{industry}$ 为专用机械制造行业平均收益率。

根据上述公式，可以计算出全行业所有上市公司的信用资本情况。需要指出的是，根据本书设定，以专用机械设备制造业所有上市公司的平均水平作为行业参考指标计算出的信用资本体现的是信用资本相对水平，即 ZLZK 公司相对于全行业平均水平所拥有的信用资本具体是多少，是高还是低，是正值还是负值，而不是反映 ZLZK 公司拥有的信用资本绝对数额。

8.5　全行业上市公司信用资本收益 *G* 的确定

按上节公式即可计算出全行业各上市公司 2001 ~ 2005 年所拥有的相对信用资本数量。因为在本文的假设中，已将全行业所拥有的信用资本规定为常数 0，则全部加总以计算出全行业所拥有的信用资本，其结果必然为零值。见表 8.11。

表 8.11　全行业上市公司 2001 ~ 2005 年信用资本总量　　（单位：万元）

公司代码	公司简称	2001 年	2002 年	2003 年	2004 年	2005 年
SH6000 **	WDYL	858.52	674.98	571.50	425.55	−380.48
SH6000 **	JNZG	−1 080.38	−929.64	−2 152.39	−1 694.01	−1 562.73
SH6001 **	HDZJ	−13.76	−846.42	557.48	6 815.52	15 970.27
SH6001 **	XJKG	−1 045.55	−972.06	−1 052.46	1 723.34	−2 366.50
SH6001 **	TYZG	−7 224.74	−8 092.52	−10 689.09	−4 973.32	−4 012.24
SH6002 **	BFGF	−3 350.47	−2 987.43	−4 283.86	−2 442.39	−2 591.76
SH6002 **	GDNZ	−3 199.57	−5 227.03	−5 642.80	−6 184.23	−6 317.22
SH6002 **	HYDQ	−25.43	−182.10	−104.80	−623.39	−2 352.00
SH6003 **	BZGF	2 339.88	1 829.36	3 376.64	3 685.87	2 300.94
SH6003 **	PGDQ	163.40	−2 250.27	−3 258.28	−3 465.18	−2 587.51
SH6003 **	ZHGJ	−5 989.23	−13 717.51	−6 506.14	1 004.71	30 240.80
SH6003 **	DXS	397.58	−278.42	−654.41	−626.42	−976.92
SH6003 **	GDMZ	1 191.69	70.01	28.90	1 270.11	565.30
SH6003 **	LJHB	775.19	−465.23	2 550.91	6 313.20	12 498.87
SH6004 **	BFTN	807.20	614.24	476.71	−312.94	−398.37
SH6004 **	HGGF	4 966.84	7 055.51	77 675.59	101 814.42	52 619.85
SH6004 **	CJJG	388.99	−264.16	−509.57	−468.61	−800.27
SH6004 **	KDJD	1 024.99	1 413.97	1 179.23	1 361.18	799.11

续表

公司代码	公司简称	2001年	2002年	2003年	2004年	2005年
SH6005 **	FDHB	1 384.45	1 674.98	1 583.37	3 807.52	1 578.46
SH6005 **	JZTZ	1 091.28	792.62	1 730.37	3 544.48	8 386.02
SH6005 **	TDKJ	1 051.55	983.77	400.08	1 461.53	2 743.37
SH6005 **	XHYL	862.26	581.13	315.37	-1 868.38	-630.49
SH6006 **	EFJ	-299.77	-815.64	-699.81	-1 057.92	-1 082.35
SH6006 **	SZFJ	-53.01	3 429.14	-721.32	-1 275.07	-6 102.56
SH6007 **	CLGF	-233.88	725.12	5 890.60	57.09	-418.88
SH6007 **	SHXM	-7 905.51	-8 070.89	-156.95	5 734.24	3 907.46
SH6007 **	AHHL	1 821.03	1 683.30	2 497.17	3 895.69	4 408.88
SH6008 **	SJKJ	-622.09	-554.17	1 155.17	1 028.42	363.06
SH6008 **	XGGF	-60.72	-509.77	-414.92	-1 194.81	-2 913.67
SH6008 **	SGSB	675.91	-1 459.71	-2 345.17	-1 856.45	-16 880.58
SH6008 **	HTCF	574.71	408.60	507.42	360.75	193.90
SH6008 **	BRGF	1 524.02	784.01	815.37	1 530.66	-1 433.79
SH6008 **	GJGF	2 581.79	2 983.51	2 759.64	3 280.71	4 515.87
SH6008 **	SSTHK	-39.59	-1 206.35	-3 107.78	-1 056.96	-75.55
SH6009 **	JSJX	1 304.68	630.76	490.42	-478.47	-4 314.00
	ZLZK	2 727.84	3 916.13	6 191.05	11 133.68	5 613.56
SZ0004 **	HYYS	-4 436.53	-2 700.91	-7 869.70	-1 604.90	-8 165.74
SZ0004 **	STTG	-3 908.21	-7 189.42	-1 752 559.05	-623.39	-594.39
SZ0004 **	XGKJ	2 502.64	1 434.59	395.03	-2 175.24	-10 232.31
SZ0005 **	NG	-550.64	2 539.16	6 321.81	6 599.31	3 918.37
SZ0006 **	* STWD	-8 161.94	-14 967.83	-1 584.71	-2 800.33	-1 032.97
SZ0006 **	* STHL	-995.31	-1 694.95	-699.42	-8 326.47	-8 510.39
SZ0006 **	JWFJ	2 717.17	3 920.44	1 032.41	542.29	-390.13
SZ0006 **	STGF	819.79	3 885.28	3 519.12	1 521.32	887.80
SZ0008 **	JSQJ	3 705.86	916.07	917.59	753.82	-334.40
SZ0008 **	SLSH	-620.41	161.39	-260.03	-152.99	-65.92
SZ0008 **	SJZ	2 782.93	1 528.11	1 191.99	1 862.34	2 415.46
SZ0009 **	SXG	-47.04	-630.31	-989.72	-912.63	-2 679.21
SZ0020 **	JGKJ	931.67	821.95	941.09	745.61	-276.83
SZ0020 **	TJGF	683.55	843.32	991.46	572.33	55.44
SZ0020 **	WEGF	673.39	481.70	328.18	122.46	-650.33
SZ0020 **	ZJGF	1 641.44	1 372.82	1 029.23	988.24	1 302.03
SZ0020 **	JLGF	2 245.04	1 305.35	1 378.85	2 266.02	1 812.98
SZ0020 **	SHZN	0.00	0.00	872.74	487.93	629.92

从 2005 年的信用资本情况来看，信用资本为正的专用机械制造行业上市公司共有 22 个，占 56 个公司总数的比例为 39%，信用资本最多的是华光股份（证券代码：600475），为 52 619. 85 万元。H 省第一家上市公司 ZLZK 公司，信用资本达到了 5 627. 23 万元，在全行业上市公司中排名第 6。2005 年全行业信用资本结构情况如表 8. 12 和图 8. 1 所示。

表 8. 12　2005 年专用设备制造业上市公司信用资本结构情况　（单位：万元）

公司代码	上市公司	$f(h)$ 等价的信用资本 CC_1	$f(i)$ 等价的信用资本 CC_2	$f(j)$ 等价的信用资本 CC_3	$f(k)$ 等价的信用资本 CC_4	信用资本总量 CC	排名
SH6004 **	HGGF	52 478. 01	−769. 19	530. 73	380. 30	52 619. 85	1
SH6003 **	ZHGJ	−1 887. 64	17 817. 57	14 092. 30	218. 56	30 240. 80	2
SH6001 **	HDZJ	12 532. 06	1 800. 00	1 522. 78	115. 42	15 970. 27	3
SH6003 **	LJHB	12 900. 11	−308. 43	−183. 14	90. 33	12 498. 87	4
SH6005 **	JZTZ	8 625. 93	−332. 84	32. 32	60. 61	8 386. 02	5
	ZLZK	−953. 5	3 140. 03	3 465. 88	−38. 85	5 613. 56	6
SH6008 **	HJGF	−522. 94	2 336. 27	2 669. 90	32. 64	4 515. 87	7
SH6007 **	AHHL	125. 53	2 822. 76	1 428. 73	31. 86	4 408. 88	8
SZ0005 **	NG	188. 29	3 017. 73	684. 02	28. 32	3 918. 37	9
SH6007 **	SHXM	1 631. 76	1 238. 93	1 008. 53	28. 24	3 907. 46	10
SH6005 **	TDKJ	−360. 26	1 727. 04	1 356. 76	19. 83	2 743. 37	11
SZ0008 **	SJZ	−93. 51	1 321. 41	1 170. 10	17. 46	2 415. 46	12
SH6003 **	BZGF	65. 75	1 278. 77	939. 79	16. 63	2 300. 94	13
SZ0020 **	JLGF	−9. 47	838. 15	971. 20	13. 10	1 812. 98	14
SH6005 **	FDHB	2 332. 22	−166. 75	−598. 42	11. 41	1 578. 46	15
SZ0020 **	ZJGF	217. 72	545. 54	529. 36	9. 41	1 302. 03	16
SZ0006 **	STGF	166. 44	432. 97	281. 97	6. 42	887. 80	17
SH6004 **	KDJD	49. 75	415. 19	328. 39	5. 78	799. 11	18
SH6003 **	GDMZ	248. 57	−49. 89	362. 53	4. 09	565. 30	19
SH6008 **	SJKJ	783. 98	−205. 71	−217. 83	2. 62	363. 06	20
SH6008 **	HTCF	−257. 50	124. 95	325. 05	1. 40	193. 90	21
SZ0020 **	TQGF	−686. 73	390. 82	350. 96	0. 40	55. 44	22
SZ0008 **	SLSH	−104. 59	60. 34	−21. 20	−0. 48	−65. 92	23
SH6008 **	SSTHK	0. 02	−34. 32	−40. 70	−0. 55	−75. 55	24

续表

公司代码	上市公司	$f(h)$ 等价的信用资本 CC_1	$f(i)$ 等价的信用资本 CC_2	$f(j)$ 等价的信用资本 CC_3	$f(k)$ 等价的信用资本 CC_4	信用资本总量 CC	排名
SZ0020 **	JGKJ	−186.49	−138.70	50.36	−2.00	−276.83	25
SZ0008 **	JSQJ	194.71	−569.39	42.70	−2.42	−334.40	26
SH6000 **	WDYL	31.49	−333.14	−76.08	−2.75	−380.48	27
SZ0006 **	JWFJ	1 843.11	−1 282.74	−947.69	−2.82	−390.13	28
SH6004 **	BFTN	−281.44	−216.83	102.78	−2.88	−398.37	29
SH6007 **	CLGF	1 939.07	−1 235.29	−1 119.63	−3.03	−418.88	30
SZ0004 **	STTG	−577.73	−74.90	62.53	−4.30	−594.39	31
SH6005 **	XHYL	−267.95	−301.82	−56.17	−4.56	−630.49	32
SZ0020 **	WEKJ	−557.48	−137.15	49.01	−4.70	−650.33	33
SH6004 **	CJJG	−76.25	−230.58	−487.65	−5.78	−800.27	34
SH6003 **	DXS	−269.77	−491.95	−208.15	−7.06	−976.92	35
SZ0006 **	* STWD	−47.38	−590.73	−387.39	−7.47	−1 032.97	36
SH6006 **	EFJ	738.67	−1 030.41	−782.79	−7.82	−1 082.35	37
SH6008 **	BRGF	−917.94	−627.89	122.41	−10.36	−1 433.79	38
SH6000 **	JNZG	−352.08	−868.63	−330.73	−11.29	−1 562.73	39
SH6002 **	HYDQ	−116.96	−1 182.85	−1 035.19	−17.00	−2 352.00	40
SH6001 **	XJKG	738.83	−1 294.59	−1 793.63	−17.10	−2 366.50	41
SH6003 **	PGDQ	−3 764.57	387.29	808.46	−18.70	−2 587.51	42
SH6002 **	BFGF	−1 830.45	−799.97	57.38	−18.73	−2 591.76	43
SZ0009 **	SXG	248.05	−1 636.59	−1 271.30	−19.36	−2 679.21	44
SH6008 **	XGGF	113.79	−922.31	−2 084.08	−21.06	−2 913.67	45
SH6001 **	TYZG	80.74	−2 456.49	−1 607.50	−29.00	−4 012.24	46
SH6009 **	JSJX	−1 270.39	−1 640.92	−1 371.52	−31.18	−4 314.00	47
SH6006 **	SZFJ	16.79	−2 976.24	−3 099.00	−44.11	−6 102.56	48
SH6002 **	GDNZ	−6 689.49	222.19	195.75	−45.66	−6 317.22	49
SZ0004 **	HYYS	113.13	−4 176.45	−4 043.40	−59.02	−8 165.74	50
SZ0006 **	* STHL	−1 787.17	−3 323.94	−3 337.77	−61.51	−8 510.39	51
SZ0004 **	XGKJ	572.01	−5 363.17	−5 367.19	−73.95	−10 232.31	52
SH6008 **	SGSB	−731.28	−9 049.97	−6 977.33	−122.00	−16 880.58	53

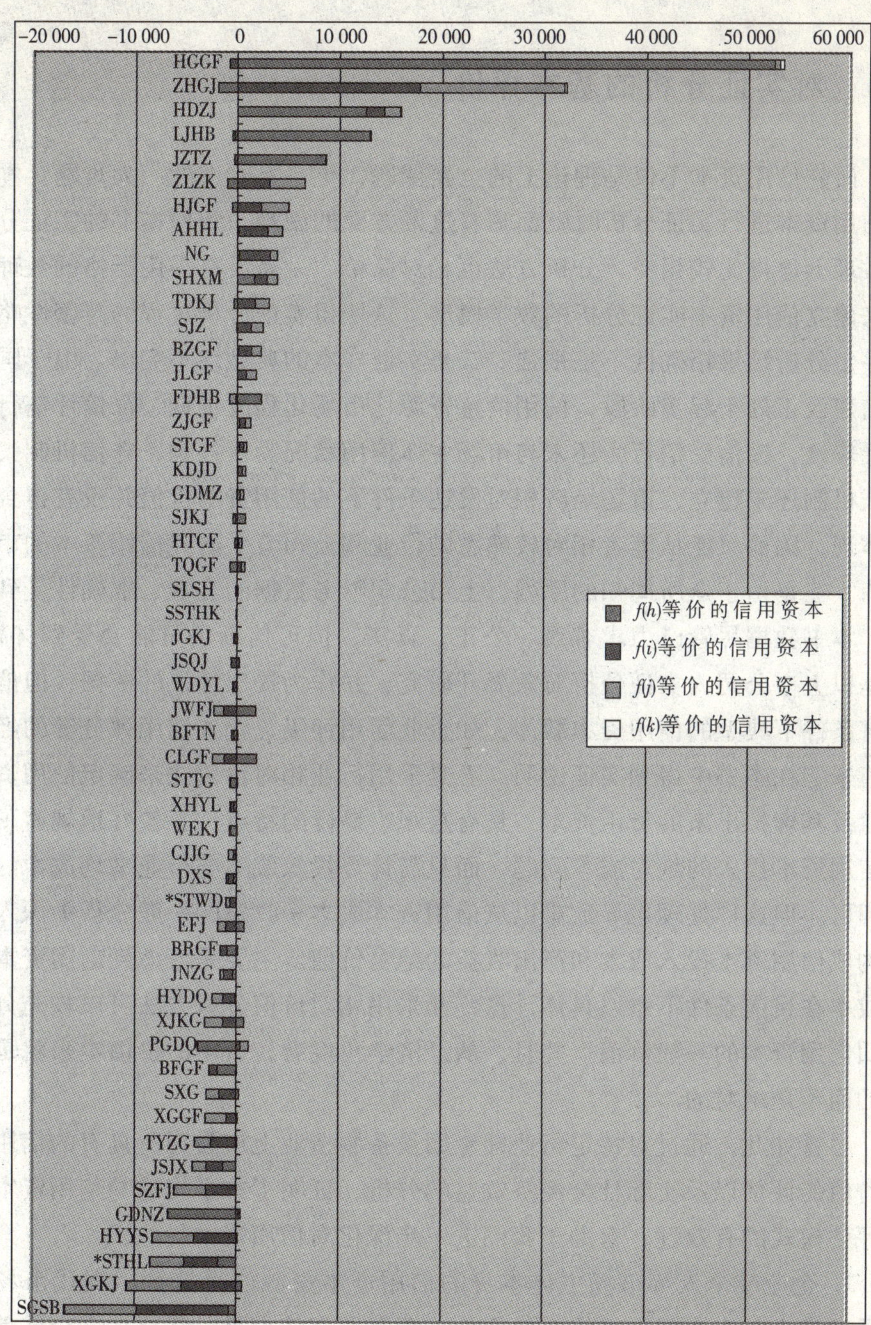

图 8.1　2005 年专用设备制造业上市公司信用资本结构图

8.6 对实证分析的基本评价

研究信用资本不仅是理论上的全新课题，更是实践上的一大难题。本书对信用资本进行实证分析时就面临着这两方面的困难，致使本书的实证分析在数理上显得比较粗糙，分析方法也相对简单。一是没有采用严格的数理论证来建立信用资本实证分析的数学模型。这使得实证分析过程的严密性略显不够，分析结果精确性不是很强。二是实证样本的典型性不突出。由于国内征信建设正处于起步阶段，信用信息资源化市场化程度很低，征信评信行业发展较慢，授信受信行为还未与市场主体信用状况紧密挂钩，守信机制失信惩戒机制还未建立，市场经济相对发达条件下的信用资本价值并没有得到有效体现，因而只能从笔者相对较熟悉的行业和公司着手研究信用资本的市场价值。三是由于众所周知的原因，上市公司财务数据的客观、准确性受到怀疑，本书数据尽管已力求客观、公正、真实，但可信度仍可能会受到怀疑。四是以上市公司为实证分析对象展开研究，并作为提出建议的依据，但信用经济条件下典型的信用资本载体，如企业信用评级、个人信用评分等的经济价值未能在本书中得到实证说明。五是采用行业相对价值法来确定信用资本收益及其虚拟出来的货币资本，具有直观、易懂的特点，并较好地规避了计算信用资本投入的绝对成本问题，而只需计算投入成本与行业平均成本的差异即可。但这样处理也导致难以从信用资本成本—收益的一般分析中深入研究构成信用资本投入成本和产出收益的绝对价值。主要是考虑到信用资本投入成本在目前条件下难以具体计量，而采用相对价值分析方法可以较充分地证明信用资本的一般价值。并且，从经济学角度看，资本的价值本来就是相对的而不是绝对的。

尽管如此，通过对特定行业即专用设备制造业上市公司所具有的信用资本价值的评估以及实际社会经济效益的分析，证明了本书构建的信用资本价值评估模式的有效性，有助于我们进一步深化对信用资本的认识。

1. 企业或个人等市场主体本身的信用资本资源值得挖掘。现代市场经济活动是人与人之间的经济交易行为。而开展经济交易，甚至社会交往首先存在着一个“可信度”的判断，即值不值得交往，是否可信。在经济信用化程度日益提高的情况下，交易对象是否可信甚至比交易物是否可信更值得重视。市场主体的诚信程度越高，他从中获得的守信收益就会越高，因此形成的信用资本就会越多。只要处于一定的市场环境中，蕴涵在市场主体身上的信用资本就会发挥作用，对其经济交易行为产生综合影响。尽管信用资本是一种无形资产，但借助一定的方法还是可以对信用资本进行计量的。本章借助特定模型对 ZLZK 公司等上市公司的信用资本进行计量，尽管是一种相对意义上的信用资本计量方法，但至少具有以下作用：证明市场主体本身蕴涵着丰富的信用资本，对企业经营形成了综合影响，这种信用资本是可以进行计量分析和比较的。

2. 信用资本的积极作用不容忽视。市场的深化、效率的提高，必然要求信用环境，要求市场主体拥有足够的信用资本。诚实守信的理念、良好的信誉、有效的信用管理能力日益成为支撑市场主体生存和发展的根本。H 省近年来社会信用体系建设的成功推进，对当地信用环境的改变发挥了积极作用，促进了企业和个人信用资本的有效挖掘。例如，人民银行信用信息系统的开通后，查询个人信用报告和企业信用记录已成为金融机构发放贷款、企业进行授信管理的前置性条件，这对当地企业和个人形成了有效制约，正在转变当地的信用观念。调查对象对信用资本对企业经营效益和发展的影响程度的综合评价达到 0.79，体现了当地经济金融界人士对信用资本的重视，也在一定程度上反映了信用资本的实际影响。

3. 信用资本对特定地区、特定行业经营收益的影响是一个动态过程。盈利能力、流动性与偿还性、资产管理效率、成长性 4 个价值评估构成因素存在密切相关的联系，价值的变动是四个因素共同作用的结果。实证中问卷填写者对被评估对象的打分的依据主要来源于对被评估对象过去经济活动中的表现，因此 0.79 的水准只能表示该地区、该行业上市公司过去一段时期内的信用资本价值，而且 4 个因素中的多数指标都是在经营过程中发生波动的变量，它们的改善会引起信用资本价值的提升。不仅如此，4 个指标相互之间也会产生影响，盈利能力、流动性与偿还能力发生变动的同时，资产管理效率和成长性的变动也会导致盈利能力的同向变动，因此，信用资本价值的变动是四者共同变动的结果，提升信用资本价值要从四个方面同时着手进行。

4. 分析信用资本对企业经营收益的贡献要考虑多种因素综合的影响。实证中我们发现被评估对象之所以在经济活动中能够有如此突出的表现，一方面是自身信用资本价值的作用，另一方面是信用主体内部特征、与政府关系因素、信用主体的行业特征等影响因素推动作用的结果。这些影响因素不仅仅对信用资本价值的实现提供支持，而且本身就包含着提升信用资本价值的因素成分，因此影响因素对其产生的影响作用是不可忽视的，而且随着经济活动中信用资本价值影响因素的增加，价值评估模型需要考虑的影响因素也会越来越多。

5. 共同改善多项财务指标才能有效发挥信用资本的促进作用。由信用资本价值评估构成要素可以看出，信用资本价值是由数十个财务指标和十多个影响因素指标共同作用的结果，信用资本价值的实现或提升，对这些指标都具有更高的要求，当然这些能力和素质要求既是价值实现的要求，同样也是现在社会经济对上市公司经营目标的更高要求，需要通过多种方式对多种指标进行提升。

上述分析启示我们，重视和挖掘信用资本这一值得重视的经济资源，不仅有利于上市公司经营发展，而且有利于社会主义市场经济不断完善，促进经济社会和谐发展、良性互动。

第9章 信用资本价值评价实证分析（二）——对农村信用社的分析

如果说市场化、现代化经济条件下的信用资本实证分析体现了信用资本的一般价值，那么对向市场经济过渡、实现工业化、城镇化、市场化过程中的我国农村地区的信用资本进行实证分析，可能更有理论价值和现实意义，为更全面地反映信用资本的经济价值及对我国经济社会发展的积极作用，尤其是在推进社会主义新农村建设中的重要作用，本书再选取H省JH县农村信用社展开另一个向度的实证分析。通过分析2001～2005年信用资本对JH县农村信用社业务经营收益的具体影响，并与全省农村信用社平均收益对比，计算出信用资本对该县信用社带来的超额收益率，并最终得出该县农村信用社已形成的信用资本的相对水平。基本思路是先定量计算信用资本数量及其收益率，再结合经济金融发展实际进行定性分析，从定量和定性两个方面阐述信用资本的经济价值和现实意义。

9.1 实证研究对象的确定

信用资本是一项新生事物，其经济价值隐藏在其他经济要素之中，尚未得到有效挖掘，尤其是实证分析面临着研究对象难以选取、相关数据难以收集、分析指标难以确定、问题分析难以深入等突出困难。从目前情况看，以农村信用社作为实证分析对象相对而言有利于具体研究信用资本的实际价值。

1. 选取JH县农村信用社作为实证研究对象的主要考虑。选择JH县农村信用社作为信用资本分析的对象，既可以在一定程度上缓解上述四大困难，又能为定量分析提供有力的佐证。一是作为银行业金融机构，有利于直接测量信用资本的规模、收益变化。金融行业直接以信用为经营对象，外部信用环境、内部经营管理措施等因素对其信用规模和收益产生直接影响。信用资本的投入产出、成本收益与其本身的经营效益密切相关，并以多种形式体现出来。从目前看，贷款业务仍是我国融资的主渠道，仍是银行业金融机构资金运营的主要方式，通过贷款规模、收益的变化反映、测量信用资本，比较简便、直观，容易令人接受。二是农村信用社的征信评信地位相对突出。我国的社会信用体系建设刚刚起步，征信评信制度还处于草创阶段，信用信息数据库正在筹建、效果尚未体现，既没有形成广泛的社会影响，又没有表现出比较突出的经济价值，更没有积累足够的征信评信数据资料。因此，选择信用资本研究的实证分析对象只有从传统行业中寻找，而银行业在经济运行体系中处于信用信息交换的突出地位，尤其是农村信用社处于农村地区，并且是在县域及县以下地区处于主导地位，贷款业务无论是对当地经济或者在农村信用社自身业务中都占了突出的比重。三是农户小额信用贷款推广已形成累积效应。自 1995 年《商业银行法》和《担保法》实施以来，贷款抵押担保条件越来越严格，信用贷款方式已被严格控制。而从 2002 年以来，为解决广大农户贷款难问题，中国人民银行在全国范围内组织推广农户小额信用贷款，责成农村信用社具体实施。几年来，小额农贷在扩大贷款规模、提高信用额度、培育经济组织、促进经济发展方面发挥了突出作用。而小额农贷和以此为基础的农户贷款对 JH 县“三农”经济和农村信用社自身发展起到了明显的促进作用。JH 县农村信用社运用农户评级授信、“信用村”、“信用镇”和“贷款证”等载体对当地农户授信进行了严格、广泛、持续的管理，形成了较为明显的经济效益和社会效益。四是 JH 县信用环境的成长性较好。该县是一个以瑶族为主的少数民族自治县，传统经济成分和文化观念比较重，处于 H、广西和广东三省（自治区）交界之地，被纳入西部大开发战略范围，处于东部、中部和西部三大经济带交界的地区，经济管理政策比较宽松；自然资源比较丰富，市场意识开始形成，经济发展处于从小农经济向现代商品经济过渡阶段，新的经济成分正在成长。属于 H 省创建“金融安全区”试点单位之一，近年来该县对信用环境进行了集中整治，取得了一定的效果。

2. H 省和 JH 县农村信用社情况概述。农村信用社设立已有 50 多年，到 2005 年末 H 省农村信用社已发展成为拥有 5 000 家营业网点、120 家县级联社、31 000 名员工的合作金融企业组织，其存、贷款规模均位居全省第 2 位，已成为名副其实的金融支农主力军。根据国务院深化农村信用社管理体制改革要求，由 120 家县级联社和 4 家市级联社入股组成的 H 省农村信用社联合社于 2005 年 5 月成立，受 H 省人民政府委托对全省农村信用社履行“管理、指导、协调、服务”职能。按照农村信用社改革发展要求，全省农村信用社正在实施以县为单位统一法人改革，到 2007 年 6 月份，全省农村信用社管理架构将形成“县级联社（办事处）—省联社”两级法人模式，县级联社成为股份合作制性质的市场经营主体，市级办事处作为省联社的派出机构，按省联社授权对县级联社实施必要的管理职责。按照中国银行业监督管理委员会改革要求，农村信用社的终极改革目标是：按照市场化、商业化取向，用 5 ~ 10 年时间将农村信用社改造成为社区性银行金融机构。

全省农村信用社目前的经营范围主要是存、贷款和汇兑等传统业务，其他新兴中间业务很少开展。H 省农村信用社联合社成立一年多来，认真履行了管理、指导、协调、服务职责，全省农村信用社经营方向、法人治理结构、管理体制、管理措施等比以前有了明显的改观。自 2001 年以来，H 省和 JH 县农村信用社业务发展基本情况如表 9. 1 所示。

表 9. 1　H 省农村信用社、JH 县农村信用社贷款投向基本情况表

（单位：亿元,%）

年份			2001		2002		2003		2004		2005	
地区			H	JH	H	JH	H	JH	H	JH	H	JH
贷款余额			414. 4	1. 841	460	2. 451	534	3. 012	626. 1	4. 148	747	5. 0976
农业贷款比例			66. 4	88. 7	61. 6	94. 7	76. 2	95. 7	76. 4	95. 2	69. 2	94. 5
农业贷款	农业贷款余额		275. 1	1. 632	283. 2	2. 321	406. 7	2. 881	478. 3	3. 950	517	4. 816
	农户贷款	余额	122. 8	0. 980	131. 1	1. 418	240	1. 821	293. 3	2. 256	340. 7	2. 822
		比例	29. 63	53. 25	28. 50	57. 86	44. 94	60. 47	46. 85	54. 40	45. 61	55. 37
	其中小额农贷和联保贷款	小额	28. 4	0. 064	61. 8	0. 238	81. 4	0. 306	101. 2	0. 388	116. 8	0. 425
		比例	6. 85	3. 48	13. 43	9. 70	15. 24	10. 17	16. 16	9. 35	15. 64	8. 33
		联保	0. 8		1. 6		2. 6		3. 7		5. 7	
		比例	0. 19	0. 00	0. 35	0	0. 49	0	0. 59	0. 00	0. 76	0. 00
	农业经济组织贷款	余额	52. 8	0. 312	55. 4	0. 568	67. 3	0. 724	77. 8	1. 259	80. 5	1. 528
		比例	12. 74	16. 94	12. 04	23. 17	12. 60	24. 05	12. 43	30. 35	10. 78	29. 97
	农村工商贷款	余额	99. 5	0. 340	96. 7	0. 335	99. 4	0. 336	107. 2	0. 435	95. 8	0. 466
		比例	24. 01	18. 46	21. 02	13. 69	18. 61	11. 15	17. 12	10. 49	12. 82	9. 13
其他贷款		其他	108. 1	0. 144	111. 5	0. 129	125	0. 130	147. 8	0. 198	157. 2	0. 282
		比例	26. 09	7. 84	24. 24	5. 28	23. 41	4. 33	23. 61	4. 76	21. 04	5. 53
助学贷款		余额	1. 1		1. 2		1. 2		1. 1		1. 1	
		比例	0. 27	0. 00	0. 26	0	0. 22	0	0. 18	0. 00	0. 15	0. 00

资料来源：H 省农村信用联社：H 省农村信用社全系统及 14 个市州 2001 ~ 2005 年度统计报表、财务决算报表。

H 省农村信用社的经营特点：一是全部贷款都集中投放在本省区域内，而且主要集中在县及县以下乡村。主要贷款对象是农户、农业经济组织和农村工商业。2005 年末 H 省农村信用社、JH 县农村信用社农业贷款占自身各项贷款的比重分别为 69.2% 和 94.5% （见表 9.1）。农村信用社可以凭借自己的垄断性经营地位，主导当地的贷款授信方式。二是贷款是 H 省农村信用社资金运用的主要方式。2005 年末，H 省和 JH 县农村信用社的存贷比分别为 70% 和 96.8% 。三是农村信用社农业贷款占全省农业贷款的比重相当高。2005 年末，H 省农村信用社农业贷款为 275.1 亿元，占全省农业贷款的比例为 71% ；JH 县农村信用社的农业贷款为 4.8 亿元，占全县的比例为 87% 。这些特点表明，农村信用社的贷款投放行为对农村信用社自身和广大农村地区，尤其是县及县以下乡村地区的信用状况会起到主导作用，农村信用社自身的经营效益和当地的信用状况均与农村信用社贷款行为高度相关。这一点将在以后章节中详细说明。

9.2 信用资本价值评价指标的定量分析

根据第 7 章信用资本计算公式

$$CC = \frac{f(h) + f(i) + f(j) + f(k)}{K \cdot (R_1 - R_0)}$$

结合 JH 县农村信用社经营管理实际，以 H 省农村信用社平均收益率水平为参照，分别确定超额收益率 $R = R_1 - R_0$、信用资本对超额收益率的贡献度 K、信用资本的实际收益 $f(h) + f(i) + f(j) + f(k)$。

1. 从贷款收益率中分离出超额收益率。

反映农村信用社行业平均收益的指标有总资产收益率、净资产收益率、资本收益率和贷款收益率等多个指标，但根据 H 省农村信用社资产结构现状，以贷款收益率为行业平均收益率比较可靠。

主要原因：一是贷款资产占总资产的比重非常高，贷款收益率远高于其他资产收益率。2005 年末 H 省农村信用社总资产为 1 187 亿元，各项贷款余额为 747 亿元，占总资产的比例为 63% （见表 9.2）；可用资金为 308 亿元，占总资产的比例为 26% 。可用资金的年平均收益率不到 4% ，远低于贷款收益率。因此，以贷款年平均收益率代替总资产收益率可以适当提高行业平均收益水平，更准确地反映信用资本所带来的超额收益率。二是农村信用社长期亏损，净资产的可比性差。H省农村信用社直到2005年才实现整体盈利，长期亏损、亏损挂账未消化额度还比较大。三是信用社的资本金质量差。“股金存款化”现象存在，尽管经过多次扩股增资，信用社股本金已达到了监管要求，但存款化股金非常突出，作为资本的价值不大。四是贷款相关数据比较准确，可比性强。由于众所周知的原因，农村信用社的会计科目、统计科目变动较大，再加上一些人为因素，致使历年来的财务数据的可信度总是受到怀疑。但由于受到监管部门监管以及自身经营管理需要，历年来的存贷款基本数据还是可信的。

表9.2　H省农村信用社资产、贷款情况表　　（单位：亿元,%）

年份	2000		2001		2002		2003		2004		2005	
地区	H	JH	H	JH	H	JH	H	JH	H	JH	H	JH
资产	596	2.468	675	2.819	750	3.339	847	3.997	1 019	4.972	1 187	5.691
负债	633	2.567	716	2.877	801	3.354	903	3.998	1 002	4.775	1 138	5.488
权益	-37	-0.100	-41	-0.059	-50	-0.015	-56	-0.0004	16.6	0.197	48.9	0.203
各项存款	557	2.242	631	2.585	712	2.930	825	3.463	930.1	4.562	1 067	5.265
贷款 余额	372	1.841	414	1.841	460	2.451	534	3.012	626.1	4.148	747	5.0976
贷款 比例	62.3	74.6	61.4	65.3	61.3	73.4	63.0	75.3	61.4	83.4	62.9	89.6

资料来源：H省农村信用联社：H省农村信用社全系统及14个市州2001～2005年度统计报表、财务决算报表。因四舍五入，尾数略有出入。

表9.3　H省农村信用社、JH县农村信用社贷款收益基本情况表

（单位：亿元,%）

年份	2001		2002		2003		2004		2005	
地区	H	JH	H	JH	H	JH	H	JH	H	JH
财务收入 小计	29.1	0.169	37.2	0.204	42.1	0.247	51.9	0.317	59.3	0.379
财务收入 利息	20.7	0.143	25.5	0.172	30.9	0.209	39.2	0.270	47.4	0.336
财务收入 占比	71.1	84.5	68.5	84.6	73.4	84.8	75.5	85.0	79.9	88.6
贷款收息率	5.00	8.41	5.54	8.03	5.79	7.66	6.23	7.26	6.72	7.27
存款付息率	2.34	2.196	1.97	2.056	1.76	1.902	1.70	1.78	1.74	1.84

资料来源：H省农村信用联社：H省农村信用社全系统及14个市州2001～2005年度统计报表、财务决算报表。

我们定义信用社的年均收益率为年均贷款收息率与年均存款付息率的差

值，用公式可以表示为：

$E = Interest_{LOAN} - Interest_{DEPOSIT}$

根据表 9. 2 和表 9. 3 中的相关数据可计算出：

H 省信用社的贷款年均收息率为：

$Interest_{LOAN} = 6.31\%$

其存款年均付息率为：

$Interest_{DEPOSIT} = 1.9\%$

则 H 省信用社的年均收益率，即行业平均收益率为：

$E_H = 6.31\% - 1.9\% = 4.41\%$

同理计算 JH 县农村信用社的贷款年均收息率：

$E_{JH} = Interest_{LOAN} - Interest_{DEPOSIT} = 7.58\% - 1.95\% = 5.63\%$

则 JH 县农村信用社超额收益率为：

$E_{exess} = E_{JH} - E_H = 1.22\%$

由于信用资本具有累积性效应，因此本书先计算 2001 ~2005 年 JH 县农村信用社平均超额收益，再开展信用资本收益的时间和趋势分析。

2. 信用资本对贷款超额收益率贡献度 K 值的确定。在第 8 章中，我们确定了信用资本对全省农村信用社经营收益的影响，即全省农村信用社所获得较高的超额收益或超额亏损中，信用资本贡献的比例为：

$$K = 0.79$$

则 JH 县超额收益中由信用资本贡献的比例，即信用资本形成的超额收益率为：

$$E_{CC-exess} = K \cdot E_{exess} = 0.9638\%$$

9.3 信用资本收益 *G* 的确定

根据前述推导，信用资本收益 $G = f(h) + f(i) + f(j) + f(k)$，其中 $f(h)$ 为信用关系的直接收益，$f(i)$ 为以较低成本获取资源带来的收益，$f(j)$ 为以较高价格销售产品带来的收益，$f(k)$ 为其他外在性的收益。结合 JH 县农村信用社信贷经营实际和财务收入结构，以 H 省农村信用社全省平均水平为参照，可以确定上述信用资本各部分的收益。

9.3.1　良好的信用关系所形成的直接收益 $f\ (h)$ 的实际价值

良好的信用关系和信用管理能力带来的直接经济效益就是赊销所形成的坏账损失的减少，表现在银行贷款上就是不良资产的显著下降。JH 县农村信用社多年来贷款经营管理中形成的不良资产比例明显低于全省平均水平，这部分损失的降低可视为信用资本带来的直接收益。JH 县农村信用社 2001 年来的不良贷款按逾期贷款、呆滞贷款和呆账贷款“一逾两呆”分类情况见表 9.4。

表 9.4　JH 县农村信用社不良贷款结构对比分析表　（单位：亿元，%）

年份	地区	各项贷款	不良贷款质量							
			余额	比例	逾期	比例	呆滞	比例	呆账	比例
2001	H	414.4	278.9	67.30	24.7	5.96	150.8	36.39	104	25.10
	JH	1.841	0.793	43.05	0.106	5.75	0.600	32.60	0.087	4.70
	差异			-24.25		-0.21		-3.79		-20.39
2002	H	460	245.6	53.39	15.5	3.37	136.4	29.65	93.6	20.35
	JH	2.451	0.706	28.80	0.085	3.48	0.551	22.48	0.070	2.84
	差异			-24.59		0.11		-7.18		-17.50
2003	H	534	222.9	41.74	9.6	1.80	126.4	23.67	86.8	16.25
	JH	3.012	0.688	22.86	0.085	2.83	0.346	11.49	0.257	8.54
	差异			-18.88		1.03		-12.18		-7.72
2004	H	626.1	198	31.62	7.9	1.26	118.7	18.96	71.5	11.42
	JH	4.148	0.592	14.26	0.062	1.49	0.312	7.53	0.218	5.25
	差异			-17.36		0.23		-11.43		-6.17
2005	H	747	227.6	30.47	11.4	1.53	114.3	15.30	101.9	13.64
	JH	5.0976	0.658	12.91	0.111	2.18	0.357	7.00	0.190	3.73
	差异			-17.56		0.66		-8.30		-9.91

资料来源：H 省农村信用联社：H 省农村信用社全系统及 14 个市州 2001～2005 年度统计报表、财务决算报表。因四舍五入，尾数略有出入。

考虑到不良贷款的累积性影响，我们用五年差异的平均水平来加权确定 JH 县农村信用社不良贷款与全省平均水平的差异。由于目前信用社贷款质量仍使用四级分类制，则不良贷款为逾期、呆滞和呆账三类。

根据上表计算得出 JH 县农村信用社不良贷款比例与全省水平的差值，

正值表示高于全省水平，负值表示低于全省水平，则：

$$NPL_{呆账}=\frac{(-20.39)+(-17.50)+(-7.72)+(-6.17)+(-9.91)}{5}=-12.34\%$$

$$NPL_{呆滞}=\frac{(-3.79)+(-7.18)+(-12.18)+(-11.43)+(-8.3)}{5}=-8.58\%$$

$$NPL_{逾期}=\frac{(-0.21)+(0.11)+(1.03)+(0.23)+(0.66)}{5}=0.36\%$$

由上可得，JH 县农村信用社不良贷款总水平比全省平均水平低 20.56 个百分点，其中呆账、呆滞类不良贷款分别低于全省 12.34 个百分点、8.58 个百分点，逾期类不良贷款高出 0.36 个百分点。

按照 2002 年中国人民银行的《贷款损失准备金计提指引》，商业银行和农村信用社还要按照五级分类的结果，呆账贷款计提准备率为 100%，呆滞贷款为 50%，可疑贷款为 20% 的标准，JH 县农村信用社将会比全省平均水平少提损失准备金：

$$R_{reduce}=(-0.36\%\times 20\%+8.58\%\times 50\%+12.24\%\times 100\%)\times 50\ 976$$
$$=8\ 440\ (万元)$$

可以说，少提的 8 440 万元准备金就是信用资本给 JH 县农村信用社形成的直接收益。这种直接收益是信用资本的直接转化，或者说是信用资本的货币化表现形式之一。因此，信用资本带来的超额收益为：

$$f(h)=R_{reduce}\cdot E_{CC-exess}=81.3\ (万元)$$

其经济含义就是，2005 年，不良贷款管理水平的提高给 JH 县农村信用社带来的信用资本超额收益为 81.3 万元。

在全省平均水平下，为获得这部分超额收益所需要投入的货币资本即为信用资本的第一种虚拟形式：

$$CC_1=\frac{f(h)}{E_H}=1\ 843.5\ (万元)$$

9.3.2 确定以扩大规模获取资源带来的收益 $f(i)$

从表 9.2 可以看出，与 H 省农村信用社平均水平相比，JH 县农村信用社贷款收息率基本上是逐年下降的，并且贷款规模是逐年扩大的。这表明，JH 县农村信用社通过降低收息率、扩大贷款规模为自己带来了超额收益

f（i）。规模的扩大反映在两者的存贷比例上，参见表9.5。

表9.5　JH县农村信用社信用规模扩大对比分析表　（单位：亿元，%）

年份	地区	各项存款		各项贷款		存贷比		相对增加	
		余额	增加	余额	增加	一般	新增	一般	新增
2001	H	630.8	74	414.4	42	65.7	56.8	0.1014	0.079
	JH	2.585	0.344	1.841	0.274	71.2	79.9		
2002	H	711.9	81.1	460	7.1	64.6	8.8	0.466	0.580
	JH	2.930	0.345	2.451	0.610	83.6	176.7		
2003	H	825.3	113.4	534	32.3	64.7	28.5	0.670	0.409
	JH	3.463	0.533	3.012	0.561	87.0	105.2		
2004	H	930.1	104.8	626.1	-8.6	67.3	-8.2	0.979	1.226
	JH	4.562	1.099	4.148	1.136	90.9	103.4		
2005	H	1 067	137.1	747	120	70.0	87.5	1.3678	0.335
	JH	5.265	0.702	5.0976	0.950	96.8	135.3		

资料来源：H省农村信用联社：H省农村信用社全系统及14个市州2001～2005年度统计报表、财务决算报表。

如表9.5所示，自2001年以来，JH县农村信用社的贷款规模逐年相对扩大，贷款增量从2001年的1 014万元扩大到2005年的13 678万元。这可以说是信用资本作用下的直接结果，一方面使贷款规模取得了行业平均收益，另一方面还因此获得了超额收益。

2005年，这种贷款规模扩大带来的信用资本超额收益为：

$$f(i) = \Delta LOAN \cdot E_{CC-exess} = 13\ 678 \times 0.9638\% = 131.8(\text{万元})$$

在全省平均水平下，为获得这部分超额收益需要投入的货币资本即为信用资本的第二种虚拟形式：

$$CC_2 = \frac{f(i)}{E_H} = 2\ 988.7(\text{万元})$$

9.3.3　确定以较高价格销售产品带来的收益 f（j）

JH县农村信用社贷款平均收益率高于全省平均水平，表明该社所放贷款还获得了一定的超额收益。超额收益等于与全省贷款规模平均水平相同的贷款额度与信用资本超额收益率之积。2005年度获得的贷款超额收益为：

$$f(j) = (LOAN - DEPOSIT - R) \cdot E_{CC-exess}$$
$$= (52\ 646 - 13\ 678 - 8\ 440) \times 0.9638\% = 294.3(\text{万元})$$

在全省平均水平下，为获得这部分超额收益需要投入的货币资本即为信用资本的第三种虚拟形式：

$$CC_3 = \frac{f(j)}{E_H} = 6\ 673.5(\text{万元})$$

9.3.4 确定其他外在性的收益f（k）

如果忽视形成信用资本所投入的成本，那么信用资本为该社带来的其他外部收益，在数值上等于信用资本超额收益中除上述三种形式之外的其余部分。

2005 年该社贷款经营活动形成的利息收入合计为 3 362 万元，则由信用资本贡献的超额收益为：

$$E_{exess} = Interest \times \frac{E_{CC-exess}}{E_{CC-exess} + E_H} = 603(\text{万元})$$

信用资本形成的其他外部收益为总的超额收益减去上述三种类型的超额收益：

$$E_{other} = E_{exess} - f(h) - f(i) - f(j) = 95.6(\text{万元})$$

此为不考虑信用资本投入成本时得到了外在超额收益。通过这种方式计算出的“外在超额收益”只是一个常数 K，旨在表明其他外在性收益在数值上应与它相等。而真正的外在收益来源必须结合实际情况予以确定。

外在性收益包括良好的企业信誉、稳定的合作预期及未来收益使企业在开展商业活动时所增加的合作机会、减少的摩擦成本、交易成本及进入门槛条件的降低等其他多种形式的外部福利。而由此对企业带来的信用资本收益牵涉面广、内容复杂，难以具体计算，本课题对此不做深入研究，只是根据 JH 县农村信用社的具体情况进行举例说明。

从农村信用社经营管理状况分析，信用资本带来的外在收益主要体现在贷款利息收回水平上，即 JH 县农村信用社合同贷款利息收回比例与全省农村信用社贷款利息平均收回率之差，贷款利息收回率等于实际收息率与合同约定利率之商。2005 年度，根据 JH 县农村信用社年终决算报表数据计算，合同约定的各类贷款年利率加权平均水平为 7.82%，贷款利息收回率为

92.97%；全省农村信用社平均收息率为8.57%，贷款利息收回率为78.41%。收息水平的差距为14.55%，即JH县农村信用社2005年的应收利息收回率比全省平均水平高14.55个百分点，在全省平均水平以上多收回利息为489.29万元，由此带来的超额收益为106.93万元。

显然，贷款利息收回率占外在超额收益的比例很高，达到了80%。由此，在本课题中可以认为，信用资本形成的外在性超额收益主要是由贷款利息收回水平差异构成的，或者说信用资本外在超额收益$f(k)$ 95.6万元源于贷款利息收回水平差异等因素。

在考虑信用资本带来的收益时，必须同时要考虑形成信用资本所投入的成本。本书以行业平均收益率为标准，较好地规避了计算信用资本投入的绝对成本问题。因为只要假定企业信用资本投入成本与行业平均水平基本一致，即$CC_1 = CC_0$，那么信用资本投入成本作为常数项就会被相互抵消。如果$CC_1 - CC_0$不为零，那么对信用资本投入成本的计算，就只需要对比企业投入与行业投入的差异，并以此为基础计算出信用资本的净投入成本则可。由于对信用资本培育方面的任何支出都将以营业费用形式反映出来，并且从投入来看，全省农村信用社在信用资本投入方面的精力等非货币支出可能差别很大，但在金额数量方面差距应该不大。本书以营业费用支出近似替代信用资本的投入成本，以年末贷款余额为参照，计算出JH县农村信用社的信用资本投入成本与全省平均水平的差距，见表9.6。

表9.6 JH县农村信用社营业费用相对支出情况 （单位：亿元,%）

	贷款		营业费用		相对费用率	
年份	H	JH	H	JH	H	JH
2000	371.6	1.567	12.4	0.055	3.34	3.51
2001	414.4	1.841	13.5	0.063	3.26	3.42
2002	460	2.451	15.1	0.088	3.28	3.39
2003	534	3.012	16.8	0.104	3.28	3.45
2004	626.1	4.148	19.8	0.139	3.16	3.35
2005	747	5.098	23.3	0.162	3.12	3.18

资料来源：H省农村信用联社：H省农村信用社全系统及14个市州2001～2005年度统计报表、财务决算报表。

从2000年以来，JH县农村信用社营业费用占贷款的比例即相对费用率与全省平均水平相差不大，到2005年两者相差很少，只有0.06%。6年来相对费用率的平均水平，JH为3.38%，比全省平均水平高出0.14个百分

点；2005 年度形成的信用资本投入成本为

$$C_{other} = 51\,098 \times 0.14\% = 71.4(\text{万元})$$

用信用资本投入成本冲减信用资本的其他外部收益，获得信用资本的其他外部净收益在数值上等于：

$$\begin{aligned} f(k) &= E_{other} - C_{other} \\ &= \left(Interest \times \frac{E_{CC-exess}}{E_{CC-exess} + E_H} - f(h) - f(i) - f(j)\right) - C_{other} \\ &= 24.2(\text{万元}) \end{aligned}$$

在全省平均水平下，为获得这部分超额收益需要投入的货币资本即为信用资本的第四种虚拟形式：

$$CC_4 = \frac{f(k)}{E_H} = 548.8(\text{万元})$$

9.3.5 JH 县农村信用社信用资本总量

综上所述，JH 县农村信用社信用资本的定量分析结果如下：

表 9.7 2005 年末 JH 县信用资本收益情况统计 （单位：万元）

信用资本收益 $G = f(h) + f(i) + f(j) + f(k)$				
$f(h)$	$f(i)$	$f(j)$	$f(k)$	G
81.3	131.8	294.3	24.2	532
等值的信用资本 $CC = CC_1 + CC_2 + CC_3 + CC_4$				
CC_1	CC_2	CC_3	CC_4	CC
1 843.5	2 988.7	6 673.5	548.8	12 063.5

注：全省农村信用社 2005 年度平均收益率为 $E_H = 4.41\%$；信用资本对超额收益的贡献度为 $K = 0.79$，信用资本超额收益率 $E_{CC-exess} = 0.9638\%$。

如表 9.7 所示：信用资本 2005 年为 JH 县农村信用社创造了 478 万元的经济收益，相当于 10 839 万元贷款在一年内为其创造的经济收益，信用资本的货币化价值即等价的虚拟资本为 10 839 万元。

9.4 对本章实证分析的基本评价

以农村信用社和农村地区为实证分析对象展开研究，并作为提出建议的依据，这与新农村建设的中国宏观经济背景相契合，但信用经济条件下典型的信用资本载体，如企业信用评级、个人信用评分等的经济价值未能在本书中得到充分说明。另外，采用行业相对价值法来确定信用资本收益及其虚拟出来的货币资本，具有直观、易懂的特点，但未能从信用资本成本—收益的一般分析中深入研究构成信用资本投入成本和产出收益的绝对价值。尽管如此，简单的实证研究仍然从多方面揭示了信用资本的经济价值。下面，主要以 JH 县农村信用社为例说明这种经济价值的主要表现。

1. 信用资本投资具有不可忽视的经济价值。信用资本使 JH 县农村信用社贷款经营管理不仅取得了行业平均收益，还为其提供了直接的超额收益，并为今后各项业务持续稳定发展奠定了坚实基础。JH 县农村信用社获得 532 万元的超额收益表明，该社拥有了与 12 063.5 万元货币资本相等值的信用资本。在以贷款融资为主渠道的广大农村地区，这种信用资本可以很好地促进经济金融有效融合，获得更好的经济效益和社会效益。这也是 JH 县政府和 JH 县金融机构，尤其是 JH 县农村信用社多年来大力加强社会信用体系建设，持续改善金融外部环境，努力改进金融服务的必然结果。一是推行小额农贷。按照“一次核定、循环使用、随用随还、动态调整”的原则，由信用社联社联合当地村组干部推行农户小额信用贷款制度，进行调查摸底、公开审议，合理评定信用等级和授信额度，及时发放贷款证，农户据以获得相应贷款；并及时改进小额贷款证的发放办法和服务方式，确保农户贷款管理更贴近农户的实际金融需求。全县建立农户信息档案和发放贷款证的农户，占农户总数的 70%，占有贷款需求农户的 79%。二是狠抓不良清收。针对党政干部拖欠信用社贷款、严重损害信用秩序的行为，政府各主管部门在摸清底数的基础上，将清收党政干部职工自借和担保贷款作为盘活资金的突破口，在动员大会上对 22 家失信企业名单进行了曝光。法院对信用社的贷款诉讼案件实行三个优先，即立案优先、判决优先、执行优先。县纪委出台了严肃处理国家公务人员拖欠贷款的决定，2005 年 9 月，县纪委、组织、人事、监察部门联合下文对拒不还贷国家公职人员实行停职、停薪、停岗收贷。三是改进金融生态。JH 县委书记作了题为“共同整治信用环境、促进地方经济发展”的电视动员讲话。县政府下发了整治信用环境考核办法，把塑造信用环境首次纳入政府年度综合考核指标体系，在全县营造了“守信光荣，失信可耻”的浓厚氛围。近年来全县农村信用社积极与地方党委、政府和村委会配合，依据创建条件先试点、再推广，大力组织开展创建农村信用工程活动，现已初步形成了以信用户、信用村、信用乡镇为主体的信用工程体系。多策并举，促使 JH 县域环境得到了明显改善，“守信多贷，失信不贷”的信用观念深入人心，不少地方还出现了农民排队还款的喜人局面。2002 年 JH 县联社被市委、市政府评为“双文明建设”先进单位，2004 年 6 月，JH 县被 H 省政府评为创建金融安全区先进单位。

2. 信用资本在新农村建设中发挥着基础性作用。社会主义新农村建设实际上是一个产融有效结合的过程，即从城市、从工业向农村、农业倾斜的经济资源怎样与农村本身的各种经济资源更好地融合，提高农村生产力，从而持续促进农村发展、农业进步和农民增收。在这个过程中，广大农村地区潜在的信用资本发挥着关键性作用[117]。JH 县农村信用社近 5 年的信用资本建设证明了这种作用。

信用资本在吸纳各种外部资源上发挥扩容作用。由于农村经济发展相对滞后，市场化程度不高，固定的生产生活范围和相对简单、反复进行的交易方式使农村地区“采邑经济”的特征非常明显，不少地方仍处于“既信人又信物”的交易阶段，能否得到别人的信任显得非常重要。信用资本可以培育扩大吸纳各种资源的载体，拓宽拓深资源流入的渠道，从而提高对各种经济金融资源的吸纳能力，引导各种经济金融资源向“三农”有效渗透。有关调查显示，农户借款数额中有相当一部分来自各种非正式渠道，这从一个侧面证明了农户之间潜在的信用资本是提高资金流入的重要保障。而 JH 县农村信用社的小额农户信用贷款制度就及时挖掘了农村地区的信用资本资源，扩大了“三农”经济吸纳资金的能力，在解决农民贷款难和信用社难贷款问题上发挥了积极作用，并取得了较好的经济效益和社会效益。JH 县农村信用社从 2002 年实施小额农贷制度以后，到 2005 年末小额农贷余额达到 4 246 万元；并且其他各项贷款投放速度明显加快，小额农贷实施前的 2001 年贷款增量只有 2 743 万元，而实施后每年贷款增量分别达到 6 100 万元、5 610 万元、11 360 万元和 9 500 万元，明显扩大了县域和乡村地区对资金的吸纳能力。

信用资本在提高资源配置效率上发挥提升作用。推进新农村建设的各项措施，无论是外部资源的流入，还是内部资源的开发，落脚点还是提高资源的配置效率，持续提高农业综合生产能力，促使传统农业向现代农业转变。

信用资本的出现，改进了农村经济交易中的信用信息状况，提高了市场透明度，降低了经济交易中信用风险，提高了资源配置的帕累托效率。它一方面使经济交易方式向货币化、契约化方向发展，提高资金周转速度，降低经济交易成本；另一方面提升了农村经济的产业化、市场化、规模化水平，从而加快各种资源的聚集，获取规模经济效益。JH县农村信用社的不良贷款比例比全省平均水平低了20个百分点，贷款收息率高1.27个百分点；近五年来的收贷收息水平达到95%以上，而全省平均收息水平只有76%。并且，JH县农村信用社的贷款收息率是逐年下降的，从2001年的8.41%下降到2005年的7.27%，而收益水平都高于全省平均水平，表明该社收益能力增强，能够以更低的利率水平和更大的信贷资金服务“三农”，既向农民转让部分收益，又向农民增加信贷投入。

信用资本在开发农村各种资源上发挥催化作用。信用资本在开发利用各类经济资源、提高经济效率、促进经济信用化水平方面的作用十分明显。戈德斯密斯指出，发展中国家改变城乡二元结构的重要途径是提高经济发展的金融相关比率，提高金融对落后地区、落后行业的支持力度。这实际上是要求加快农村各种经济资源向市场化、货币化、资本化转变。凯瑟瑞·凯乐瑞认为，由于中小企业和低收入者一般缺乏作为贷款担保的物质抵押品，征信可以帮助他们以信任为基础建立“名誉抵押品”，从而增加低收入者的借款范围和借款额度。JH县有信贷需求的农户贷款满足程度达到了71%，并且家庭经济困难、收入较低的农户中有80%得到了信用社的农户小额信用贷款支持。2006年7月底，该联社农户贷款余额30 745万元，比年初增加2 522万元，占新增支农贷款的62.3%，全县有信贷关系的农户贷款户数达3 800多户。该县丰富的水电资源得到了有效的开发，到2005年末已被县计委批准立项的小水电站共200座，设计总装机容量270 000千瓦，现已建成137座，总装机容量170 536千瓦，共投入资金59 823万元。其中，农村信用社投入小水电站开发的贷款共计16 450万元，支持了73座小电站建设，年发电量3.2亿度，直接创收6 402万元。

信用资本在内外两种资源结合上发挥融合作用。现代市场经济条件下，信用作为资本形式的存在，是同物力资本、人力资本和货币资本同等重要的能使价值增值的资源，并且这些资本有效发挥作用要靠信用资本来融合。我国农村经济发展滞后，农业是弱质产业，具有典型的高投入低产出特征，是各类资本自然流出的领域。走新型工业化道路，实现城乡统筹发展，更需要发挥信用资本的融合作用。如果没有信用资本将外部注入的各种资源与“三农”本身拥有的资源有效融合，外部资金流入的阻力就会增大，工业反哺农业、城市支持农村的政策就很难落到实处，连农村本身具有的各种经济资源最终还是会流出农村。目前广大农村地区的资金表现为净流出，与农村信用资本没有得到充分利用有着密切关系。而JH农村信用社2005年末存贷比达到96.8%，比全省平均水平高出26.8个百分点，并且不含从中央银行所借的再贷款8 000万元，这与其他地区有资金无处放、从农村“抽血”的局面形成了明显反差。整个JH县吸纳资金的“洼地”效应开始形成，2005年全县实际利用内资41 750万元，是2004年的2.3倍，实际利用外资1 623万美元，比2004年增长150.6%。

上述分析启示我们，重视和挖掘信用资本这一值得重视的经济资源，不仅有利于“三农”经济发展，为社会主义新农村建设提供有效支持，而且有利于社会主义市场经济不断完善，促进经济社会和谐发展、良性互动。

第10章 积极推动我国信用资本发展

我国经济发展正在向信用经济阶段迈进，市场化、信用化水平不断提升，各种经济要素日益相互融合、渗透、促进，但面临的阻力也会逐渐增加。在这个过程中，信用资本将会发挥关键作用。积极培育信用资本、推动我国信用资本发展，能够加快各种要素融合，提升经济运行效率，凸显以人为本精神，有力促进我国经济科学、协调、持续发展。

在市场经济高速发展的今天，社会经济的发展越来越多地取决于信用的竞争。这种竞争不仅体现在信用管理制度和信用载体上，而且集中体现在信用主体即各类市场主体身上。信用，一方面成为社会化再生产的首要基础，另一方面内化为所有市场主体必须恪守的行为准则，外化为市场主体的“价值尺度”。人类社会向前发展，直接将处于各种经济社会关系中的“人”——无论是自然人还是法人——的信用资本从幕后推到前台。

10.1 信用资本在经济社会发展中的突出作用

第7章从历史的宏观的角度指出信用资本在美国经济社会发展中具有促进信用资本与经济制度良性发展、提升市场主体受信能力、提高国民经济运行效率、增强金融业盈利能力等积极作用；第8章、第9章从实证角度指出，在我国工业和“三农”发展中，信用资本在吸纳各种外部资源上发挥扩容作用，在提高资源配置效率上发挥提升作用，在开发社会各种资源上发挥催化作用，在内外两种资源结合上发挥融合作用。本节主要分析信用资本对市场微观主体的积极作用。在现代市场中，参与市场经济运行的主体很多，包括政府部门、金融机构、企业和消费者个人等。然而，从经济运行的根本来看，维系经济社会发展的两大支柱力量莫过于企业和个人。信用资本的积极作用在企业和个人身上体现得最充分。

10.1.1 信用资本成为企业生存、发展、壮大的必备资本

在社会持续发展、经济形态不断转变的漫长岁月里，精明的商家们开辟了一个又一个市场，挖掘了一次又一次的商机。如今，除了水、电等能源和公共设施外，绝大多数的市场领域都已供过于求。企业家们绞尽脑汁，苦苦挖掘着崭新的生产要素、市场空间和核心竞争力，信用资本的出现解决了他们的这一难题。一是现代企业赖以生存的基础要素。传统的企业生产要素包括劳动力、资金和原材料，也即通常所说的人、钱、物。但是，当市场经济来临时，三者的简单组合已经无法使企业生存下去。降低产品成本、提高产品质量、加大人力资源投入等方式应运而生。而无论哪种方式，其中都隐含着企业信用的保证。只有在企业诚实守信的前提下，客户才会放心地与之交易，从而给予企业一定的生存空间；反之，如果企业以牺牲产品质量为代价降低成本，或在提升质量的同时忽略了服务的水平，又或者在大肆招聘人马的同时放弃了主业，都会违背对客户的最初的承诺，而最终将自己陷在失信的泥潭中并最终退出市场。因此说，在市场经济高度发达的现在，信用俨然已经成为企业赖以生存的基础，与劳动力、资金和原材料共同构成企业生产不可或缺的要素。二是现代企业持续发展的根本动力。现代企业管理理论告诉我们，企业经营的最终目的是生存和发展，而实现发展的根本在于盈利，以盈利来扩充资本、强化根基。并且这种盈利必须是持久的、连续的，否则就会使企业陷入停顿甚至破产的危机。因此，聪明的企业都会选择主业经营，以不断扩大销售来获取长久的利润。在现金交易无法满足扩大销售需求的情况下，赊购赊销成为众多企业的首选。通过赊销，企业增加了销售量，吸引了许多流动资金暂缺的客户，扩大了市场份额；通过赊购，使得企业在短期资金不足的情况下及时获得生产所需的物资，不仅维持了生产的顺利进行，而且获得了短期零利率融通资金的好处，可谓一箭双雕。但无论是赊购还是赊销，企业都必须按时发货和还款，即以优良的信用赢得供应商和客户的信赖，由此往复，不断获得更大的赊购、赊销额度和宽松的信用条件，加大销售、回款和融资的力度。信用资本的存在和积累，使得信用支撑销售——通过销售获取利润——以获利支持发展的路径延绵不断，为企业创造了持续经营和发展的动力。三是现代企业盈利扩张的最佳武器。企业要扩张，就必须不断地扩充市场，加大再投入力度。面对我国目前并不完善的资本市场，低

成本融资已经成为企业的艰难选择。上市难、发债难等一系列因素制约了企业的融资渠道和额度，从而限制了再投入资金的来源。信用资本的出现，很大程度地缓解了这一难题。通过信用资本的计量，仅仅通过一个简单的评级符号或者资信等级就可以使广大投资者和银行了解企业的信用状况，从而使信用优良的企业轻松获得证券融资、银行贷款等多种渠道的资金供给，而使信誉差的企业丧失外部资金来源并最终因资金缺乏退出市场。同理，信用优良的企业还可凭高额的信用资本获取短期零成本融资，加快资金周转频率，提升企业经营效率，从而获得销售和融资的双重好处。所以说，非资金形式的信用资本为企业赢得了更多资金来源，奠定了企业扩张的坚实基础。

10.1.2　信用资本是个人第二生命

对于个人，信用有如“第二生命”，信用资本则是人体里的第二类血液，维系人的生命、支持人的发展。恪守信用的人可以获得丰富的回报，实现成功的愿望和自身的价值；惯于失信的人则最终自我孤立，成为过街老鼠，人人鄙之。信用资本对个人的积极作用主要体现在：

一是个人事业成功的核心要素。一个人的成功取决于很多要素，努力、信心、机遇……而信用资本则是这些要素中至关重要的一个，也是最为核心的要素。无论学习、工作还是生活，人们都必须信守诺言，才能获取他人的信赖和肯定，建立良好的人际关系和群众基础，搭建通往成功的平台。同时，个人的成功与所在团体的成功密不可分，个人的信用资本通常是团体信用资本的组成部分之一，尤其对于那些私人企业来讲，个人的信誉就代表了企业的信誉；反过来，团体的成功才是个人成功的根本标志。因此，无论从团体信用，还是从个人信誉的角度来讲，信用资本都是个人事业成功的最核心要素。

二是个人获取生活便利的前提。俗话说，“有借有还，再借不难”。作为个体的人是不能单独存在的，他必须与其他人、团体、组织和周围环境相互依存、相互影响，即人是群体性的；同时，人也是“经济性”的，每一个人都希望以最小的付出获得最大的回报。这样，在“群体”中的“经济”人便会想尽办法来获取利益回报，整个群体也会在个体的交互往复中达到一种平衡。在这种平衡状态下，群体中的生活便利是固定不变的，至于个体能得到多少便利，则与他的付出正相关。如果一个人信用度高，无任何拖欠违约、欺诈作假等行为，则会由此获得法律法规、政策规章等规定的守信激励好处，如低利率、高额度的银行信用贷款，高额的信用卡透支额度，大量的赊销、赊购，优先出国签证、晋升、录用等；反之则会失去很多机会，甚至会因为失信过多而失去所有的朋友、伙伴、工作甚至家庭，最后只有背负不良信用记录而远走他乡。由此可见，高额的信用资本不仅能给人一个良好的生存空间，还会使他在群体的平衡中获取高于平均水平的生活便利（如图10.1所示）。

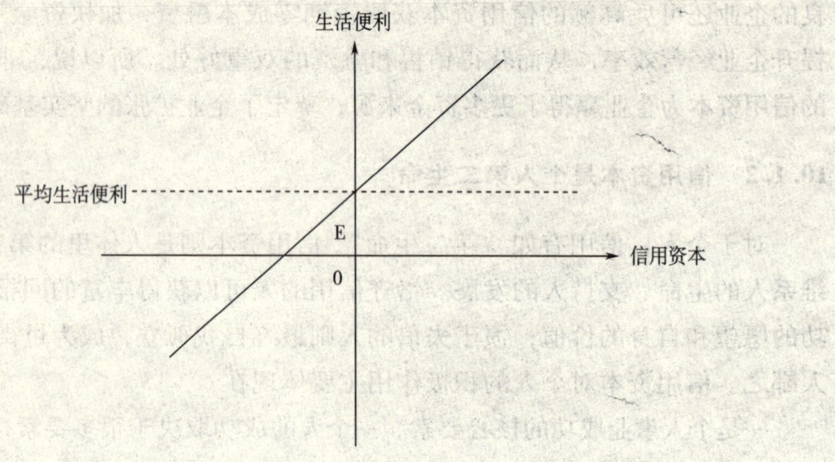

图10.1 信用资本对个人生活便利示意图

三是个人自我实现的重要体现。马斯诺的需求层次理论将人的需求由低到高分为生理需要、安全需要、社会需要、受到尊重的需要以及自我实现的需要，人只有满足低层次需求之后才会追求更高层次的需求。在这五个层次中，从第三个层次开始就不可避免地涉及信用问题。人只有遵守诺言、诚实坦率，才能与他人交往，实现社会需要。只有诚实地对待他人，才能获得他人同等的坦诚，即人们常说的“要想让别人尊重你，你必须先学会尊重别人”。而社会需要和受到尊重的需要都是自我实现需要的基础，只有这两个层次都得到了满足，才能谈及自我实现；同理，只有给予别人足够的尊重，才能奢望从别人那里获得自我实现的基础。因此，不断的信用积累——信用资本是自我实现的重要途径。同时，自我实现是自身预期和理想的一种实现，蕴涵着对自身承诺的兑现，可以说是自己对自己的一种信任，故信用资本也是自我实现的根本体现。

10.1.3　信用资本是目前市场经济中最稀缺的资源

尽管很多市场主体都已意识到信用资本的重要所在，但仍然置信用于不顾，阻碍了信用经济的发展。尤其在我国，信用缺失问题十分严重，不仅影响了社会环境和人们的正常生活，还严重制约了经济运行效率的提高。据2002年的有关统计，我国每年由于信用缺失所造成的经济损失达6 000亿元，无效成本占国内生产总值的比重至少为10%～20%。在发达的市场经济中，企业间逾期应收账款发生额约占贸易总额的0.25%～0.5%，而我国却高达5%以上①。同时，信用缺失给银行造成了巨大的不良资产，居高不下的不良贷款率严重削弱了我国商业银行在国际上的竞争力，人们的思想观念和道德意识也因为信用的缺失渐渐发生劣性改变，中国素有的“礼仪之邦”之称正面临着“信用缺失”的挑战。高达80%的现金交易比例和以天甚至月为计算单位的低效率信贷审批期限充分说明了我国市场上信用这一资本的匮乏程度。不能不说，在信用日显重要的市场经济条件下，信用资本是一种宝贵的稀缺资源。

从社会公众对信用信息资源的需求状况也可以看出，信用资本在经济交往中的重要性。

2005年9月，H省社会信用体系建设领导小组办公室委托H省统计局民意调查中心进行了电话简单随机抽样调查②，以准确把握H省社会公众对信用信息的需求状况，为选择H省社会信用体系建设模式提供参考依据。本次调查共抽取电话号码11 800个，实际拨打8 234个，其中空号2 732个，占线1 344个，无人接听2 170个，甄别不通过625个，拒访463个（拒访率5.82%），访问成功样本900个，调查样本构成情况见表10.1。

表10.1　社会公众对信用信息需求状况与意愿调查表

地区构成（人）	CS市区		ZZ市区		XT市区		CD市区		CZ市区
	200		200		200		150		150
职业构成（%）	党政群机关工作人员	科教文卫等单位从业人员	企业一般人员	企业管理人员	个体户	自由职业者	待业下岗人员	家庭主妇	退休及其他人员
	6.3	12.1	29.1	10.9	10.6	5.8	7.9	4.6	12.7

注：调查时间为2005年9月。

① 徐宪平．社会信用体系建设知识读本［M］．长沙：湖南人民出版社，2006：23.

② 缪曼聪，王一兵．湖南社会信用体系模式研究与设计［R］//中国人民银行金融研究重点课题获奖报告（2005）．北京：中国金融出版社，2006：63.

调查结果表明H省社会公众对信用信息具有较强的需求和意愿。在社会信用体系建设的必要性问题上，有99.2%的被访者认为在日常生活工作中，个人和企业的信用“非常重要”，表明了人们对信用问题的高度重视。有93.8%的被访者认为有必要建设社会信用体系，使信用信息更好地服务社会公众，只有4.5%的人认为没有必要。

在信用信息需求内容上，有97.2%的被访者表示，与他人或企业发生经济往来时，希望能够了解对方的信用情况；其中希望了解的企业信用信息主要有：纳税信用情况、法律纠纷情况、工商登记情况、经营资质情况、拖欠职工工资情况、合同履约情况、偿还债务情况、接受行政处罚情况等（见图10.2）；希望了解的个人信用信息主要是：偿还债务情况、违法犯罪记录、就业状况、身份证号码、住址、姓名、学历、婚姻状况等（见图10.3）。

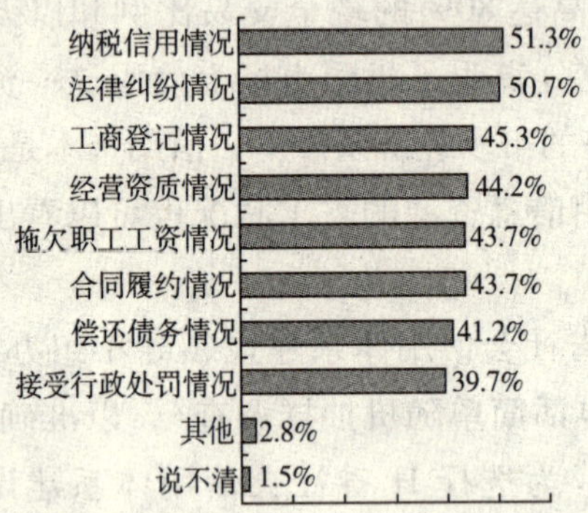

图10.2 被访者希望了解的企业信用信息

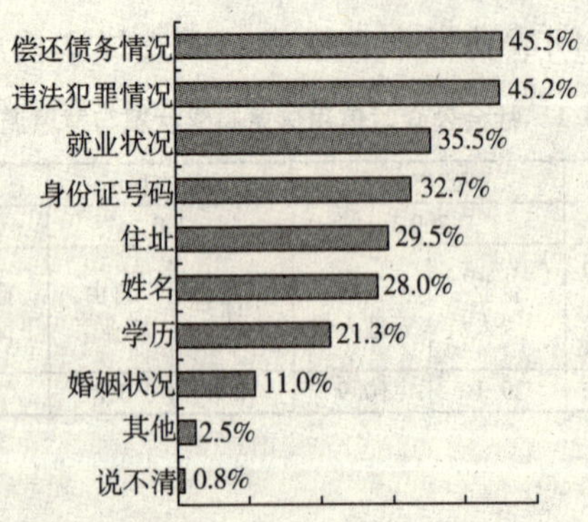

图10.3 被访者希望了解的个人信用信息

在如何运用信用信息问题上，有87.8%的被访者认为，有必要建立个人和企业的信用信息档案供社会公众查询。这样有利于相互了解信用情况、增强社会信用透明度、提高社会诚信意识、促进社会经济交往活动等；也有9.5%的被访者认为没有必要，主要是认为信用信息属于个人和企业的隐私不方便透露。有56.3%的被访者认为可以通过专门机构披露个人和企业的信用信息，有44.2%的认为可以通过互联网站披露，有17.5%的认为可以通过查询电话披露。但有43.8%的被访者认为企业和个人的信用信息应根据使用对象不同分级披露，有35.5%的认为信用信息应有选择性的披露，有7.2%的被访者认为应该全部披露。

10.2 加快我国信用资本发展具有重要意义

尽管在我国还未明确提出信用资本建设问题，但与信用资本密切相关的社会信用体系建设问题不仅成为理论界和企业家关注的热点，而且也引起了党中央、国务院的高度重视。中共十六大报告明确提出："整顿和规范市场经济秩序，健全现代市场经济的社会信用体系。"中共十六届三中全会通过的《关于完善社会主义市场经济体制若干问题的决定》进一步提出："建立健全社会信用体系。形成以道德为支撑、产权为基础、法律为保障的社会信用制度……增强全社会的信用意识，政府、企事业单位和个人都要把诚实守信作为基本行为准则。按照完善法规、特许经营、商业运作、专业服务的方向，加快建设企业和个人信用服务体系。建立信用监督和失信惩戒制度。逐步开放信用服务市场"。之后，中央领导同志又在不到两年的时间内就社会信用体系问题作了12次专门的指示或批示。

中共中央在如此重要的文件当中对建立健全社会信用体系进行专门论述，中央领导同志在很短的时间内就同一问题多次作出指示或批示，这本身充分说明建立健全社会信用体系的极端重要性，同时也表明在我国经济社会全面转型时期，发展信用资本有着特殊重要的战略意义。

10.2.1 发展信用资本是完善市场经济体制的重大举措

信用是市场经济的基石，信用资本促进市场秩序向公平竞争发展。一方面，市场经济是契约经济，信用是现代市场交易的一个必备要素，契约得以完成的基础是信用，就是对市场主体信用交易行为的正确预期。在市场经济条件下，供大于求是市场常态，为扩大需求刺激经济增长，企业间相互赊销赊欠、银行贷款、个人信用消费等各种信用交易方式应运而生。随着市场经济发育程度的成熟度不断提高，交易规模不断扩大，信用交易方式逐步替代传统的“一手交钱、一手交货”，已经成为现代市场经济中的主要交易形式。而信用交易的特点又使其较之传统的现金交易具有较大的风险。为了控制这种风险，任何现代社会都需要一整套严格的信用管理体系，市场经济才有可能存在。能否建立社会信用体系是衡量市场经济成熟程度和完善程度的重要标志。另一方面，公平竞争是市场经济秩序的核心，发展市场经济必须创造有利于各市场主体公平竞争的制度环境。制度环境的核心应该是可以规范、反映、评价市场主体诚信状况的一系列信用管理制度。在没有信用制度的条件下，交易者为了避免利益受到伤害，必须花费大量精力和财力、物力去查证交易对方的信誉，结果加大了交易成本。而以次充好、假冒、欺诈、逃废债、恶意违约的一方，却会得到非法利益，而不会受到惩罚。这种状况是与公平竞争不相容的。只有建立起完备的社会信用制度，才能保证交易各方处于公平竞争的地位，保证市场经济的正常运行。

10.2.2 发展信用资本是加快经济发展的必然要求

加快经济发展，需要良好的经济秩序。但如前所述，目前经济领域中坑蒙拐骗、失信违约行为大量发生，“三角债”居高不下，金融风险日益加剧。这些问题的存在，严重影响了经济的发展。以银行贷款为例，由于不良贷款比例加大，很多银行不得不提高贷款的门槛，甚至“惜贷”，或者变成了“典当行”，对中小企业更是实行“四包”（包放、包管、包收、包赔）和终身责任制，使得中小企业贷款难的呼声四起。与此同时，银行资金放不出去，也影响了资金的作用和效率。2003 年全国银行存差额达到 5 万亿元，而中西部地区很多银行的存贷比例不到 50%，使本来就缺少资金的中西部更加雪上加霜，遏制了这些地区的经济发展。在这种形势下，发展信用资本的意义尤为重要。一是促进居民的信用消费、拉动经济增长。信用具有创造购买力的功能，将消费者的预期收入转化为即期消费，由此扩大社会总需求。由于没有必要的信用资本作为依据，银行个人消费贷款、信用卡业务、助学贷款、下岗失业人员再就业贷款等推动非常艰难就是例证。信用资本的形成将为个人信用消费带来极大的便利。二是拓展企业融资渠道，特别是中小企业融资。当前我国企业融资80%依靠银行信贷，企业上市融资、债券融资、票据融资和赊购融资等直接融资比例很低。有了健全的信用资本，企业就可以凭借自身优良的资信状况扩大直接融资。三是降低经济交易成本。发展信用资本，可以解决交易双方信息不对称的问题，大大减少企业交易过程中信息搜集成本，并有效地控制信用风险。信用资本发展后，企业和消费者的交易行为、消费行为与自己的信用资格关联度越来越大。市场主体可以快速获得资本市场、商业市场上任何一家企业和消费者个人真实的资信背景调查报告，从而扩大信用交易规模，维护良好的市场经济秩序，促进经济发展。

10.2.3　发展信用资本是扩大对外开放的迫切需要

在对外开放中，当前受到制约和影响最大的是信用关系紊乱带来的一系列问题。有的不按合同履约，有的侵权盗版，有的冒用商标和企业名称，有的商业欺诈，有的不讲商业道德窃取商业机密，有的在国际市场上互相拆台自相残杀，等等。这些问题是一些外商对我国投资环境的最大意见，也是我国企业走向国际市场遇到的难题，严重影响了我国对外开放的正常发展，甚至影响到国家信誉和形象。

例如，按照国际惯例，世界上所有国家和企业若要到国际资本市场融资，必须经两家以上的评级机构评定信用级别，信用等级的高低决定了融资成本和融资数量。如果某种债券信用级别低，按美国法律规定，部分养老基金和对冲基金就不能购买。巴塞尔委员会在1988年和1999年两次制定的“巴塞尔协议”中，就银行法定准备金数额作出了规定，特别是在《巴塞尔新资本协议》中，更把银行的信用等级和银行贷款的法定准备金挂起钩来，信用等级低的银行比信用等级高的银行准备金的比例要高得多。而且，在国际资本市场融资企业的信用等级，一般不能超过国家的主权信用级别。这就意味着，如果国家的主权信用等级低，那么在国际资本市场融资的所有本国企业都会加大融资成本。因此，没有一个比较完善的社会信用体系，就难以更多更好地利用外资，也难以在国际竞争中立足和发展，就会自己被自己打败而自食其果。只有建立与国际惯例接轨、适应现代市场经济发展的社会信用体系，才能创造良好的市场经济环境，促进对外开放的健康发展。

10.2.4 发展信用资本是构建和谐社会的基础工程

胡锦涛总书记2005年2月在省部级主要领导干部提高构建社会主义和谐社会能力专题研讨班上指出，我们要建设的社会主义和谐社会，应该是民主法治、公平正义、诚信友爱、充满活力、安定有序、人与自然和谐相处的社会。这是对和谐社会科学内涵的精辟概括，为我们构建和谐社会指明了方向，明确了任务。2006年10月11日中共十六届六中全会又通过《关于构建社会主义和谐社会若干重大问题的决定》，明确提出要“加强政务诚信、商务诚信、社会诚信建设，增强全社会诚实守信意识”，要“引导各类社会组织加强自身建设，提高自律性和诚信度”。在推进构建社会主义和谐社会的历史进程中，加快信用资本发展，对于实现中共中央提出的重大战略任务，有着重大的意义。

1. 发展信用资本是实现诚信和谐的基础前提。和谐社会是一个诚信的社会，一个人人都能诚实守信的社会。而要实现全社会的诚实守信，一靠教育，二靠制度。这个制度就是社会信用体系，是构成信用资本的要素之一。健全的社会信用体系依法依规采集、记录、整理、披露各种市场主体的信用信息，使失信者未来的所有社会经济活动引起全社会的警觉，放大了失信者的成本，形成有效的守信激励与失信惩戒机制，使守信者得到奖励，失信者付出代价，营造“一处失信，处处制约；事事守信，路路畅通”的社会氛围。在这种氛围之中，即使仍有少数作奸犯科者，大多数人都能诚实守信，这就为实现全社会的诚信友爱奠定了坚实的基础。

2. 发展信用资本是保持社会充满活力的必要条件。和谐社会是一个充满活力的社会。而创新是社会活力的源泉。发展信用资本，通过对个人的信用评分和企业的资信评级来设置门槛，筛选出合格的信用工具和合格的信用使用者，使得金融机构有可能对一切有利于社会进步的创新活动给予融资、担保、结算等方面的全面支持，有利于创造性成果的顺利推广；为社会各方架起通畅、便利、快捷的金融桥梁，激励金融机构为社会提供全面、优质、高效的金融服务，有利于促进市场的拓展和交易活跃。

3. 发展信用资本是保持社会安定有序的重要手段。和谐社会是一个安定有序的社会。但我国目前经济秩序中存在的失范行为，一个重要原因就是社会信用缺失，失信者得不到严惩，守信者得不到鼓励，造成违规者多而法不责众，更使人们对无信获利行为趋之若鹜，市场经济秩序混乱现象愈演愈烈。因此，必须真正形成一个全社会的奖优惩劣机制，有效维护经济活动的正常秩序。这个机制就是社会信用体系。

4. 发展信用资本是实现公平正义的重要力量。发展信用资本可以大大降低信用交易双方的信息不对称，从而维护市场的公平竞争。借助信用资本，金融机构可以在承担较小风险的前提下，向家庭贫困的学生发放助学贷款，对缺乏抵押资产的中小企业给予资金支持，给遭遇天灾人祸或暂时失业而造成一时生活困难的人群发放生活贷款，为渴望提前享受现代文明的社会群体尤其是青年人提供购房、购车或其他大宗物品的贷款，从而间接地调节社会各阶层的分配格局，为实现社会的公平正义作出贡献。

5. 发展信用资本是防范社会风险的重要屏障。和谐社会是一个能有效防范社会风险的社会。社会风险是一个客观存在，任何社会都不可避免。当前我国最大的社会风险是金融风险，尤其是信用风险。这是一种全局性、系统性的风险。信用资本发展后，企业和消费者的交易行为、消费行为与自己的信用资格关联度越来越大，一切失信行为均记录在案，银行可以快速获得任何企业和消费者真实的资信背景调查报告，因而能对市场主体的经济失信行为进行事前提醒和跟踪监督，对信用交易中市场主体等受信方的违约率、市场响应率、发展趋势、规避债务的技术性破产等进行预测，从而为有效控制金融风险进而防范社会风险创造有利条件。

6. 发展信用资本是强化社会管理的理性选择。在计划经济体制下我国对人的管理，主要是通过部门或单位进行。如所谓“进了国企的门，就是国企的人”，即是说一旦参加工作，一个人生、老、病、死都由其所在部门或单位“全包”下来，对人的管理也主要靠部门和单位负责。人的“档案”曾经是一个人的“生命线”。随着用人制度的改革和社会保障体系的建立，越来越多的人从“单位的人”变为“经济的人”和“社会人”。据不完全统计，有近亿原属乡、村管理的农民，离土离乡成为“城市居民”；有2 000万~3 000万下岗职工，原属国有企业管理，现在“买断工龄”成为社会人；有上千万离退休人员与原单位越来越疏远，在银行领取退休金，大多数提前退休人员又实现再就业；知识分子中出现大量的自由择业者，今天在此，明天在彼；个体和私营经济迅速增长，用工双向选择，来去自由；还有各类开发区以各具特色的优惠政策招聘、吸引全国各地的各种人才，等等。

越来越多的"社会人"的管理，成了转轨时期政府管理经济社会的新课题。近几年出现的一些重特大恶性事件，都和我们疏于对"社会人"的管理有关。加快信用资本发展，依靠严格的征信系统和完整的信用记录，不仅有利于政府加强对"社会人"的管理，也有利于全社会对"社会人"的监督和制约。

由此可见，信用资本是和谐社会的"助力机"、"保护神"、"稳定器"和基础工程。在推进构建和谐社会的进程中，必须加快信用资本建设。

10.3 促进我国信用资本发展的基本设想和建议

从信用资本的形成机理以及信用资本对美国经济社会发展的积极作用看，推动我国信用资本发展必须要从提供制度保障、增强现实基础、培育价值载体和着力功效发挥等方面着手。

1. 提高信用资本重视程度。我国人均 GDP 已超过 1 400 美元，经济发展的信用化水平越来越高，信用资本的地位和作用必将日益突出。目前，信用资本在国内的研究和应用尚未得到足够的重视。当前应着重从以下几个方面努力，积极推动我国信用资本的研究、运用和发展。一是克服认识偏差。对信用的认识，不能局限于信用在社会化大生产过程中的基础性作用，及其对市场主体市场行为的规范性作用，更要注重信用本身在经济运用中的资源性作用、资本化效果。要充分认识到，信用是市场主体拥有的一种资本，是一种能为市场主体创造经济价值的珍贵资源，物力资本、人力资本和货币资本必须依靠信用资本才能有效融合。另外还要注意将信用资本与虚拟资本、商誉等概念区别开来。二是深入开展研究。理论认识的深化是实践成功的前提条件，推动信用资本发展必须要有科学的、扎实的理论研究作依据。要深入分析、认真总结西方发达国家信用资本应用的成功经验和主要做法，为我国的信用经济发展提供有益借鉴；针对我国经济运行实际和发展趋势，深入研究、分析和探讨信用资本的形成基础、运行机理和保障机制，并对国内信用资本运行的实践探索及时进行科学的理论总结，推动信用资本的实践运用和理论研究相辅相成、相互促进。

2. 推进社会信用体系建设。信用资本要发展，信用管理制度是重要前提。要结合社会信用体系建设，逐步建成一系列信用管理法律制度体系。以界定和处理好政府政务信息公开与保护国家经济安全的关系、保护商业秘密与公开信用信息的关系、保护消费者个人隐私与公开信用信息的关系为核心，加快信用管理法律制度建设。相关法律制度建设的主要内容应包括以下几个方面：明确信用信息征集宗旨，界定信用信息采集范围，规定信用信息存储方式，规范信用信息披露方式，加强征信活动管理。明确征信机构的准入条件、经营范围、机构管理制度，规范征信机构的市场行为。对征信行业实行特许经营，明确征信行业监管的内容、部门、职责和法律责任，加强征信行业监管。抓紧修改《中华人民共和国会计法》、《中华人民共和国统计法》、《中华人民共和国商业银行法》、《中华人民共和国商标法》、《中华人民共和国合同法》、《知识产权保护条例》和《储蓄管理条例》等法律法规中的有关条款，为征信评信和授信受信的顺利开展和稳步扩大消除法律障碍。

3. 促进信用信息资源共享。一是促进政府信息公开。在我国，90% 以上的信用信息资源是由行政机关、司法机关、具有行政管理职能的社会团体所掌握，所以要按照“政务信息公开为原则、不公开为例外”的要求，对政务信息公开专门立法。如深圳市出台了《深圳市政府信息网上公开办法》（深圳市人民政府令第 130 号），湖北省出台了《湖北省政府信息公开规定》（湖北省人民政府令第 262 号），湖南省颁布了《湖南省信用信息管理办法》（湖南省人民政府令第 202 号）。要出台全国性的信用信息共享法律法规，以建立全国性的信用信息共享制度，规范信用信息共享行为，促进信用信息资源充分共享。二是规范信用信息共享行为。对政务信息资源与其他信用信息资源的互联互通、公共征信机构的信用信息与商业征信机构的信用信息之间的互联互通、企业信用信息与个人信用信息的互联互通，以及信用信息的传输等作出规定。三是建立国家信用信息共享系统。以中国人民银行企业信用信息数据库和个人信用信息数据库为核心，整合国家各部委掌握的信用信息资源，建立国家层面的信用信息系统；依照相同框架，建成各级地方信用信息数据库，各数据库之间设置标准化的数据传输接口，同时规范信用信息采集、存储、处理和应用的流程，从而构成覆盖全国各地区、各行业的国家信用信息系统。国家信用信息系统的主要功能是为国家和地方各级政府进行宏观经济金融决策提供相应的信息参考，同时为各类商业化征信评信服务机构提供基础性信用信息。国家信用信息系统的运作不以营利为目的，以公益性、政策性服务为主要对象。

4. 积极培育征信评信产业。努力发展以信息处理、报告分析为主要业务的商业性征信机构，依法开展市场主体信用信息征集活动。采取鼓励兼并、增资扩股等方式扩大担保公司的经营规模和资金实力，采取制定政策、严厉处罚等措施惩治运作不规范的担保机构，采取担保评级、行业自律等手段培育担保市场的优胜劣汰机制，使担保提升企业信用等级、增强企业融资能力、缓解中小企业融资难等效用得到更好的发挥。稳步推进资信评级业务，促进个人信用评分、企业信用评级等产品的应用，逐步形成资信评级市场合理竞争的发展格局。大力发展信用保险业务，增强企业在经济交往尤其是对外贸易活动中的履约能力，推进银行信用、商业信用与商业保险的有机结合，达到分散金融风险、促进经济发展的目的。逐步建立提供应收账款买断和应收账款收购的经营国内业务的保理机构，为企业间的信用交易提供保障，促进进出口保理业务及国内保理服务发展。从降低企业信用管理成本以及与国际接轨的角度来考虑，重点抓好商账追收人才培养、储备和理论研究工作，待时机成熟时即组建规范的商账追收机构，为企业提供优质的账款追收与管理服务，促进企业整体实力的提高，带动经济进一步发展。建立信用管理咨询机构，为银行和企业提供全方位的信用管理咨询服务，以降低银行和企业独自进行信用管理的成本，促进信用交易市场的规范和高效发展。

5. 着力信用资本功效发挥。结合全国性的、区域性的信用体系建设，在经济活动中积极采取有利于发挥信用资本作用的各种激励约束措施。一是推动消费信用发展。国家在收入政策上应采取增加收入的措施，保证城乡居民收入有一个合理的增长幅度；在分配政策上要进一步缩小收入差距，加快建立、健全社会保障体系，从而改变居民的收入和消费预期，刺激消费需求的合理增长。银行在消费信贷发展中，应有超前意识，充分利用现有条件，通过尽快建成个人信用制度、完善担保制度、健全社会保障制度和加强专业培训等经济金融手段推动个人消费健康发展。二是大力发展我国银行卡产业。结合目前我国银行卡产业的发展现状、未来的宏观目标以及国际竞争环境，科学制定发展规划。同时，支持与银行卡产业密切相关的各类通信、集成电路制造、软件开发、运营服务等高新技术产业的发展，认真落实有关产业政策，大力培育各类专业化服务机构，推动银行卡产业链的形成和发展。加大创新和科技投入力度，加快电子商务、网上银行、电话银行、自助终端等信息化金融服务以及个人消费信贷、分期付款、银证通等新兴金融服务向银行卡集成，提升银行卡专业化服务水平。发卡机构要强化服务意识，提高服务质量，建立满足市场和客户需要的服务标准、服务流程和服务规范，吸引商户受理银行卡和公众使用银行卡。同时，引导国民消费观念转变，积极倡导持卡消费，积极推动在公务活动中使用银行卡。三是加快发展电子商务。编制电子商务发展规划，推动电子商务法律法规建设，研究制定鼓励电子商务发展的财税政策，完善电子商务投融资机制，改进电子商务环境，规范电子商务发展；加快信用、认证、标准、支付和现代物流建设，形成有利于电子商务发展的支撑体系；发挥企业的主体作用，大力推进电子商务应用，提升电子商务技术和服务水平，推动相关产业发展；加强宣传教育工作，提高企业和公民的电子商务应用意识；加强交流合作，参与国际竞争。四是加强现代信用文化建设。继承优秀的传统信用文化，积极开展信用文化的创新，完善信用教育机制，发挥政治上层建筑的导向作用，积极培育全社会的信用意识和观念。

6. 推进农村信用资本发展。一是结合新农村建设，做好社会信用体系建设。结合当前促进我国信用资本发展、提升信用经济水平的社会信用体系建设已经起步的有利时机，将社会信用体系建设扩展到广大农村地区，视之为城市支持农村、工业反哺农业的一项具体内容，纳入社会主义新农村建设总体规划，建立健全农村地区的社会信用体系，积极促进农村地区的信用资本发展。二是增加抵押担保投入，提高农村地区的信用资本化水平。建立适合农村地区经济发展特点的多层次、多样化的抵押担保基金、担保公司，合理有效地将广大农民、农村经济组织、涉农中小企业的信任、信誉等“名誉抵押品”置换成现实的货币资本，促进农村地区各类经济资源有机融合。三是建立征信评信机制，有效挖掘农村地区信用信息资源。小农经济条件下的信用资本在广大农村地区仍有顽强的生命力，对农村经济发展具有正向激励作用。应通过建立针对性强、通用性好的征信评信机制，将这批信用信息资源有效转换成符合现代化、市场化、标准化的信用信息资源，在促进农村地区各类经济资源利用效率的同时，加速其与外部倾斜的各类资源的融合。四是发挥金融支持作用，促进农村信用资本成长。要进一步增强金融机构信贷登记咨询系统的作用，使金融机构同业能充分实现资源共享，促使金融投入与市场主体的信誉状况相匹配。以不良贷款比例、企业逃废金融债务比例、贷款利息收回率、不良贷款降比动态指标来衡量各个地区的金融信用环境状况，建立区域性金融信用等级评定制度，根据其信用等级优劣确定相应的资金支持或限制政策。建立引导筛选机制，提升农户诚信水平，对信用农户、信用企业，实行贷款优先、利率优惠、简化手续，并根据需要适当增加授信额度。五是结合乡风文明建设，强化农村现代诚信观念。信用是一种文化，是文明的表现，要将诚信观念作为乡风文明建设的重要内容，结合现代市场经济发展的需要，广泛开展信用镇、信用村、信用企业创建活动，要通过深入的宣传发动，全面促进信用观念增强，稳步提升农村地区各类市场主体的诚信观念，营造促进信用资本成长的良好环境。

结　论

信用是现代市场经济的基石，信用的本质是人与人之间的一种信任关系。本书作为基础性理论研究，在充分借鉴现有研究成果的基础上，从信用的本质出发，从“人”的角度对“人的信用”的价值作出新的理论概括、解释和运用，提出对人的信任这种经济资源不仅表现为信用，而且在一定的社会历史条件下还将表现为企业、个人等市场主体所拥有的信用资本，并从理论和实证两个方面对信用资本进行了比较深入的分析研究。

本书的创新点和现实价值：

1. 运用马克思主义经济学对信用资本进行了全新意义上的阐述。本书以处于特定经济关系尤其是信用关系中的人为出发点，运用马克思主义经济学理论阐述了人的信用关系对人的经济价值，从而避免了主流经济学所固有的“见物不见人”的缺陷，指出信用资本是人与人之间以信任为基础的社会经济关系，是在对物的信任即对信用载体、信用工具的信任基础上形成的直接对人的信任，是对人的信任和物的信任的辩证统一。随着经济信用化程度的提高，这种对人的信任会逐渐转变成一种值得重视的经济资源，并最终形成市场主体所拥有的信用资本。

2. 不同的经济发展阶段决定信用资本具有不同的发展形式。本书从反映人的本质的社会关系主要是经济关系这一马克思主义观点出发，指出反映信用主体经济价值的信用资本经历了小农经济条件下的“信人重于信物”、市场经济条件下的“信物重于信人”和信用经济条件下的“信人更重信物”三个发展阶段，并在不同发展阶段信用资本具有相应的发展形式，提出信用资本既是经济信用化的必然产物，又将有力支持和促进信用经济发展。信用交易之所以能够进行，起支撑作用的是交易双方的一种信任。这种信任在不同的阶段表现为信用报告、信用档案、信用评级等不同的形式，凭借这种形式不仅使受信方所拥有的信任取得了货币等信用形式，并且还为其发挥资本化作用，给其带来相应的经营收益，从而发展成为信用资本。随着市场主体本身所蕴涵的信任这种经济资源越来越受到重视，信用资本必将逐渐发展、壮大，并成为与货币资本、实物资本可相提并论的一种资本形式。

3. 指出了信用资本的形成机理。本书从“征信——评信——授信——受信”这四个环节的相互作用出发，深入分析了信用资本的形成机理，探索了信用资本形成的现实基础、价值载体、制度保障和人格化表现，并区别不同主体理清它的构成要素和运营机制，指出信用体系建设的一个重要目的是有效挖掘各类市场主体的信用资本，使全社会的诚信状况能更好地适应经济信用化发展的需要。在深入分析信用资本形成机理的基础上，本书指出经济社会发展不仅依赖于货币等信用工具、依赖于货币资本等实物资本，更会越来越依赖人的信用资本，经济交易会更多地在“（拥有信用资本）人——（拥有信用资本）人”之间进行，而不完全依赖于“人——货币（物）——人”这种交易格局。

4. 信用资本在推动经济社会发展上发挥了突出作用。将历史与现实、抽象的理论与具体的经济环境中的人结合起来，既考察了美国信用资本发展的长期实践及其历史作用，指出信用资本对美国经济发展的推动作用是非常突出的，又从实证角度论证了信用资本对我国经济社会发展的推进作用，指出信用资本在我国经济社会发展过程中将发挥出扩容作用、提升作用、融合作用、催化作用。

5. 建立了信用资本对经营收益具体影响的分析框架。以企业财务指标为基础，运用数理统计和现实调查相结合的方法，建立了分析信用资本对企业经营收益具体影响的分析模型，提出了计算信用资本、信用资本收益和信用资本收益率的一般模型，并选择具体行业进行了实证分析。实证分析进一步深化了对信用资本的认识，指出了信用资本的一些基本特点。

本书的研究成果为我国正在进行的社会信用体系建设提供了新的理论依据，提供了一定的启示，为企业加强信用管理提供了理论参考，为市场主体规范自身信用行为提供了努力方向，对促进我国经济金融有效结合、提高经济信用化水平、推进新农村建设、构建和谐社会都具有较强的参考价值。可以预期，对信用资本的研究和应用会促使企业和个人等市场主体更加注重自身的诚信意识、诚信表现，促进经济秩序更加健康、有序、良性运行。

今后加强信用资本研究的主要努力方向应该包括：一是加强信用资本的基础理论研究，以深化对信用资本的认识，提高实践应用能力；二是构建更切合实际的数学模型，进一步揭示市场主体的经济交易行为本身所蕴涵的经济价值和资本含义；三是加强信用资本研究成果的实践运用，强化信用资本的资源价值；四是加强宣传教育。深入宣传信用对个人、企业及其他经济组织的资源性作用和资本化效果，提高人们对信用资本重要性的认识。同时，以信用资本为主要内容，在大专院校开展信用管理教育，推动对信用资本的研究走向深入。

参考文献

[1] 肖国金. 把信用资本转化为财富 [J]. 经济研究参考, 2002 (27): 28-32.

[2] 孙智英. 信用问题的经济学分析 [M]. 北京: 中国城市出版社, 2002.

[3] 梁宏峰. 信用资本上海初体验. 北方网, 2003-08-26.

[4] 李新庚. 信用论纲 [M]. 北京: 中国方正出版社, 2004.

[5] 史琴, 戴娴, 杨涛. 从信息经济学角度谈信用信息传递机制的建立 [J]. 财会月刊, 2005 (12): 13-14.

[6] 行业及企业信用制度建设经验交流会议实录. www. business. sohu. com, 2005-04-17.

[7] 陈东琪. 资本、"软实力"与建立国民信用体系 [R]. 国家发展和改革委员会宏观经济研究院研究报告, 2004-05-14.

[8] 唐小惠. 诚信是一种资本——评《诚信》[J]. 金融时报, 2006-04-21.

[9] 马天禄, 唐旭, 魏革军, 等. 六省金融学会齐聚江城　共议中部崛起战略 [N]. 金融时报, 2005-07-04.

[10] 晏艳阳, 刘弢. 经济学层面上的道德、信任、信用与征信 [J]. 财经理论与实践, 2005 (4): 43-48.

[11] 叶初升, 孙永平. 信任问题经济学研究的最新进展与实践启示 [J]. 国外社会科学, 2005 (3): 9-16.

[12] 彭泗清. 关系与信任: 中国人人际信任的一项本土研究 [M] //中国社会学年鉴 (1995—1998). 北京: 社会科学文献出版社, 2000: 290-297.

[13] 吴海兵, 林婷. 特殊信任主义条件下的中国农村信用研究 [J]. 金融与经济, 2006 (1): 31-33.

[14] 姜广东. 非正式制度约束对农村经济组织的影响 [J]. 财经问题研究, 2002 (7): 35-40.

[15] 项保华, 赵学礼. 信任关系的构建机理 [J]. 企业管理, 2005 (12): 90-92.

[16] 王曙光. 市场经济的伦理奠基与信任拓展——超越主流经济学分析框架 [J]. 北京大学学报 (哲学社会科学版), 2006 (5): 139-146.

[17] 李丽. 市场经济与社会信任的双向建构 [J]. 中央社会主义学院学报, 2005 (6): 36-39.

[18] 徐淑芳. 信任、社会资本与经济绩效 [J]. 学习与探索, 2005 (5): 210-213.

[19] 宋言东. 交易中的信任问题及其制度基础 [J]. 华东经济管理, 2004 (12): 52-55.

[20] 鲁耀斌，于建红．网上信任概念及影响因素综述［J］．科技管理研究，2005（12）：256－259.

[21] 张平康，张仙锋．信任、网上信任与电子商务［J］．经济管理，2006（11）：59－62.

[22] 王广慧，刘伟江．论电子商务中的信任问题［J］．现代情报，2005（9）：213－214.

[23] 王鲁滨，张巍．电子商务信任管理研究［J］．中央财经大学学报，2006（1）：73－76.

[24] 徐瑞娥．加快中国社会信用体系建设的观点综述［J］．经济纵横，2004（10）：75－77.

[25] 张维迎．信息、信任与法律［M］．北京：三联书店，2003.

[26] Putnam R. D. Making Democracy Work：Civic Traditions in Modern Italy. Princeton：Princeton University Press，1993.

[27] 燕继荣．社会资本：一个重要概念［J］．学习时报，2006（346）．

[28] 张贯一，达庆利，刘向前．信任问题研究综述［J］．经济学动态，2005（1）：99－102.

[29] 弗朗西斯·福山．信任：社会美德与创造经济繁荣［M］．彭志华，译．海口：海南出版社，2001.

[30] Stiglitz J. E. The Role of the State in Financial Markets. Proceedings of the World Bank Annual Conference On Development Economics，1993：19－52.

[31] Zuker，Lynne G. Production of Trust：Institutional Sources of Economic Structure，Research in Organizational Behavior，1986，8：53－111.

[32] Sako，1VI. Prices，Quality and Trust：Inter-Firm Relationships in Britain and Japan. Cambridge University Press，1992.

[33] Berg，Joyce，John Dickhaut，and Kevin McCabe. Trust，Reciprocity，and Social History，Games and Economic Behavior，1995，10（1）：122－142.

[34] Brien，Andrew. Professional Ethics and the Culture of Trust . Journal of Business Ethics，1998，17：391－409.

[35] Kreps D.，P. Milgrom，J. Roberts & R. Wilson. Rational Cooperation in the Finitely Repeated Prisoners' Dilemma. Journal of Economic Theory，1982，27：245－252.

[36] Martyn，F. & L. Rademakers，2000，Agents of trust：Business Associations in Agrifood Supply Systems，Intermatlional Food & Agribusiness Management Review 3：139－153.

[37] Harvey S. J. Jr. The trust paradox：a Survey of Economic Inquiries into the Nature of Trust and Trust Worthiness，Jounal of E economic Behavior & Orgarization，2002，47：291－307.

[38] Kandel E. & E. P. Lazear. Peer Pressure and Partnerships. Journal of Political Economy，1992，100（4）：801－817.

[39] Lewicki B. B. Trust in relationships：A Model of Trust Development and Decline，in：B. Bunker & J. Rubin，Eds.，Conflict，Cooperation & Justice，Jossey-Bass，San Francisco，1995.

[40] Lucy，G. Trust and the Development of Health Care as Asocial Institution，Social Science & Medicine 56. Craswell，Richard. On the Uses of Trust . Comment on Williamson，Calculativeness，1993.

[41] Lik Mui. Computational Models of Trust and Reputation: Agents, Evolutionary Games, and Social Networks. Massachuetts Istitute of Technology , December - 20 - 2002.

[42] Petteri Nurmi. Bayesian Game Theory in Practice: A framework for Online Reputation Systems . Department of Computer Science Series of Publications C Report , C - 2005 - 10.

[43] Knack S. and P. Keefer . Does Social Capital Have an Economic Pay-Off A Cross Country Investigation . Quarterly Journal of Economics, 112: 1251 - 1288.

[44] Gerardo A. Guerra and Daniel J. Zizzo. Economics of Trust in the Information Economy: Issues of Identity, Privacy and Security. Oxford Internet Institute, Research Report No. 1, April 2003.

[45] Knack & Keefer. Reputation and Coalitions in Medieval Trade: Evidence on the Maghribi Traders. Journal of Economic History, 1989, 49: 857 - 882.

[46] Craswell, Richard. On the Uses of Trust: Comment on Williamson, Calculativeness, 1993.

[47] Rothschild M. and J. Stiglitz. Equilibrium in Competitive Insurance Markets: An Essay on the Economics of Imperfect Information. Quarterly Journal of Economics, 1976, 90: 629 - 649.

[48] Lahno, Bernd Lahno. Trust and Strategic Rationality, Rationality and Society. 1995, 7 (4): 442 - 464.

[49] Lorenz, Edward. Trust, Contract and Economic Cooperation. Cambridge Journal of Economics, 1999, 23 (3): 301 - 315.

[50] Perelman, Michael. The Neglected Economics of Trust: The Bentham Paradox and Its Implications. American Journal of Economics and Sociology, 1998, 57 (4): 381 - 389.

[51] Zuker, Lynne G. Production of Trust: Institutional Sources of Economic Structure. Research in Organizational Behavior, 1986, 8: 53 - 111.

[52] Tirole J. A theory of Collective Reputations (with Applications to the Persistence of Corruption and to Firm Quality) . Review of Economic Studies, 1996, 63: 1 - 22.

[53] Bohnet I, Frey B and Huck S. More Order with Less Law: On Contract Enforcement, Trust and Crowding. American Political Science Review , 2001, 95 (1) .

[54] Diamond D. Reputation Acquisition in Debt Markets. Journal of Political Economy, 1989, 97: 828 - 862.

[55] Zacharia G and Maes P. Trust Management Through Reputation Systems. Applied Artificial Intelligence, 2000, 14: 881 - 907.

[56] Josep M. Pujol, Ramon Sanguesa and Jordi Delgado. Extracting reputation in Multi Agent Systems by Means of Social Network Topology. In: Proceedings of the First International Joint Conference on Autonomous Agents and Multi-agent Systems. ACM Press, 2002, 467 - 474.

[57] Chrysanthos Dellarocas. Analyzing the Economic Efficiency of eBay - like Online Reputation Reporting Mechanisms. In : Proceedings of the 3rd ACM conference on Electronic Commerce: 171 - 179. ACM Press, 2001.

[58] 黄达. 金融学 [M]. 北京：中国人民大学出版社，2003.

[59] 江春. 论金融的实质及制度前提 [J]. 经济研究，1999 (7).

[60] 李纪建. 经济转轨中的社会信用秩序 [D]. 西安：西安交通大学，2001.

[61] 俞敬明，林钧跃，孙杰. 国家信用管理体系 [M]. 北京：社会科学文献出版社，2000.

[62] 萧维. 企业资信评级 [M]. 北京：中国财政经济出版社，2005.

[63] 潘金生，安贺新，李志强. 中国信用制度建设 [M]. 北京：经济科学出版社，2003.

[64] 徐宪平. 社会信用体系建设知识读本 [M]. 长沙：湖南人民出版社，2006.

[65] 刘光明. 企业信用与企业发展 [J]. 经济世界，2003 (7)：20-23.

[66] 张亦春，等. 中国社会信用问题研究 [M]. 北京：中国金融出版社，2003.

[67] 姜广东. 信任研究：理论演进 [J]. 财经问题研究，2004 (10)：3-8.

[68] 王一兵. 信用资本理论研究的现实意义 [J]. 金融博览，2006 (7)：32-33.

[69] 汤敏，茅于轼. 现代经济学前沿专题：第三集 [M]. 北京：商务印书馆，1999.

[70] 何干强.《资本论》的基本思想与理论逻辑 [M]. 北京：中国经济出版社，2000.

[71] 林炎志. 国有资本人格化 [M]. 郑州：河南人民出版社，2003.

[72] 孙伯银. 货币供给内生的逻辑 [M]. 北京：中国金融出版社，2003.

[73] 许文彬，张亦春. 信息结构、制度变迁与金融风险演进 [M]. 北京：中国财政经济出版社，2004.

[74] 蒋海，钟琛，齐洁. 对金融监管理论基础及其政策的反思 [J]. 经济科学，2002 (4)：87-96.

[75] Spierings Renee. Reflections on the Regulation of Financial Intermediaries. Kyklos, Vol. 43：91-110.

[76] 储昭斌，臧武芳. 企业自身视角的企业信用内涵探析 [J]. 华东经济管理，2005 (4)：86-88.

[77] 王一兵. 关于信用理论问题的初步研究 [M] //湖南金融改革与发展问题研究. 长沙：中南大学出版社，2005.

[78] 王一兵. 信用资本——值得重视的珍贵资源 [J]. 南方金融，2006 (6)：14-17.

[79] 科斯，等. 财产权力与制度变迁 [M]. 上海：上海三联书店，上海人民出版社，1996.

[80] 威廉姆森，等. 企业制度与市场组织——交易费用经济学文选 [M]. 上海：上海三联书店，上海人民出版社，1998.

[81] 西蒙. 现代决策理论的基石 [M]. 北京：北京经济学院出版社，1985.

[82] 杨小凯. 经济学——新兴古典与新古典框架 [M]. 北京：社会科学文献出版社，2003.

[83] 张亦春，等. 中国社会信用问题研究 [M]. 北京：中国金融出版社，2003.

[84] 郭敏华. 信用评级 [M]. 北京：中国人民大学出版社，2003.

[85] 王征宇. 美国个人征信局及其服务 [M]. 北京：中国方正出版社，2003.

[86] 易宪容. 新制度经济学——科斯评传 [M]. 太原：山西经济出版社，1998.

[87] 刘秀生．新制度经济学［M］．北京：中国商业出版社，2003.

[88] 科斯．论生产的制度结构［M］．上海：上海三联书店，上海人民出版社，1993.

[89] 诺思．经济史中的结构与变迁［M］．上海：上海三联书店，1997.

[90] 布瓦索．信息空间：认识组织、制度和文化的一种框架［M］．王寅通，译．上海：上海译文出版社，2000.

[91] 谢识予．经济博弈论［M］．上海：复旦大学出版社，2002.

[92] 张维迎．博弈论与信息经济学［M］．上海：上海三联书店，上海人民出版社，1996.

[93] 常华兵．商誉构成要素探究［J］．南京财经大学学报，2005（2）：64－66.

[94] 梁军．论虚拟经济的形成机理、双重作用及应对措施［J］．济宁师范专科学校学报，2004（2）：43－47.

[95] 徐爱田．虚拟资本理论研究综述［J］．生产力研究，2004（7）：186－188.

[96] 戴明．虚拟资本与实质经济的互动关系［J］．华东经济管理，2001（2）：80－82.

[97] 王春娟．马克思的虚拟资本理论与虚拟经济［J］．财经问题研究，2004（11）：11－14.

[98] 洪银兴．信用经济、虚拟资本和扩大内需［J］．经济学家，2002（4）：17－22.

[99] 朱佳俊．商誉的经济学分析［J］．江苏商论，2005（2）：138－139.

[100] 金雪军，王利刚．中小企业担保公司信用资本投资模式研究——有关“担保换期权”问题的探讨［J］．济南金融，2005（4）：24－26.

[101] 王一兵．信用信息资源供给与可使用的有效性研究［J］．金融研究，2005（4）.

[102] 林钧跃．企业信用管理［M］．北京：企业管理出版社，2001.

[103] 任兴洲．建立社会信用体系的国际经验与启示［R］．国务院发展研究中心市场经济研究所，“建立我国社会信用体系的政策研究”课题报告，2002.

[104] 夏业良．个人与企业信用体系的建立与发展［R］．世界银行国内客座研究报告，2002.

[105] 林钧跃．社会信用体系原理［M］．北京：中国方正出版社，2003.

[106] 杰拉尔德·冈德森．美国经济史新编［M］．杨宇光，等，译．北京：商务印书馆，1994.

[107] 吉尔伯特·C. 菲特，吉姆·E. 里斯．美国经济史［M］．司徒淳，方秉铸，译．沈阳：辽宁人民出版社，1981.

[108] 陈文玲．美国信用体系的构架及其特点——关于美国信用体系的考察报告（一）［J］．南京经济学院学报，2003（1）：1－8.

[109] 董杰．美国信用局制度演进及对中国建立信用报告制度的启示［J］．国际金融研究，2003（10）：67－71.

[110] 玛格里特·米勒．征信体系和国际经济［M］．王晓蕾，等，译．北京：中国金融出版社，2000.

[111] Ben. 企业信用形成的影响因素．信用中国网，2005－07－25.

[112] 朱伟革．构建诚信的和谐社会——德国信用管理体系建设及对我国的启示［N］．中国经济时

报，2005 - 04 - 21.

[113] 吴晶姝．现代信用学［M］．北京：中国金融出版社，2002.

[114] 耿永志，王萃，鲍建．信用资本投资及其所需要的环境分析［J］．经济视角，2005（7）：44 - 46.

[115] 王一兵．深入开掘信用资本资源［J］．中国信用合作，2006（8）．

[116] 缪曼聪，王一兵．湖南社会信用体系模式研究与设计［R］//中国人民银行金融研究重点课题获奖报告（2005）．北京：中国金融出版社，2006.

附录

本书作者公开发表的信用问题研究论文目录

[1] 信用信息资源供给与可使用的有效性研究［J］. 金融研究，2005（4）.

[2] 加强对上市公司关联体系的信贷风险防范［J］. 金融研究，2005（5）.

[3] 湖南社会信用体系模式研究与设计［R］//中国人民银行金融研究重点课题获奖报告（2005）. 北京：中国金融出版社，2006.

[4] 信用资本——值得重视的珍贵资源［J］. 南方金融，2006（6）.

[5] 信用资本理论研究的现实意义［J］. 金融博览，2006（7）.

[6] 大力发掘信用资本　积极支持新农村建设［J］. 中国信用合作，2006（8）.

[7] 和谐社会建设需要信用资本助力［J］. 中国金融，2006（24）.

[8] 信用是富民强省的重要资本［N］. 湖南日报，2007-02-08.

[9] 湖南省中小企业信用担保机构分析报告［R］. 长沙：湖南科技出版社，2004.

[10] 湖南民营经济信贷情况分析报告［R］. 长沙：湖南科技出版社，2004.

[11] 对人民银行履行金融稳定职能的思考［J］. 金融经济，2004（9）.

[12] 对湖南省农村金融体制的调查与思考［J］. 金融信息参考，2004（9）.

[13] 对长沙地区信贷支持中小企业和县域经济的调查与思考［J］. 中国金融，2004（11）.

[14] 关于金融宏观调控几个问题的认识［J］. 南方金融，2004（12）.

[15] 重塑信用文化　打造诚信湖南［G］//三湘青年社会科学优秀论文集. 长沙：湖南大学出版社，2005.

[16] 对湖南省社会信用体系建设规划的研究［C］//金融改革与发展问题研究. 长沙：中南大学出版社，2005.

[17] 关于社会信用体系建设的几个问题［J］. 金融经济，2005（8）.

[18] 加强信用体系建设　夯实中部崛起根基［N］. 金融时报，2008-06-19.

[19] 对金融生态建设几个问题的思考［J］. 金融经济，2005（6）.

[20] 对中部崛起战略中信用体系建设问题的思考［J］. 湖南改革与发展，2005（3）.

[21] 加强征信管理　促进和谐社会建设［J］. 武汉金融，2005（9）.

[22] 关于信用理论问题的初步研究［G］//湖南金融改革与发展问题研究. 长沙：中南大学出版社，2005.

[23] 关于社会信用重建问题的分析与思考 [J]. 金融经济，2002 (5).
[24] 提升农村信用社服务现代农业发展功能 [N]. 湖南日报，2007-03-13.
[25] 对现行大学经济类教材的刍议 [J]. 高等教育研究，1989 (1).
[26] 成人教育双向并进初探 [J]. 高等教育研究，1989 (2).
[27] "三抓三把关"的岗前教育 [J]. 教育与职业，1990 (1).
[28] 岗位培训的难点与决策 [J]. 教育与职业，1990 (12).
[29] 人民银行系统生产力结构及发展趋势 [J]. 金融经济，1991 (11).
[30] 精简机构　提高效率　一专多能培养人才 [J]. 湖南金融，1991 (2).
[31] 提高资金使用效益是解决企业资金困难的有效途径 [N]. 经济信息报，1992-12-20.
[32] 开发利用档案资源　增强档案服务功能 [J]. 湖南金融，1992 (2).
[33] 实现"六个"保证　做好办公室工作 [J]. 中国金融，1992 (5).
[34] 对湘潭市实行投资落户情况的调查与思考 [J]. 金融经济，1992 (9).
[35] 对加快湘潭经济发展的金融思考 [J]. 决策参考，1992 (9).
[36] 合理选择力点　加大调控力度 [J]. 湖南财贸，1992 (9).
[37] 当前资金状况的喜与忧 [J]. 经济工作通讯，1993 (2).
[38] 我国金融统计监测适应商业银行变革之研究 [J]. 中国金融，1993 (5).
[39] 关于市场经济条件下金融业走向的几个问题 [J]. 金融理论与实践，1993 (6).
[40] 复关——我国金融业面临的机遇与挑战 [J]. 金融经济，1993 (9).
[41] 发挥金融整体功能　推动经济改革发展 [J]. 湖南金融，1993 (9).
[42] 信贷资产风险管理六机制 [N]. 金融早报，1994-12-14.
[43] 流动资金紧张的现实原因与决策分析 [J]. 金融经济，1994 (4).
[44] 对基层央行金融监管的实践与思考 [J]. 金融管理科学，1994 (4).
[45] 逐利求效益——商业银行应该具备的经营观 [J]. 银行与经济，1994 (8).
[46] 实施信贷资产风险管理时不我待 [J]. 金融经济，1995 (1).
[47] 不能回避的大问题——对湘潭企业流动资金的调查 [N]. 金融时报，1995-11-14.
[48] 支持银行改革　鼓励有效投入 [N]. 湖南金融报，1995-11-10.
[49] 狠抓存款壮大实力　执行政策遵守秩序 [N]. 湖南经济报，1995-03-07.
[50] 以竞赛促管理　以管理求效益 [J]. 金融工运，1995 (6).
[51] 抑止通货膨胀的难点及对策 [N]. 经济信息报，1995-07-25.
[52] 农业经济效益明显趋缓的原因何在 [J]. 中外信息周刊，1995 (9).
[53] 实现农业资金有效供给是加大农业投入的着力点 [J]. 中国农村信用合作，1996 (1).
[54] 湘潭市银行积极支持国有重点企业扭亏为盈　银行呆账变活 [J]. 中外信息周刊，1996 (1).
[55] 实施贷款证制度是深化金融改革的重要措施 [J]. 金融管理科学，1996 (2).
[56] 应当如何看待当前贷款增势减弱 [J]. 金融大观，1997 (11).

[57] 防范我国金融风险要从社会经济金融三方面人手 [C] //世纪之交中国金融改革论文集. 北京: 中国统计出版社, 1997.

[58] 优化信贷管理 促使经济转变 [J]. 中国金融, 1997 (5).

[59] 关于贷款风险分类实施的几个问题 [J]. 青海金融, 1998 (1).

[60] 试论金融风险的分类方法与防范化解 [J]. 经济研究与评论, 1998 (1).

[61] 从社会各类因素的综合影响看我国金融风险的防范与化解 [J]. 金融研究与评论, 1998 (1).

[62] 个人住房贷款为何启而难动 [J]. 金融经济, 1998 (9).

[63] 关于防范我国金融风险几个问题的思考 [C] //中国金融改革论文集. 北京: 中国统计出版社, 1998.

[64] 人民币汇率稳定意义何在 [N]. 国际经贸消息, 1998-07-22.

[65] 粮棉油附营业务划转遗留问题亟待解决 [J]. 金融统计与调研, 1999 (3).

[66] 对粮棉油附营业务划转存在问题的建议 [J]. 金融统计与研究, 1999 (4).

[67] 银信部门始终应该以支持经济发展为己任 [C] //中国行长 (经理) 研究文选. 北京: 中国统计出版社, 2001.

[68] 扩大社会就业的金融政策研究 [J]. 武汉金融, 2002 (1).

[69] 关于经济社会发展的几个金融战略性问题 [J]. 金融经济, 2002 (7).

[70] 争创新 求发展 全力服务建小康社会目标 [J]. 金融经济, 2003 (1).

[71] 湖南省消费信贷发展现状与对策 [C] //中国宏观经济形势聚焦. 北京: 经济科学出版社, 2003.

[72] 对湖南省信贷支持民营经济发展的思考 [C] //湖南经济展望: 2004. 长沙: 湖南人民出版社, 2004.

[73] 农村金融体制改革应适应农村经济的发展——对湖南浏阳市的个案研究 [C] //彭志坚. 中国金融前沿问题研究 (2003). 北京: 中国金融出版社, 2003.

[74] 中部地区银行业发展要因实而取 [J]. 金融经济, 2004 (3).

[75] 对湖南信贷投向与经济结构调整配套情况的调查分析 [J]. 金融经济, 2004 (5).

[76] 加强区域金融合作 促进区域经济发展 [N]. 金融时报, 2005-09-13.

[77] 支持现代农业发展是农信社服务三农的着力点 [J]. 新湘评论, 2007 (7).

[78] 深化泛珠三角金融合作的政策建议——兼论湖南参与泛珠金融合作的对策选择 [OL]. 湖南省情网, 2007-05-15.

[79] 一则发刊消息影响三代人 [N]. 金融时报, 2007-04-20.

[80] 从新的市场格局看我国农信社发展的新要求 [N]. 金融时报, 2007-09-17.

[81] 建立健全中部农村金融体系必须破解农村金融约束 [J]. 中国农村合作金融, 2008 (5).

[82] 在服务三农中实现农村信用社科学发展 [N]. 湖南日报, 2008-06-10.

后 记

信用有狭义和广义之分。我对信用的认识是从狭义的银行信用开始的，对信用的理解随着经历和工作实践逐步加深，而开展对信用问题的研究则是自己人生的感悟和职业的使然。

我对信用的接触，与我的出身有关。我生在银行大院。父亲是抱着枪杆受命与同事们在新解放的区域组建人民银行分支机构的创业者，长期从事信贷业务和管理工作。母亲则是解放初期在十六岁时满怀憧憬地加入银行队伍，一直做着结算业务和管理工作。我们兄妹自幼身居银行大院受到父母的熏陶。信用，可以说融化在自己的血液里。

我对信用的初知，与我的目睹有关。儿时的我，从狭小的屋里到筒子楼外的蓝天下，每天不舍得母亲去上班。母亲天天办完业务都要做账对账学习开会，我常找借口去母亲工作的营业间，每每看到外面的大人们在存钱取钱、看到母亲在啪啪啪不停地打算盘，总觉得很新奇；父亲每天匆匆去工作，常常是我们睡了以后才回家吃点冷饭，我只常听父亲说又到工厂和农村去了，根本不懂什么是搞信贷做管理总觉得很神秘。我常看到运钞车进出，也常看到一两个叔叔伯伯们，提着扛着装有钞票的麻袋走出银行大门，或放在肩上或搁在板车上或用自行车驮着离去。有时库房的钱被运出来堆码在银行大院的球场晒太阳，只有一个大人在旁边看守，我只觉得好玩，看着纸票子硬币什么的，不像是在看钱，倒觉得是在观赏一堆彩纸和玩物。那时的初知是什么都实在、什么都可信赖。

我对信用的感触，与我的经历有关。我的学生时代正是“文革”时期。一天夜间，父亲还没回，母亲急匆匆出门去了，我在惊恐中度过了恍惚之夜。第二天去上学，突然看到银行的大门紧闭着，两个解放军战士挎着枪在守卫，父母亲告诉我们，因为部队进驻得及时，否则昨晚我们银行就会被人冲了，那些人都有枪。假期，解放军战士组织我们开展了军训。每次运钞都有解放军战士护送了。我感受到了父母亲对银行工作的担忧。来银行存钱取钱的少了，信贷也似乎不怎么提了。更让我惊吓的是，一天半夜，我家里被造反派闯进来翻了个遍，第二天我们院子像街上一样贴了许多大字报。父亲因为是我们银行唯一的财经类大学本科毕业“臭老九”，母亲因为家庭出身“不好”，都成为“革命”的对象，我这个“红小兵”、“红卫兵”恨不得把头成天掩进地底下去。接着是父亲长期下县里，母亲下放到农村。银行业务似乎没办了，银行牌子也看不见了。后来，父母亲重新到银行上班，我才又感到了银行的生气。这段时间的感触是，人原来复杂世界很是多变，银行的金库和资金很重要但银行地位是起起伏伏的。

我对信用的认识，与我的工作有关。轰轰烈烈的“上山下乡”和艰苦的劳动、生活环境让自己体味到了生存的苦辣酸甜和生产的简单艰辛。犁田耙田插秧割稻担谷扬场种玉米高粱种小麦油菜种瓜果蔬菜放牛养猪整农田修水利样样农活都干过，冬天补丁夹衣单裤解放鞋，夏天裤衩光背胶轮车胎皮做草鞋，风里雪里要上山钻刺蓬躲毒蛇寻找杂木当柴砍，遍身蚊子叮双腿蚂蝗咬要下田，几十里山路担禾担柴是平常活也最是苦累。在这种环境里，对信用的认识就是“缺钱”。大学毕业进了人民银行，才真正直接深刻体会到了银行、信用的地位和作用。二十多年的金融工作实践，我亲历了金融业的变革和经营方式的转变：人民银行由“大一统”转变为专门的中央银行，专业银行成立又逐步转变为商业银行，银证保分业经营分业监管，股份制银行设立国有银行股改；企业资金由供给变为借贷、又由单纯借贷向“脱媒”发展。特别是我从事了货币信贷、征信和信用体系建设的管理和具体事务，看到了信用主体在增加、裂变再增加，信用作用在放大再放大，信用影响已经并更加无所不在，逐步认识到了信用的本质及其在现代经济条件下的极端重要性。

我对信用的兴致，与我的家庭有关。作为银行子弟，我们兄妹最后都认定了银行的重要作用而各自投身银行队伍。我的小家庭情况则更加特别：因为缘分志向，我夫人也是银行工作者；因为耳濡目染，我女儿大学毕业后又考进了银行。在我的家庭生活百味中，同性质的公务自然有对信用问题的相同兴趣、命题、话由、感想、探讨，既有认知的体会也有疑虑的切磋还有相互的启迪，难免盲区的迷失常有观点的争执但更多是形成共识的快乐和欣慰。

我对信用的研究，与我的梦想有关。十年浩劫使我高中毕业不能读大学，恢复高考头两年我又因单位的好意“挽留”而不得不放弃高考。但正是这，促成了我神往大学、渴求知识、自觉学习、用心研究！结束下放知青生活后的三十年中，我到过技校进过中专入过大学直到读研究生，一直在实践着自己心中的梦想。特别是大学学习从企业管理学到统计学到经济学到金融学，从微观到宏观到相对的微观而实际仍然的宏观，银行、金融、信用成为我课题选择、观察分析、认真思考、深入研究的对象。当年我的硕士学位论文就是《我国社会信用制度重构问题研究》。

我是在博士生学习期间，也恰好是自己从事征信建设的具体事务中，开始选择信用资本这个论题进行深入、系统研究的。作为金融部门的一名负责人，我分管征信工作又具体参与了全省社会信用体系建设的探索实践，感到在没有现成经验模式可借鉴情况下，迫切需要在理论指导和实务操作两个方面都取得突破性进展。信用资本问题的系统研究在国内外似乎才起步，我只是由于有对信用问题深入探讨的强烈冲动，想以自己工作实践的切身感受描述，希望不断战胜自我的毅力使然，自以为学习和研究是一种乐趣一种不错的生活方式，所以潜心下来进行分析思考和探索研究，力图让信用资本的概念，在人们心中、在社会生活里有一个轮廓和雏形，能够对人们生活和经济社会发展起到些微的作用。

我是一个在职工作人员，进行基础性理论研究，难度非常大，时间有限制，事务有拖累。我十分感恩我年迈的父亲王楚帆、母亲黄昆玉，他们虽早已离休退休，但对我深入研究信用问题仍给予了莫大鼓励。我也很感谢我的兄长王一非和妹妹王一文，他们给予了我很大的支持和启示。我更要感谢我的夫人郑丽娟和女儿王玥，没有她们的理解鼓励和帮助采集资料、情况整理、共搭框架、启发探讨、逻辑推演、结果验证、文字梳理，我想我不可能完成得了研究和本书的写作。

我非常感谢中共湖南省委常委、副省长徐宪平博士，在百忙之中抽时间对我的研究给予指导并为本书作序。我特别感谢湖南大学金融学院院长、博士生导师杨胜刚教授，本书从选题、取材、结构设计到成文，都得到了他的精心指点。我感谢湖南大学信用研究中心对我研究和出书给予的大力支持和帮助。我也很感谢中国金融出版社领导和编辑的大力支持和审阅润色。许多朋友、同学、同事也对本书的形成给予了大力支持和帮助，在此我也一并对他们表示深深的感谢。

王一兵

2007 年 8 月于湖南长沙